社會正義
與
社會評論

寫在書前

我為什麼寫文章

有人問我，為什麼要如此勤奮的書寫文章？我都會回答：「因為我要記錄我自己的人生。」其實，除了這個理由，我還有一個不為人知的原因，就是想留下一些東西給別人。

每一個人在活著的時候，總會追求某些理想。有人在追求金錢；有人在追求權力；有人在追求知識；有人在追求名譽；有人在追求感情；有人在追求創造。每一個人都會擁有一些東西；都會留下一些東西。

退休之前，我曾經追求過專業的知識，也追求過金錢的賺取。知識是教學的工具；金錢是生活的必需，兩者皆是維持幸福人生的必要條件。我曾經努力過，也曾經擁有過。

退休之後，我不再需要專業知識，也不再需要金錢的賺取。我需要的是健康的身體以及悠閒的生活。於是，我開始關心健康問題和學習醫學的常識。同時，也開始關注旅遊景點和籌劃旅遊行程。在過去的日子裏，我確實享有生活的樂趣與人生的意義。

七十歲之後，在一次定期健康檢查中，發現身體有點小狀況，而入院觀察。這是我生平第一次住院，也是第一次感受到生命的無常。心想，如果就這樣子離開了，雖然無法帶走任何東西，但是，能留下什麼東西？我該如何向自己證明，我曾經擁有過什麼？我能夠留下些什麼？

我看到有許多人，留下豐功偉績；留下億萬財富；留下豐富著作；留下經典名曲；留下藝術作品；留下美好名聲。然而，平凡的自己到底能留下什麼呢？如果就這樣悄悄地走了，自己不就白來了此世，白活了此生？

我開始清點自己能夠留下的東西。除了曾經出版過 7 本書籍之外，還有 2 本尚未出版的書籍。但是，這些書籍都是為大學生和專業人士所寫，一般人不會有興趣閱讀，即便有興趣閱讀，也不會有所感動或是留下記憶，也無法從書中獲得實質的幫助。

在我過去的人生中，有過豐富的經歷；有過跨學科的教育；有過整合性的思想；有過寫作的訓練。如果能夠將這些體驗好好整理，並用文字記錄下來，應該可以留給後人參考。這可能就是我唯一能夠留下的東西吧。

四年前，我終於鼓起勇氣，開始書寫文章。在我的思想體系中，有人生、社群、經濟與政治四個領域。我可以就這四個領域，分別介紹自己的理念與思想。為了方便人們閱讀和記憶，我將文章分為短篇文章、人生雋語和詩文三種類型。這些文章都是簡單易懂，而且都與現實生活息息相關。一般人應該都能了解，也能分享我的思想。

這四年來，我每天都努力在寫作，已經寫了千篇以上的文章。我想這就是我此生唯一可以留下的東西。若有一天，我離開了人世，就請你留住我的一篇文章；請你留住我的一則短句；請你再度憶起我這個人；請你再度思索這個人的思想。

我如何寫文章

我寫文章真的很簡單又很開心。我只是把心中所想的東西，用文字表達出來而已，既不汲汲探索，也不咬文嚼字。基本上，我寫的文章有三個基本結構：第一是在一個主題下，設定定義與原理；第二是在基本原理下，構思文章的要點；第三是在邏輯推理下，建構文章的內容。

每天早上，我都會從報紙的報導和副刊的文章中找主題。譬如說，看到疫苗的報導，我就想寫一篇以疫苗為主題的文章；看到關於愛情或婚姻

的文章，我就想寫一篇以愛情或婚姻為主題的文章。報紙每天都有各種新奇的報導和文章，我就會用各種不同的主題寫文章。我只有寫不完的文章，沒有寫不出的文章。

文章主題的定義必須明確，才能進行內容的構思。我常採用文義性的定義，比較不會引起爭議。我偶爾也會採用操作性定義，方便我構思獨特的想法。主題的定義是文章的基礎，若不界定清楚，讀者就無法了解文章的意境和作者的心境。

我常在走路的時候、搭車的時候、泡湯的時候、睡前醒後的時候，構思文章的內容。我會以主題為核心，一圈圈地思索，一層層地建構。我會鎖定相關的問題，不會離題太遠，以免浪費我的思緒。在開始寫作之前，我會用學術性的演繹邏輯，將文章內容有順序的排列，好讓內容前後一致，沒有矛盾或衝突。一開始寫作，我就會按照順序的內容，用文字將想法寫出來。

我寫文章會重視文字的音韻之美，不太在意文字的美文麗詞。我會注意每一個句子字尾的押韻，好讓讀者唸得順暢。我會使用簡單的文字，好讓讀者一目瞭然。

我寫文章，會將文章的核心想法放在結論。讀者只要讀到結論，就可以了解我的主要想法。我會提出一些呼籲或是建議，讓讀者有所借鏡。

四年前，在我的第一篇文章中，就揭櫫相對論、調和論和最適論的核心思想以及人生、社群、經濟與政治四個體系的價值原理。這些思想原理就是我思索和撰寫文章的基本依據。我的思路偶爾會偏離這些思想原理，但是，我總會立刻走回正軌。

我有我自己的核心思想；我有我自己的寫作風格；我有我自己的文字偏愛。我知道我的文章有獨特性與難懂性。除非讀者懂得我的思想原理，否則，就容易誤解我的文意。除非讀者認同我的寫作風格，否則，就難以了解我的心意。

我的文章只有三種格式：第一是千字以下的短文；第二是百字以下的雋語；第三是規則性的詩文。在過去四年裡，我寫了五百多篇的文章和五百多則的雋語以及近百首的詩文。除了部分文章沒有公開之外，大部分文章都有與我指導過的同學分享。

自始迄今，我堅守自己的核心思想與價值原理，每天孜孜不倦的寫作。我寫的文章雖然很少被認同或是被讚美，但是，我依然肯定自己，絕不放棄。有時候，我會仰望夜空裏的星辰，感受那遙遠的孤寂與冷落。畢竟太少人會觀測星星的存在；太少人會欣賞星星的璀璨。這或許就是自然；這或許就是宿命；這或許就是永遠解不開的謎。

如何閱讀我的文章

寫作的樂趣在於表達自己的想法；閱讀的樂趣在於分享作者的思想。作者希望自己的作品能被肯定和接受；讀者希望能從作者的作品中得到知識和道理。我們都會要求作者要寫出好作品，卻很少要求讀者要懂得欣賞好作品。如果讀者缺乏閱讀的素質，再好的作品也難以獲得肯定。因此，讀者的閱讀和作者的寫作一樣重要。

每一個人都依據自己的思想原理或核心價值，去判斷人事物或社會國家的是非善惡或正不正義。當我們在閱讀一本書或一篇文章時，如果作者對人生問題或社會現象的想法，符合自己的思想原理或核心價值，就會認同、就會支持、就會讚美，否則，就會不爽、就會反對、就會批評。思想原理或核心價值都是人的道理，不是神的真理；都有欠缺，沒有完美；都可以被批判，不能不被檢驗。問題是，要批判別人的思想，就必須了解別人的思想，也要具有自己的思想，並以理性的態度，去批判別人的思想。讀者必須仔細閱讀別人的文章，才能了解別人的思想；必須思索和建構自己的思想，才能批判別人的思想。

文章的作者有義務告知讀者自己的思想原理；讀者也有責任了解作者的思想原理。如果不了解作者的思想原理，只從作者的文章內容中去理解，

可能會產生不當的誤解。譬如說，如果不知道作者的生命觀，只從他贊成或反對墮胎或死刑的文章去解讀，就可能產生偏頗的批判。這樣對自己的閱讀沒有幫助；對作者的用心卻有傷害。

如果你有興趣閱讀我的書籍，就請先閱讀我的思想原理。在了解我的思想原理之後，才去閱讀各篇的文章。這樣你才能了解，我為什麼會那樣書寫；這樣你才能懂得我的文意與心意；這樣你才能得到閱讀的樂趣。

當你在閱讀《幸福人生》這本書時，請先閱讀我對生命、人性、生活與人生的基本想法以及我對幸福原理的詮釋。然後，再閱讀我對健康生活、經濟生活、文化生活、信仰生活、社群生活、以及老年生活的各種觀點。

當你在閱讀《愛情・婚姻・家庭》這本書時，請先閱讀我對愛情與婚姻的基本想法以及我對家庭原理的詮釋。然後，再閱讀有關愛情、婚姻與家庭的各篇文章。

當你在閱讀《社會正義與社會評論》這本書時，請先閱讀我對思索與思想的詮釋以及個人道德與社會正義的思想原理與核心價值，然後，再去閱讀社群評論、經濟評論與政治評論的各篇文章。

每一本書的每一個章節都有個別的主題，你可以依照自己的喜好挑選閱讀，不必按順序閱讀。你可以一次讀一篇文章或數篇文章，也可以一口氣閱讀一個章節。由於文章源自相同的思想原理，你可以在不同主題的文章中，發現相同思想的影子。例如，在幸福的相關文章中，讀到生活美學的思想；在經濟相關的文章中，讀到自由主義的思想；在社會相關的文章中，讀到道德正義的思想。

我是用簡單易懂的文詞，表達自己的想法和意見。雖然我不精於寫作技巧，也不善長美麗詞藻，但是，還是會要求自己盡量簡潔和通順，相信讀者應該不會有閱讀上的困難。

閱讀我的文章，要想想我的想法與一般人的想法有什麼不同；要想想為什麼我會有這種想法；要想想這種想法有什麼正面的意義？當你完

全了解我的思想之後，再去思索自己的想法；再去評論我的想法；再去修正自己的思想。

《幸福人生》、《愛情‧婚姻‧家庭》、《社會正義與社會評論》這三本書是我第一次書寫的非專業性書籍。不管成功還是失敗，都是我人生中重要的挑戰。如果你能耐心的讀完這三本書，相信可以了解我對人生、情愛與社會的思想原理以及我寫這些文章所依據的道理。我的思想原理只是我個人的道理，不是普世的價值。你可以認同，也可以反對；可以沉默以對，也可以大肆批判。如果你願意與我一起討論、一起分享、一起成長，那將是我最大的福氣與感謝。

或許你會將我的文章視為冬天裡殘枝敗葉的疏離；或許你會將我的文章視為春天裡盛開玫瑰的親近。或許你會敞開大門，迎接我進門；或許你會開一扇小窗，讓我悄悄進入；或許你會緊閉門窗，把我排拒在外。不管你如何看待我的文章，我都希望，你能在忙碌和迷惑的生活中，留下一些時間，把自己深鎖在獨自一人的世界裡，靜靜地閱讀、思索、自問與了悟，直到完全明澈。

開心出書

我通常都在手機上寫文章，然後，將文章儲存在 Keep 中。有一天，手機竟然無法充電，必須送修，而且需要一兩個禮拜的修理期間。更扯的是他們無法保證 Keep 裡的文章一定可以保存。我驚訝之餘，趕緊買一個新手機，把文章轉到新手機，才放了心。

這件事引發我趕緊出版這些文章的動機。如果這幾年辛苦書寫的文章，在瞬間化為烏有，將會讓我心痛欲絕。於是，在去年底就決定將這些文章出版，而在今年初開始著手整理。

我決定出版這三本書的另一個動機，就是要把文章修正得更好些。最初，我寫文章的目的，只是想與我指導過的研究所同學分享，一起思索，共同

成長。當我寫完一篇文章，就會迫不急待 PO 給同學參考。有時候，在匆忙中，還會有錯字誤詞，甚至詞不達意。但是，我只想抒發自己的想法，也就不在意了。如果不出書，我就不會修正，文章就會永遠留下瑕疵。

此外，我還有一個出書的動機，就是想與不認識我的人分享我的思想。我原本只是想與同學分享思想，沒有要與其他人分享。剛開始的時候，同學的反應很好，回饋很多，而我也很熱心的回答各種質疑。可是，日子久了，同學們漸漸失去耐心，慢慢冷卻不回饋了。後來，我也逐漸不將每篇文章都 PO 到群組上。有時候，我只能獨自欣賞自己的文章。

我曾經寫過一篇《無人欣賞就沒有價值》的文章，說明無人欣賞的文章，對作者雖有意義，對讀者則不一定有價值。如果要讓自己的文章變得有意義和有價值，就必須與別人分享，並取得別人的認同與支持。於是，我決定出版這三本書，拿到社會上，讓不認識我的人評論或分享。

我知道，如果為了獲得別人的掌聲而寫作，就會顧慮別人的感受和反應，而喪失自己的本體性，使文章偏離自己的原意。因此，我在寫作時，完全不考慮別人的想法或感受，而只憑著自己的思索和思想撰寫文章。我開心寫作；開心出書；開心提供給別人參考。

對我來說，這三本書的出版是我第一階段寫作人生的結束。接著，就要邁入第二階段的寫作人生。我希望自己能夠成為一個不斷追求理想的作者 (author)，而不是一個追求名聲的作家 (writer)。作者是作品的創作者；作家是以寫作為職業的人。作者屬於自己的世界；作家屬於別人的世界。

寫作是我的樂趣。我在快樂中寫作；在寫作中快樂。我喜愛自己的生活；我慶幸自己的人生。只要生命存在一天，我都會做一個自信高雅的人。只要大腦還能思索，手指還能書寫，我就會做一個有思想的作者。

出書是一件快樂的事，讀書也是一件快樂的事。作者要快樂寫好書，讀者要快樂讀好書。有快樂的作者，才有快樂的讀者；有快樂的讀者，才有快樂的作者。希望這三本書能幫助讀者成長；希望這三本書能帶給讀者快樂。

人生開心就好。不管是做人做事；不管是說話寫文；不管是成功失敗；不管是富貴貧窮，只要自己開心就好。

我開心的寫文；我開心的出書。此時此刻，我擁有了自己；我肯定了自己。我終於體會了無求無憂，怡然自得的道理。

感謝有你

出書是長期努力的成果。不管能否獲得讀者的認同或肯定，出書都是一種喜悅；一種自我的滿足。自己所寫的文章就像自己所生的孩子一樣，父母永遠不會嫌棄自己的兒子笨，或是自己的女兒醜。如果自己的文章能夠獲得一點掌聲，就會像有人讚美自己的子女一樣，令人安慰，也讓人開心。

出版這三本書的目的，是要證明自己在退休之後，還有思索和寫作的能力，也要為自己的人生留下一點紀錄與回憶。當然，我也希望別人能夠分享我的思想，並給我一些回饋或批判。如果這三本書能夠獲得讀者的共鳴，或是社會的評價，我未來的寫作之路就能走得更順利、更快樂。

我知道，一般人對這三本書，可能不會有多大的興趣。即使有興趣閱讀，可能也不太能理解文中的意義。即便能夠理解文中的意義，可能也難以認同或接受。但是，我還是衷心期盼，有人願意購買我的書籍，閱讀我的文章，甚至還會回饋或是批判我的思想。若能如此，將是我一生中，最值得感謝的人和最值得欣慰的事。如果沒有這樣的人，也沒有這樣的事，我也會默默承受，繼續努力，撰寫更好的作品。

我早期的文章都曾經在同學群組裡分享，也獲得許多回饋。張燕紅、曾志文、韓敬富、王偉庸、姜淑芸、李翠齡、呂芬芳、周珮綺、陳玉玫等同學都曾經回饋過我的文章，也給我很多不同的意見。雖然我常會護衛自己的思想，批評同學的想法，但是，我常在反思之後，修正自己的思維。我的確受益良多，也心存感激。

珮綺同學在我寫作的過程中，幫我的文章編印成兩大冊和一小冊，方便我查閱。此外，她也經常坦誠的告訴我，她讀完文章之後的感想，並給我意見，對我幫助很大，也讓我由衷感謝。

玉玫同學不僅幫我與出版社接洽，也幫我整理文章，編輯成冊，還悉心幫我修正錯別字，再交由出版社付梓。這三本書的問世，都要歸功玉玫同學的熱心協助與無怨的付出。如果沒有她的協助，這三本書將無法如期出版。玉玫自己也有出書的經驗，所以能夠有效而順利地完成這三本書的出版。我除了感謝，還是感謝。

內人楊淑鈺一直默默支持我寫作，幫我打點家庭大小事，讓我有時間寫作。她偶爾也會給我一些點子，讓我能夠深入思索，寫出較周延的文章。我也要說一句：謝謝老婆。

我最要感謝的就是神的恩賜，讓我擁有一顆思索的心靈和與眾不同的靈感。如果這三本書能夠得到些許的共鳴或讚美，這份榮耀就完全歸於神的恩典。

其實，我每天都在感謝人。當大樓管理員對我說早安；當超市店員對我說謝謝；當朋友傳來一則祝福的訊息；當好友對我說有你真好，我都充滿感激。你聽不到我的感謝，但是，我真的把對你的愛，藏在自己的心裡；寫在自己的文章裡。

相遇是緣分，相知是心意。相遇不一定能相知，相知不一定能相遇。若能相遇相知，就是人際關係的最高境界。藉由思想的交流與分享，可以將相遇的人變成相知；可以將相知的人變成相遇。在你的閱讀中，無形的拉近了你與我之間的距離。因為有你，讓我的思想不再孤單，也讓我感到人間的溫馨。感謝有你的相遇；感謝有你的相知。我在思想的交會處，深深地感謝你。

目次

第1篇

思索與思想

第1章

思索

01　思索與思想 I

2019/8/31

知覺 (sensation) 是感覺器官的活動 (activities of sense organ)。意識 (consciousness) 是腦器官的活動 (activities of brain organ)。思索 (thinking) 是理性和客觀分析，評估與處理特定議題或情境的心智活動 (to employ one's mentality rationally and objectively in analyzing，evaluating or dealing with a given issue or situation)。思想 (thought) 是思索的產物或是有系統和有組織的思索結構 (the product of thinking that with systematic and organized structure)。

人是由身體與靈魂所構成，前者有有形的肉體與器官；後者有無形的心意 (mind) 與心智 (mentality)。感覺器官有知覺的功能；腦器官有意識的功能；心智則有思索的功能。我們用視覺去看美景；用聽覺去聽美音；用味覺去吃美食；用嗅覺去聞美香；用觸覺去摸美服。我們用意識去認知，去採取態度，去表達情緒，去形成動機。我們用心智去思索意義與價值，去建構思想。這些內在驅力都是天賦的本能，也是存在的條件。

Rene Descartes 說：我思故我在 (I think therefore I am)，也就是說，人必須思索才有存在的意義。Descartes 把思索定義為：自我說服 (self-persuasion)，也就是要對自我 (ego) 的存在賦予意義，才能說服自我，才有存在的價值，如果我們只靠著知覺和意識去察覺有形的存在，不用想像和思索去發現無形的存在，就失去了存在的意義與價值。如果我們沒有自我的自由意志，就無法為自己而活，就失去了真實的存在。

不是每一個人都能思索，也不是每一個人都有思想。有些人太忙而無法思索；有些人太懶而不願思索；有些人太笨而不能思索。有些人只依利己之心思索；有些人只依專業知識思索；有些人只依社會規範思索。有些人用宗教教義建構思想；有些人用政治教條建構思想；有些人用

名人思想建構思想。很少人能夠理性和客觀的思索；極少人能夠有系統和有組織的建構思想。

思索的基礎基本上有三種原理，第一是神性原理或道德哲學 (I. Kant)；第二是人性原理或效用理論 (J. Bentham)；第三是社會原理或契約理論 (T. Hobbes)。我們可以用單一原理去思索所有議題，也可以用不同的原理去思索不同議題。其實，個人與社會，還有各種不同的社會系統，在本質上是互異的，應該採用不同的原理去思索。我就是以物質與精神的相對原理去思索人生的幸福；以利己與利他的相對原理去思索社群的連帶；用供給與需求的相對原理去思索市場的均衡；用國家與國民的相對原理去思索政治的公正。

思想的建構必須具有五個內涵，第一是主題的設定；第二是關鍵詞的定義；第三是原理的假設；第四是邏輯的推理；第五是思想的實踐。思想的建構必須針對一個特定主題，即使在探討或比較兩個相關議題，也要針對主題，不能離題。關鍵詞的定義必須明確，不能模糊。我們可以採用文義性定義，也可以採用操作性定義，就是不能沒有定義。思想的依據原理必須確定。我們可以採用別人的原理，也可以採用自己的原理，就是不能沒有原理的假設。有了原理的假設，才能進行邏輯的推理。所謂邏輯 (logic) 是對言辭或行動的合理或健全判斷 (reason or sound judgment as in utterances or action)。所謂推理 (inference) 是從假設或事證去推斷或判斷結論或道理的過程 (the process of concluding or judging from premise or evidence)。思想的建構必須以實踐作結束。要把原理與實踐結合在一起，構成一個完整的思想體系。

思想的詮釋必須涵蓋解釋 (explanation) 與理解 (understanding)，不僅要解釋思想，也要理解思想。我們要用詮釋學 (hermeneutics) 的方法論去解釋和理解思想的意義與內涵。思想是用語言或文字表達的產物，必須用語言詮釋學去解釋和理解語言思想；用文字詮釋學去解釋和理解文字思想。思想的詮釋必須熟悉思想者的語言或文字，才能精確詮釋其思想。我們大都從文字思想去詮釋思想，所以文字詮釋學的運用就更形重要。我們不僅要了解思想者的語言文字，也要了解思想者的

思維方式。我們不能用自己的認知、觀念或思想去詮釋別人的思想，而要依思想者的本意去詮釋別人的思想。詮釋思想不能斷章取義，不能一知半解，也不能曲解誤解。詮釋思想與創造思想一樣困難，同等重要。能夠創造自己思想的人不一定能夠詮釋別人的思想；能夠詮釋別人思想的人也不一定能夠創造自己的思想。

思想的批判必須理性，不能胡亂批判。我們必須充分理解別人的思想，也必須完全理解自己的思想，才能批判別人的思想。我們必須針對別人思想的不足、不妥、矛盾或錯誤進行批判。我們不能概括性地批判別人的思想。我們不能說：你的思想與我的思想相反，所以我反對你的思想。我們也不能說：我沒有自己的思想，但是，我反對你的思想。思想者必須理性批判別人的思想，也必須虛心接受別人的批判。思想者必須在批判與反批判中，反思與修正自己的思想，使自己的思想更加成熟，更加完整。思想者必須牢記：批判是你的權利；被批判是你的義務。思想者也必須牢記：說服別人是正當；反思自己是必要。我們防衛自己的思想要堅定；批判別人的思想要理性；反思自己的思想要知性。

我們可以不要思索，但是，不能排拒思索。如果我們譏笑別人思索或禁止別人思索，就是不能思索的人。我們可以沒有思想，但是，不能排拒別人的思想。如果我們忽視別人的思想或霸凌別人的思想，就是沒有思想的人。不能思索也沒有思想的人就無法了解自我的存在意義，也無法判斷社會的是非善惡。千萬不要相信：有權力就有知識；有知識就有思想。大多數的官僚並沒有知識；大部分的知識份子並沒有思想。草包當上總統，不會增廣知識；知識份子當上名人，不會創造思想。不管我們的權力有多大；不管我們的學歷有多高；不管我們的知識有多廣，都必須捫心自問：自己是否能思索？自己是否有思想？

良好的社會是由有良知的思想者共同締造。人類的文明是由思想與科技共同形成。創造思想與創造科技同等重要。如果思想不被重視；思想者不被尊重，社會就不會美好；人類就沒有文明。如果社會是由沒

有思想的人操控，社會就會墮落。如果人類是由沒有思想的人支配，文明就會倒退。一個沒有思想的社會就沒有正義；一個禁錮思想的世界就沒有文明。為了使自己更有智慧；為了使社會更加美好；為了使文明更為提昇，你我都有責任在良知的驅使下，思索人生的價值；思索社會的正義；思索人類的福祉。我們可以不要成為思想家；我們必須成為思索者！

02 思索與思想 II

2019/6/26

人人都會思索，但是，只有少數人能夠正確思索；只有極少數的人具有思想。

思索或思考 (thinking) 是大腦或心靈的心智活動。思想 (thought) 是理性思索的產物。

理性思索必須具有定義界定、邏輯推理與合理詮釋三個步驟。完整思想必須針對特定主題，經過理性思索，所獲致的結論。

思索必須真實，不能說虛假。不真實的思索是幻想，不是思索

思索是在當下，不是過去，也不能等待。思索沒有過去，也沒有未來，只有此時此刻。

思索沒有阻力，也不受限制。身體可以被禁錮，思索不能受約束。獨裁者可以剝奪人民行動的自由，無法禁止人民思索的自由。

有思想的人會勇於表達和護衛自己的思想，也會善於感動和回饋別人的思想。如果只會表達自己的思想，不會回饋人的思想，就不是一個有思想的人。

有人把粗淺的想法當成自己的思想；有人把片斷的思考當成自己的思想；有人把別人的思想當成自己的思想。然後說：我是一個有思想的人。其實，這些人都不是真正懂得思索和具有思想的人。

有思想的人不會變成沒有思想的人；沒有思想的人可以變成有思想的人。因此，有思想的人才會增加，世界文明才有希望。

懂得思索的人才有思想；有思想的人才能成功。不懂思索的人要靠勤奮；勤奮的人才不會失敗。我們可以做一個能思索的人；可以做一個勤奮的人。我們不能做一個不能思索，也不勤奮的人。

03　正向思索

2021/7/16

人人都知道正向思索的好處，也知道負向思索的缺失。人人都懂得愛與感恩是正能量，也懂得恨與抱怨是負能量。人人都在努力修身養性，也都在避免身心墮落。

賢人告誡我們，正向思考會引來正能量；負向思考會引來負能量。如果人人都能正向思考，人人就會有正能量，社會就能平靜安好，人人就能享有快樂豐盛的生活。

對於外界的紛紛擾擾，賢人要我們保持心靈的安住，不要陷入情緒的焦慮；要用愛與感恩的心念去面對，不要用抱怨或憤怒的言行去指責。

自古以來，賢人都有獨善其身的性格，都只重視個人道德的修養，忽略社會正義的護衛。對於不道德的人和不正義的事，只有消極逃避或是獨善其身，沒有積極作為或是起身對抗。

孔子說：「飯疏食飲水，曲肱而枕之，樂亦在其中矣」。孔子又說：「不義而富且貴，於我如浮雲。」這就是典型的賢人思想。賢人要我們安身立命，不要羨慕不善之人的富貴。

自我修行是件好事，但是，不是人人都能做到，也不是人人都能修得一樣好。總會有一些人就是不修行、不懺悔、不自覺是非、不改惡行善。只要有這些人存在，世界上就有人會為非作歹，會陷害忠良，會霸凌弱者；會侵犯他人。

由於這些人的存在，使世界紛爭不斷，永遠得不到平靜。人與人之間的心理距離愈來愈遠；人與人之間的利益衝突愈演愈烈。世界上時時都有不公不義的競爭；處處都有有形無形的戰爭。

如果世界不平靜，社會就不平靜；如果社會不平靜，個人內心就不平靜。因此，讓善人普及；讓惡人消失，才能維持社會與世界的平靜；才能享有個人內心的平靜。

事實上，一個人若能正向思索，若有強烈的正能量，就會抗拒別人的負向思索，就會反抗別人的負能量。一個真正善良的人，不會只顧自己的善良，而不管別人的邪惡。他們會堅持自己的善良，也會對抗別人的邪惡。

雖然批判邪惡會傷害自己，但是，君子不能因會傷害自己，而無視邪惡。相反地，能為道德正義而傷害自己的人，才是正人君子。不僅自己要正向思索，也要幫助別人正向思考。不僅自己要有正能量，也要幫助別人有正能量。不僅自己要善良，也要幫助別人善良。這樣才是正向思索的真諦；才是正能量的實踐。

04 逆向思索

2021/7/13

逆向思索 (reverse thinking) 就是與一般的原理或常識相反的思維模式。逆向思索可以放大思索的空間，不僅富有創意，也能靈活解釋或解決問題。當我們碰到困難的問題或是問題的瓶頸時，逆向思索往往是有效的解決途徑。

一般人都懂得正向思索的原理，即使不懂，也會跟著一般的原則行動。大家都知道要正向行走或駕駛，不要逆向行走或駕駛，因為逆向行走或逆向駕駛是危險的。其實，在採取行動之前，若能逆向思索，就會有更多的選擇；就會有更少的錯誤；就會有更高的成功機會。

若把一般人認為理所當然的事，思索成非理所當然，在許多事上就比較容易釋懷。例如，大家都說，孝順父母是理所當然，所以父母常把子女的孝順視為理所當然。如果將孝順視為非理所當然，就會感謝孝順的子女，淡看不孝順的子女。

若把一般人認為的壞事思索成好事，也會有異想不到的效果。例如，當我們的身體有病痛時，把它想成還能活著真好；當我們一貧如洗時，把它想成清心寡慾真好；當我們有惡夫或是惡妻時，把它想成有伴相陪真好。這樣逆向思考的結果，就可以自我安慰；自我解嘲；自得其樂。

若把一般認為的好事思索成壞事，也會有因應風險的效果。例如，當我們在健康時，就要想到生病的風險和痛苦；當我們在富裕時，就要想到貧窮的風險和苦難；當我們要結婚時，就要想到離婚的風險和徬徨。如果我們能夠逆向思考，當我們遇到生病、貧窮或是離婚時，就能因應自如，克服困難，不會一籌莫展或是走投無路。

在人際關係上，逆向思索是必要的，因為自己的觀點與立場往往與別人相反，必須逆向思索，不能只以自己的觀點和立場去思索。逆向思索的結果，才能讓自己有個議價或後退的空間；才能與別人和平相處；才能維持良好的人際關係。

在思想的世界裡，逆向思索是必要的，因為任何原理或道理都有正反兩面，必須正向與逆向一起思索，才不會偏頗或偏離，才能建構理想的思想。正向思索往往無法詮釋不同的觀點，也容易走入獨斷的死胡同。若要讓自己的思想更加成熟，就必須逆向思索，不能人云亦云，或用老套思索。

一般人都會認為正向思索才是正確的和安全的；逆向思索常是錯誤的和危險的。其實，正向的思索不一定正確，也不一定安全；逆向的思索不一定錯誤，也不一定危險。許多現在的正向思想都是過去的逆向思想；許多現在的逆向思想，可能是未來的正向思想。許多現在的正向思想是危險的；許多現在的逆向思想是安全的。

思想必須不斷地改變和創新，才具有生命力。古代所謂學而優則仕；不孝有三，無後為大；女子無才便是德等正向觀念，如今都已經成為歷史的殘渣。時代的變遷與思想的改變，催生了人類的文明。思想家必須從逆向思索中，建構新思想；重建新秩序。

不要害怕與眾不同；不要害怕站在逆向的一方。只要自己懂得思索；只要自己擁有思想，即便犯了正向規則的大忌，我們都應該堅定自己的信念。逆向思索是思想家必走的人生路，不管路途多麼艱難；多麼寂寞，都應該堅強的走下去。

05　相對思索

2020/5/5

天下事沒有絕對的對與錯、善與惡、美與醜。從錯中思索對，才會變成對；從惡中思索善，才會變成善；從醜中思索美，才會變成美。

人生不如意事十之八九。要在不如意時思索如意，才能將生活變成如意；要在不幸福時思索幸福，才能將人生變成幸福。

1. 要從無中思索有。
2. 要從小中思索大。
3. 要從惡中思索善。
4. 要從壞中思索好。
5. 要從錯中思索對。
6. 要從醜中思索美。
7. 要從假中思索真。
8. 要從恨中思索愛。
9. 要從異中思索同。
10. 要從弱中思索強。
11. 要從近處思索遠處。
12. 要從低處思索高處。
13. 要從負面思索正向。
14. 要從消極思索積極。
15. 要從簡單思索複雜。
16. 要從情性思索理性。
17. 要從無知思索智慧。
18. 要從自然思索人生。
19. 要從否定思索肯定。
20. 要從他人思索自己。
21. 要在黑暗中思索光明。

22. 要在喧囂中思索寧靜。
23. 要在缺乏中思索富足。
24. 要在粗俗中思索優雅。
25. 要在平凡中思索非凡。
26. 要在平淡中思索精彩。
27. 要在病痛中思索健康。
28. 要在痛苦中思索快樂。
29. 要在失敗中思索成功。
30. 要在不幸中思索幸福。

當你開始思索，你的世界就會開始運作。
當你開始思索，你的美夢就會呈現眼前。
當你開始思索，你的幸福就會逐漸實現。
思索讓你改變想法；思索讓你改變做法；思索讓你改變人生。

06 換位思索 I

2021/5/28

最近，由於疫情日趨嚴峻，許多人開始心浮氣躁；開始肆意攻擊他人。
有些夫妻開始指責對方的不是；有些網友開始批判別人的錯誤；有些
媒體開始攻擊政府的無能。

這些人大多是以自己的立場去思索，沒有從別人的立場去思考。他們
都以自己的想法或做法去指責、批判或攻擊別人的想法或做法。

如果能換位思索，把自己的立場與別人的立場對換，並站在別人的立
場，想想是否能有更好的想法和做法。如果有更好的想法和做法，才
提出意見或建議，否則，就不要指責人、批判人或攻擊人。

理性的人會仔細思索自己想法與做法的合理性與正當性；會比較分析別人想法與做法的優點與缺點；會接受別人的優點，會放棄自己的缺點。他們會尊重別人的意見，也會修正自己的意見。

要指責別人的錯很容易；要說明自己的對很困難。我們若要指責別人的錯，就必須說明自己的對。我們若要指責別人做不到，就必須保證自己做得到。

我們要以道德正義說服人；我們不能以暴言暴行屈服人。我們的指責、批判或攻擊都在展露自己的智慧。我們要做一個理性的智者，不要做一個無理性的愚者。

有些人會基於自己的屬性、立場或利益，不分青紅皂白地指責、批判或攻擊反對派的人士。他們只站在相反的立場，逢人必批；逢事必反。他們沒有主見，也沒有道理。他們只有一個信念，就是反對到底。

有些人換了位置或是立場，就會換了腦袋；就會推翻自己過去的想法與做法；就會批評別人現在的想法與做法。自己的想法與做法永遠沒有錯；別人的想法與做法永遠都是錯。

當我們看到有人在指責、批判或攻擊別人時，千萬不要見獵心喜，也不要趨炎附勢，更不要添油加醋。我們要站在雙方的立場，以裁判者的角色，判定對錯與優劣。我們要支持對的和優的一方；我們要拒絕錯的或劣的一方。

在社會面臨災難的時候，人人都有責任多做有益社會的事；少做有損社會的事。我們的一席談話、一篇文章、一則轉傳都會影響社會。我們要換位思考；要將心比心；要協力合作。唯有如此，我們才能克服難關；我們的社會才會進步。

07 換位思索 II

2021/5/28

每一個人都有不同能力、條件、環境和立場，而有不同的想法、觀念和做法。換位思考就是要站在對方的立場，思考別人的想法、觀念和做法。

如果老公能夠換位思考，把自己當成老婆，就會懂得如何做一個好老公；如果老婆能夠換位思考，把自己當成老公，就會懂得如何做一個好老婆。

如果老師能夠換位思考，把自己當成學生，就會懂得如何做一個好老師；如果學生能夠換位思考，把自己當成老師，就會懂得如何做一個好學生。

如果老闆能夠換位思考，把自己當成員工，就會懂得如何做一個好老闆。如果員工能夠換位思考，把自己當成老闆，就會懂得如何做一個好員工。

如果作者能夠換位思考，把自己當成讀者，就會懂得如何做一個好作者；如果讀者能夠換位思考，把自己當成作者，就會懂得如何做一個好讀者。

如果統治者能夠換位思考，把自己當成國民，就會懂得如何做一個好領導；如果國民能夠換位思考，把自己當成統治者，就會懂得如何做一個好國民。

如果你是一個智者，也要從無知者的眼睛看世界。如果你是一個批評者，也要從被批評者的眼睛看世界。如果你是一個富裕者，也要從貧窮者的眼睛看世界。如果你是一個傲慢者，也要從謙卑者的眼睛看世界。

每一個人都有兩隻眼睛，一隻是看正面的；另一隻是看反面的，而心智就是要把兩隻眼睛看到的東西加以整合，才做出最後的結論。兩隻眼睛都在看別人，不是在看自己，所以應該能夠清楚看清別人的正面與反面；應該能夠知道別人的眼睛如何看世界。

如果你能換位思索，就會懂得別人如何想以及如何做。如果你懂得別人如何想以及如何做，就會知道自己該如何想以及該如何做。如果你知道自己該如何想以及如何做，就能採取最適當的行動。如果你能採取最適當的行動，就能無往不利，事事如意。

人人都知道換位思索的道理，卻很少人能夠實踐這個道理，因為大多數的人都是本位主義者；都只知道自己的想法和做法；都會忽視別人的想法和做法。如果你是一個有思想的人，你的眼睛就能夠看到別人的世界；你的心智就能夠懂得別人的想法和做法。你就可以看到兩個不同的世界；你就可以做出最適的行動。

第 2 章
思想

01　思想 I

2021/6/20

科學在探索事實的成因；哲學在思索價值的原理。科學需要事實，也必須實證；哲學不需要事實，也不必實證。你可以相信科學；可以相信哲學。你不能用科學去反對哲學；你不能用哲學去反對科學。

如何延續生命是科學；如何面對死亡是哲學。施打疫苗會不會致人於死，是科學的問題；個人該不該施打疫苗，是哲學的問題。對於施打疫苗而去世的人，你可以從科學的觀點判斷，若不施打疫苗，他們就不會死亡（至少當時尚未死亡）；你可以從哲學的觀點判斷，若不施打疫苗，他們也會死亡（至少不久就會死亡）。

思想是有組織和有系統的價值原理。不管你是相信科學還是哲學，只要能夠說出一個有組織和有系統的價值原理，就是有思想的人。

每一個人都有自己的想法，但是，只有極少數人有價值原理的思想。你要有自己的思想，才去反對別人的思想；你不能沒有自己的思想，卻去反對別人的思想。

你可以認同別人的思想或是接受別人的價值觀；可以反對別人的思想或是拒絕別人的價值觀。你必須建立自己的思想體系；你必須擁有自己的價值原理。

當你說一句話或是聽一句話；當讀一篇文或是寫一篇文，都必須有自己的思想和價值觀，否則，就是白說、白聽、白讀、白寫。你要做一個有思想的人，不要當一個無思想的人。

世上有一種無思想卻愛搗蛋的人。自己沒有思想，卻愛反對別人的思想。他們常會說：我的道理就是要反對；我若不反對就不甘心。

另有一種人，聽到一句話或是讀到一篇文，正合自己的意，就亂傳話或亂轉傳。他們不去思索話或文的道理，也不說明欣賞的理由。他們只要別人去思索或去接受。

還有一種人，凡事都喜歡按個讚或是每天都要播個問候文。他們只想表達自己的支持或是關心，根本不知道那是什麼道理；根本沒有什麼實質的意義。

這個社會太過政治化，凡事都會扯上政治；凡事都是權力鬥爭；凡事都不講道理。政治泯滅了人類的思想，破壞了普世的價值。請喚回自己的良知，讓我們一起找回社會的正義。請充實自己的思想，讓我們一起建立社會的價值。

02 思想 II

2020/11/13

思索是理性的認知；思想是有組織和有系統的價值原理。思想是經過原理設定、邏輯推論與合理分析的思索過程，所建構的價值原理。思索是手段，也是過程；思想是目的，也是結果。要有理性的思索過程，才有合理的思想結晶。一個人是否有思想，不是他懂得多少思想，而是他如何建構思想。

思想是在探討應然 (what ought to be)，不是在描述實然 (what it is)，也不是在分析成因 (why it causes)，思想是將自己設定的原理，去探討一個主題，評論應該怎麼做才是合理，並對不合理的事實提出批判。思想是先有原理，再有實踐；先說道理，再評事實。譬如說，要先有正義的原理，才去評論事實的正義或不正義。

思想是判斷與行動的原理原則。你要判斷是非、判斷善惡、判斷好壞、判斷美醜;你要結婚生子、就業工作、投資理財、參與政治,都必須有思想的基礎。思想就像各種不同的布料。你可以自己製造布料;可以購買別人的布料;你必須用布料縫製適合自己的服飾。

思想是後天培養的,不是先天造成的。教育就是在學習思索;思索才能寫出思想。有思想,就懂得生活的美學,就能享受美好的人生。你可以生活得愜意;可以生活得苦悶。如果你有思想,就會懂得如何生活;就能活得自在。

當你面對一個問題時,會思索問題的真相;問題的成因和問題的解決方法。這就是科學的理性。當你要判斷是非,決定對策和採取行動時,就必須有思想的依據,告訴自己為什麼要這樣做。這就是哲學的理性。如果你能兼具科學與哲學的理性,就是一個接近完美的人。

人生而有思索的自由,也有建構思想自由。如果不思索;如果沒有思想,就是放棄自由的權利。你可以從自己的思索或別人的思想中,建構自己的思想。你不能不思索;你不能沒有思想。如果你只依別人的思想或社會的思想去判斷或行動,只能獲得平凡的生活。如果你以自己的思想去判斷或行動,就可以追求卓越的人生。

有思想的人懂得幸福人生、個人道德與社會正義的原理,且能實踐這些原理。有思想的人有自己的獨特想法與見解,不怕與眾不同,也不怕沒人認同。有思想的人敢於走自己的路;勇於實踐自己的理想。有思想的人樂於分享別人的思想,且能批判別人的思想。有思想的人能夠接納別人的思想,修正自己的思想。

有思想的人會徹底了解別人的思想之後,才去認同或反對;才去回饋或批判;才去貼文或轉傳。有思想的人不會只說認同或反對,而不說明理由;不會不求證真偽,就去轉傳別人提供的資訊;不會不說明自己的感想或心得,就去推薦一本書、一篇文、一首歌、一齣劇或一場演講。當你按下分享鍵之前,必須向自己證明,你是一個有思想的人,不是無思想的人。

有思想的教師造就有思想的學生；有思想的學生造就有思想的公民；有思想的公民造就有思想的社會。如果你認為，我們的大學生沒有思想，就是大學的教授缺乏思想。如果你認為，我們的社會是思想沙漠，就是我們的教育缺少思想的訓練。

思想是用心想的，不是用眼看的，也不是用口說的。你要用心檢測自己的思想；用思想撰寫自己的文章。你不要只用眼睛查看別人的思想；不要只用嘴巴評論別人的思想。當自己懂得什麼是思想以及如何分享思想時，你就成為一個有思想的人。

03　思想之路

2021/6/25

科學在探討物；文學在探討情；哲學在探討心。科學用數字說話；用數字說服人。文學用文字說話；用文字感動人。哲學用思想說話；用思想改變人。科學需要 SOP；文學需要同理心；哲學需要了悟心。

但是，人看得到數字，也看得到文字，就是看不到思想。人認識數字，也認識文字，就是不認識思想。人懂得數字，也懂文字，就是不懂得思想。人相信數字，也相信文字，就是不相信思想。

於是，科學戰勝了文學；文學戰勝了哲學。數字戰勝了文字；文字戰勝了思想。物質戰勝了情感；情感戰勝了心靈。

結果，心靈變成了被人遺忘的存在；哲學變成了無人理會的學科；思想變成了被人丟棄的垃圾。即使你說爛了嘴，寫盡了文，還是沒有人會重視你的思想；沒有人會懂得你的思想；沒有人會欣賞你的思想。

你可以自我肯定；可以孤芳自賞；可以自怨自艾；可以放棄思索，但是很難獲得別人的認同與分享。你若要走上思想之道，就要堅定自己的心靈；就要深入自己的思想；就要忍受思想的寂寞，直到生命的盡頭。

不管人們如何看待你；不管人們如何冷落你，你都要堅持自己的思想。你要用思想照亮世界的黑暗，讓人們認識真實的自己，看清正確的方向，走上正確的道路。你要對自己有信心，不要被自己的脆弱擊敗。你要用自己的思想走自己的道路，不要因別人的否定喪志。

我走在思想的道路上。我藉由思索，將自己對人生的想法揭露出來，提供人們參考。我的思想不是在為苦難的人生找出口，而是在為快樂的人生找原理。人生的苦或樂都是自己造成的。我不能替自己的苦難找藉口；只能為自己的快樂找對策。我的思想就是要告訴人們，什麼是快樂人生的原理以及要如何找到快樂的人生。

我走在思想的道路上。經歷了期待、失望、憤怒、絕望與豁達的過程，終於找回了自己。我不再期待別人的分享；不再受到別人的影響。我學會了做自己。別人分享我的思想，是因為懂得思索；回饋我的思想，是因為擁有思想；別人拒絕我的思想，是因為不懂思索，也沒有思想。別人可以認同我的思想，也可以反對我的思想，但是必須驗證他自己的思想。

多數人認同的思想是主流思想；少數人認同的思想是非主流思想；無人認同的思想是個人思想。我的思想只是個人思想，不是非主流思想，更不是主流思想。我是孤獨、無助和艱辛地走在思想的道路上。但是，我甘之如飴，樂此不疲。我既不期待別人的掌聲，也不在乎別人的噓聲。我只忠於自己的思想；我只走自己的道路。

你可以不走思想的道路，但是，必須要能思索，要有自己的思想，也要分享別人的思想。分享別人的思想，不僅能夠建構自己的思想，也能夠幫助別人修正思想，讓走在思想之路的人們，創造更完整的思想；

讓整個社會充滿高水準的文化思想。為了自己，為了別人、為了社會、你有權利自由思索；你有責任分享思想。

04　思想是永恆

2021/11/16

雖然每一個人都在走不同的道路，但是，都只有一個共同的目的地。每一條道路都有不同的走法；每一種走法都有不同的心境。你要選擇適合自己的道路；你要帶著愉快的心情走自己的道路；你要無怨無悔的抵達目的地。

人生到了終點，都必須卸下所有的行囊。不管是高價的、平均價的，還是低價的；不管是多量的、少量的、還是微量的；不管是有愛的、無愛的、還是有恨的，都一樣要繳清；都一樣無法保留。

年輕時，努力打拼，累積財富、知識、權力或是感情。年老時，權力會喪失；財富會減少；知識會停滯：感情會淡化。老年人要慢慢拋下財富、知識、權力或感情，減輕行囊的負擔。行囊中若有太多這些東西，就會走得沉重；就會走得不甘。

人一旦踏進老年期，體力、智力、領悟力、記憶力、反應力、行動力都會逐漸衰退，追求新的知識，也會漸漸有心無力。但是，心靈的活力不會因年齡而退化，反而可以增強。老年人往往比年輕人更有心靈的活力。

有心靈的活力，就能夠思索；能夠思索，就會有思想。思想是無形的靈性，不會增加行囊的重量，也不必卸下繳清，而且可以帶著進入靈界。有思想的人靈性較強，在靈界中比較能夠表達和溝通，也比較能夠出人頭地。

思想是永恆。思想是老年人必須追求的東西，也是唯一可以在死後帶走的東西。老年人必須強化自己的思索，充實自己的思想。

老年人用話語表達思想的能力會逐漸減弱，必須慢慢思索，細心琢磨，用文字寫下自己的思想。當腦海中浮現某種想法或思想時，就要立刻寫下來，不要錯過，否則，就難以再度憶起；就無法留下紀錄。

老年人的思想可以自己欣賞；可以與人分享。如果能夠獲得別人的認同或學習，就能提升自己的人生價值。如果無人分享，也可以增加自己的人生意義。

人人都知道，老年人要維護身體的健康，但是，只有少數人懂得老年人要增強心靈的活力。許多老年人都認為，不用腦和不煩惱是幸福。其實，不用腦和不煩惱才是不幸的開始。腦力的退化是無法避免的，如果任其荒廢不用，就會加速惡化。因此，老年人必須多用腦和多煩惱，才能維護心靈的健康。

財富、知識、權力和感情都是身外物。這些東西都會隨著死亡而放棄。老年人可以不追求財富、知識、權力或感情，不能放棄思索；不能沒有思想。不思索就沒有心靈的活力；沒有思想就沒有人生的意義。思想是永恆；思想是人生唯一值得追求的東西。

05 思想療癒

2021/33/22

依個人定義，所謂思想療癒 (thought healing)，就是藉由思索的力量，建構思想、紓解壓力、增強正心念與正能量的活動。思想療癒是要增強心靈的活力，不是要增進身體的健康。

人人都希望，自己有正心念，也有正能量。有人會用淨化身體的方法獲得正心念和正能量；有人會用冥想或坐禪的方式，獲得正心念和正能量。只有少數人會用思想獲得正心念和正能量。

正心念就是心靈的滿足；正能量就是心靈的活力。如果能夠滿足周邊的環境和自己的生活，就會有正向的活力；就會有幸福的人生。

科學家會用身體的力量療癒心靈；哲學家會用思想的力量療癒心靈。兩者都有一定的功效。身體療法可以改變體質，也可以充實空虛的心靈。思想療法可以改變心靈，也可以健全脆弱的身體。

思索的過程就是一種療癒。在思索中，會針對一個主題，尋求完美的答案；會排除一切的雜念，讓自己走進一個理想的境界。在思索的世界裡，會聽到自己的聲音；會感到心靈的悸動；會有身心一體的感覺；會有領悟人生的心念。

思想療法是用思想療癒心靈，不是要與世無爭；不是要不問是非；不是要看破紅塵。思想療癒是對人生哲理的了悟；是治療煩憂心靈的良藥。思想療癒可以讓生活變得更加美好；可以讓生命變得更加充實。

思想決定行為；行為決定生活；生活決定人生。改變思想就是改變生活；改變生活就是改變人生。因此，健全的思想是左右生活與人生的重要關鍵。思想療癒的功能就是要改變思想，讓思想更正向；讓生活更美好。

有思想就懂得是非與善惡、美麗與醜陋、幸福與不幸。有思想就懂得生活的美學；就可以看到美好的事物；就可以享受美好的生活。沒有思想就無法沉澱空虛的心靈；就無法領悟生命的美妙。

如果你沒有強大的思索能力，就要依賴神的力量。神可以賜給我們能量，幫助我們思索。我們的靈感是神的聲音；我們的思想是神的訊息。在與神的互動中，我們可以獲得真正的思想療癒。

你可以靜思；可以閱讀；可以寫作；可以將自己隔離於環境之外。祇要能夠把自己的心靈找回；只要能夠從思索中建構思想，我們就能夠得到思想療癒的效果。

06 思想與勇氣

2021/10/21

知識份子要有思想，也要有勇氣。作為知識份子的你，不能只有思想，沒有勇氣；不能只有勇氣，沒有思想；不能沒有思想，也沒有勇氣。

你能用文字寫成文章，就是有思想；你敢將文章播給別人分享，就是有勇氣；你能詮釋別人的文章，就是有思想；你能回饋別人的思想，就是有勇氣。

知識份子會將自己對人事物的感受與心得寫成文章。一方面留下自己的紀錄；一方面提供別人的參考。你不能說，你有思想，只是不會寫文章。你不能說，你會寫文章，只是不敢與人分享。你要知道，不會寫文章，就是無思想；不敢分享文章，就是無勇氣。

知識份子對別人的批判，會理性應對，並透過批判與反批判的過程，達成共識，取得合理的結論。你不能用情緒性的文字攻擊人，也不能以不理不睬的態度汙蔑人。

知識份子會用文字問候人和祝福人，不會用現成的貼圖或文字問候人或祝福人。有些人會每天傳個貼圖問候你；經常傳個箴言激勵你；偶爾傳個好話祝福你。在我看來，這種問候或祝福並無意義；在別人看來，也無價值。

知識份子會重視別人的文章；理解別人的文章；回饋別人的文章，不會不讀取；不會讀而不解；不會懂而不回。你要想想，文章作者的心意與期待；你要將心比心做出回饋。

知識份子在別人播出文章後，會等待自己或別人的回應。若無任何回應，再轉移到其他的議題，不會在沒有任何回應前，就立刻播出一個無關的貼圖或文章，否定別人的文章或是擾亂別人的回應。

知識份子在認同或是反對別人的想法或做法時，會詳細說明認同或是反對的理由，不會只傳一個同意或不同意；播一個大姆指或倒拇指。

思想有深有淺；文章有長有短；勇氣有強有弱。知識份子不一定要有深奧的思想；不一定要寫冗長的文章；不一定要有超人的勇氣，但是，必須要有思想；要會寫文章；要敢與人分享。知識份子要藉由思想與文章的分享，相互學習，共同成長。

你可以想多，可以想少；你可以多寫，可以少寫；你可以重視別人的思想，可以無視別人的思想；你可以分享別人的文章，可以唾棄別人的文章。有思想不一定有幸福；有勇氣不一定能成功。但是，你若想成為一個名副其實的知識份子，就必須要有思想；就必須要有勇氣。

07 思想永不寂寞

2021/1/19

除了工作之外，我們可以跟別人分享許多事，例如，餐飲、服飾、教育、旅遊、運動等。可是，我們很難與別人分享思想，例如，人生、社會、經濟、文化、政治等。

由於大多數的人都缺乏有系統的思想原理，所以對於思想的相關議題都沒有深入的瞭解，也沒有很大的興趣。大多數的人不僅無法也不願意與別人分享思想，甚至會無視或譏笑別人的思想。

思想是一種無形的力量，可以幫助人們設定人生的目標，強化生活的動力，克服失敗的困境。

我們教育孩子，除了生活的技能之外，就是要教導他們能思索和有思想。一個人如果能思索和有思想，就會規劃自己有效的人生；就會走自己幸福的道路。

有思想的人懂得是非善惡，會為善良發聲；會對邪惡抗拒。社會上有思想的人愈多，會愈有社會正義；會愈能促成社會的和諧與發展。

科技的進步，使人們日益重視有形的物質，忽視無形的思想。人們逐漸把利益擺中間；把正義放兩邊。無思想的人逐漸浮上檯面；有思想的人逐漸躲進檯下。

如果社會上沒有思想的教育與鼓勵；沒有思想的分享與辯論；沒有思想的建構與實踐，就會成為一個沒有道德正義的沙漠世界。

有時候，有思想的人會想放棄創造思想；會想放棄分享思想；會想放棄對別人的期待，因為承受不了別人的冷漠對待。

其實，有思想的人是永遠不會放棄思想的，因為思索之樹一旦茁壯，就一定會結出思想的果實。思索之樹是自己培育的，即使在人煙稀少的地方，也可以長成大樹。

如果無人分享思想，就要在自己的心中，塑造一個虛擬的「別人」，與他對談。兩人之間，可以無所不談；可以徹夜長談；可以相互批判；可以相互讚美。思索不會獨自一人；思想不會無人理解。只要自己的心夠堅定，思索永不孤獨；思想永不寂寞。

08　有思想才有正義

2021/10/25

最近，台中第二選區的選民以 77,899 的同意票，罷免立法委員陳柏惟，引發正反支持者的議論。支持陳柏惟的人，有人怪罪國民黨；有人怪罪共產黨；有人怪罪顏家人；有人提議修改「公職人員選罷法」。

其實，怪人無用；修法無效。只要選民沒有思想，再完善的選舉法規；再公正的競選過程，都難以選賢與能；都難以罷愚與邪。這次罷惟成功的因素，只有該選區的選民清楚，是有合理的理由，還是害怕黑道、貪圖小利或聽信謠言？

所謂思想，就是理性思考的原理，也就是有事實依據、邏輯推理和合理判斷的思考方法。一個人若有思想，就能做出正確的選擇；若無思想，就會做出錯誤的選擇。正確的選擇有利社會；錯誤的選擇有害社會。

陳柏惟委員是否有失國會議員的職責；是否有違為民喉舌的付託？都有公開可信的事證；都可以接受公眾的驗證與評論。理論上，陳柏惟值不值得被罷免，是可以理性判斷的。如果用抹黑造謠、挖人隱私或政治操弄，作為罷免的手段，達成政治鬥爭的目的，就違反社會正義的原理。

在台灣的民主選舉史上，一直都有違反社會正義的事例。即使到了現在，仍然盛行不正義的選舉，而且愈演愈烈；愈來愈狠。不管是否有外力介入，選風真的日趨敗壞，甚至達到無所不用其極的地步。

由於選民的無知與政黨的惡鬥，不少正義者落選了；不少邪惡者當選了。在劣幣逐良幣的選舉下，台灣的政治愈來愈混亂；愈來愈暴力；愈來愈不講正義；愈來愈沒有是非。

民意代表是選民選出來的。什麼樣的選民，就會選出什麼樣的民意代表；什麼樣的民意代表，就有什麼樣的選民。如果黑金的人會當選，

選民就是黑金的支持者；如果邪惡的人會當選，選民就是邪惡者
的共犯。

選民的素質決定民代的素質；民代的素質反映選民的素質。如果
一個選區選出了黑金或是邪惡的民代，這個選區的選民就是沒有
思想，就應該被唾棄。這個民代代表了選民的素質，這裡的選民
即使被汙名化，也是無可奈何的事。

台灣的政治已日趨兩極化，也就是統派與獨派的尖銳對立。雙方
已不再像過去那樣不敢表明自己的立場，而是赤裸裸的主張統一
或獨立。我們的選民已經喪失理性選擇與選賢與能的機會，只能
被迫選邊站；只能選擇自己這邊的人；只能反對相反那邊的人。

在這種政治環境下，選民必須堅定自己的思想與立場。選民必須
懂得社會正義的原理；必須知道是非善惡的判斷；必須支持認真
賢能的人；必須勇於抗拒邪惡的人。有思想才有正義；有正義才
有良好的政治；有良好的政治才有福利的社會。如果大家真心希
望，台灣成為一個有社會正義的民主體制，就要先讓自己成為一
個有思想的人。

09　用思想幫助窮人脫貧

2021/5/18

第二次世界大戰之後，各國的社會福利經費與資源不斷增加；社
會工作的理論與人力也逐漸充實。但是，社會弱者的窮人卻是有
增無減。

社會工作學者大聲疾呼要政府和民間重視貧窮的問題；社會工作
人員辛辛苦苦地協助窮人脫貧。但是，大多數的窮人卻依舊貧窮，
無法脫貧。

這個問題的癥結在哪裡？失敗的原因是什麼？依我看來，癥結是貧窮不是金錢的問題；失敗的原因是無法用金錢幫助脫貧。

貧窮是思想的問題，不是金錢的問題。一個身心健全的人，只要有賺錢的思想，就會想盡辦法賺錢，就不會陷入貧窮的絕境。

相反地，一個沒有賺錢思想的人，即使給他一大筆錢，也只會把它花光，不會用錢去賺錢。你可以用優惠的辦法，鼓勵他存錢；你沒有辦法教導他賺錢。

大部分從事社會工作的人，都不知道如何賺取更多的錢財。他們會忍受低薪且辛勞的工作，就證明他們絕非賺錢的高手。如果社會工作者本身都不懂賺錢，如何能幫助窮人脫貧呢？

社會工作者打著社會正義和慈悲為懷的旗幟，想用金錢幫助窮人脫貧，註定是無法成功的。如果社會工作者都無法強化自己的賺錢能力，要用金錢幫助窮人脫貧，只是社會資源的浪費。

幫助窮人脫貧的最佳政策，就是教導他們積極的人生觀以及強者的經濟思想。要讓窮人知道，自己沒有被同情的權利；社會沒有幫助窮人的義務。如果要生存，就必須靠自己的力量去賺錢。

千萬別再為窮人謀福利；千萬別再幫助窮人脫貧。你的好意與善心只會讓窮人墮落；只會讓窮人永難翻身。窮人必須靠自己謀福利；窮人必須靠自己脫貧。

請你不要為我的無情而生氣或憤怒；請你要細心思索我的思想內涵。你必須鼓勵窮人，用自己的手擦乾自己的眼淚；用自己的思想幫助自己脫貧；用自己的行動證明自己不再是一個弱者。

10　我的思想

2021/3/13

思想是思索的結晶。我藉由思索，將自己對人生的想法，誠實的揭露出來，提供人們在思索時的參考。

思想是道理，不是真理。不同的思想有不同的道理。你可以認同我的思想，也可以反對我的思想。

我的幸福思想是在為幸福的人生找對策，不是在為苦難的人生找出口。

我的正義思想是在為正義的社會找原理，不是在為邪惡的社會找藉口。

思想需要批判，也需要被批判。思想必須藉由批判，才能找到最適的定位。

我要批判別人的思想，別人也要批判我的思想。我不能拒絕別人的批判，別人也不能拒絕我的批判。

如果社會不允許人們相互批判，或是批判政府，就是獨裁專制。在一個獨裁專制的社會裡，人民沒有思索的自由，也沒有思想的人民。

我的思想只能在一個自由的社會裡，才有存在的價值；才值得被批判。

批判別人的思想是責任；被別人批判思想是義務。我感謝別人的批判；別人也要感謝我的批判。

你若認同我的幸福思想，就請為自己的人生找快樂，讓自己的人生更美好。你若認同我的正義思想，就請為我們的社會找正義。讓我們的社會更公正。如果你反對我的思想，就請批判我的思想，讓我的思想更完美。

11 我的福利思想

2022/4/1

在漫長的研究生涯裡，心中總是縈繞著兩個問題：幸福人生是什麼？福利社會是什麼？這兩個問題息息相關。若無幸福的國民，就沒有福利的社會；若無福利的社會，就沒有幸福的國民。

世上萬事萬物皆相對，必須相互調和，才能達成最適狀態。因此，相對論，調和論與最適論就構成了我思想的基礎原理。我就是用這些原理，作為探討幸福人生與福利社會的準則。

個人有道德的天賦；社會有正義的規範。個人追求幸福必須以道德為根基；社會追求福利必須以正義為依據。

個人必須了解幸福的真諦與原理，才能實踐幸福的人生；社會必須奠定福利的意涵與原則，才能建立福利的社會。

多少人生活貧困，而無緣幸福；多少人生活無慮，而不知幸福；多少人生活富裕，而不感幸福；多少人自認幸福，卻不懂幸福的涵義。多少國家在追求福利國家，卻造成了資源的浪費、經濟的衰退與人心的腐化。

人生若無美的感動，就會索然無味；社會若無美的創造，就會了無樂趣。美是個人必須追求的目標；美學是個人必須學習的課程。你可以把自己的人生看成美麗的花朵，也可以視為醜陋的雜草。你的心決定了人生的美，也決定了人生的幸福。

我的福利思想絕非追求幸福的錦囊妙計，卻能助你一臂之力。你可以同意，也可以反對，但是，你不能低估。你可以選擇卓越人生，也可以選擇平凡人生，但是，你不能選擇墮落人生。

曾經渴望點燃你思想的熱情；曾經渴望帶給你生命的希望。然而，在過去的思想分享裡，你未曾了解我的心聲，也未曾回饋我的思想。如果你對切身的人生問題沒有興趣，就不會對身外的社會問題產生關心。我真的沒有勇氣再與你分享幸福人生的原理與實踐。

人生應該在最燦爛的時候謝幕。我雖然未知天命，卻能了悟一些人生的道理。不管有無認同，不管有無掌聲，我依然自我肯定、依然自得其樂。

我的確不是會說好話的人，但是，我肯定是會寫好文的人。請珍惜我的心、我的文和我的愛。

12　放手思想

2019/12/27

思索是對人事物的理性和客觀的分析。思想是有組織和有系統的思索結構。思想家是創造和實踐思想的人。思想家在倡導個人幸福與社會正義的原理，希望每個人都有幸福的人生；希望每個社會都充滿道德正義。

思想不是金錢，不是權力、不是情感。思想引不起人們的關注，但是，如果善用思想，就可以得到金錢、權力或情感。你必須要有思索的能力與邏輯的概念，才能理解和實踐思想。

人是由身體和靈魂所構成。物質在滿足身體的需求；精神在滿足靈魂的需求。財物是物質的主宰；思想是精神的主宰。人必須同時具有財物與思想，才是健全的人。文明是由科技與思想所構成。科技

可以創造更多的財物；思想可以充實更美的生活。社會必須同時具有科技與思想，才是文明的社會。

在任何一個時代，都有人倡導新的思想，都有人實踐新的思想。倡導思想要有良知與智慧，才能建構完整的幸福與正義原理。實踐思想要有理性與毅力，才能堅持信念，挑戰困難。

在一個不重視思想的社會裡，有人會冷漠冷淡排拒思想；有人會冷文冷語傷害思想；有人會惡文惡語攻擊思想。在一個不重視思想的社會裡，有思想的人會被認為是荒誕怪異的人，飛蛾撲火的人，咎由自取的人，虛幻不實際的人。

思想家常被忽視、被唾棄、被霸凌。思想家常在暗地裡孤獨地沉思，無奈地歎息，委屈的哭泣。有些思想家一遇挫折就放手；有些思想家心灰意冷才放手；有些思想家夢醒才放手；有些思想家直到死亡才放手。

點滴的雨水可以匯聚成小溪；許多小溪可以匯聚成大河。小篇的文章可以串聯成小思想；許多小思想可以串聯成大思想。有了大思想，個人就可以改變人生；社會就可以改變正義。

想放手而無法放手，這是思想家的宿命。在思想家的心中，永遠有一個聲音在呼喚：你要為榮耀你的思想而行。你不能害怕；不能妥協；不能放手。

我不是耶穌基督；不是唐吉訶德；我不是思想家，我只是一個分享思想的思索者。但是，我仍有自己的脆弱；我仍有自己的醒悟；我仍有自己的極限。我會選擇在一個適當的時刻放手。

我仍然深信，在這個世界上有一個人會默默地欣賞我的文章；會悄悄地接納我的思想；會靜靜地實踐我的信念。如果有一天我發現，這個人已經不存在，我就會放手我的思想，如同放手我的生命。

第 **3** 章
思想批判

01　思想的對立

2021/5/29

每一個人對於人生、宗教、文化、社會，經濟和政治都有自己的想法或是思想。想法是一般性的觀念；思想是專業性的知識。當兩種不同想法或是思想的人相對撞時，就會產生爭執或是衝突。對立的思想不可怕；思想的對立才是隱憂。

每一種思想都有理論的依據；都有部分的道理，沒有絕對的對錯。如果人們不堅持自己的思想，能夠接受對立的思想。那麼，雙方經過理性的批判與討論之後，就可以建立更合理和更完整的思想。

由於人類的自我與自私，我們往往不能接受對立的思想；難以進行理性的討論；無法達成合理的共識。思想的對立常會演變成人與人之間的糾紛；社會與社會之間的衝突；國家與國家之間的戰爭。

有些人的人生觀是積極樂觀；有些人的人生觀是消極悲觀。這兩種對立的思想一旦碰撞，就會產生思想的對立與衝突。例如，夫妻之間，常因人生觀的對立。而起衝突，甚至離異。朋友之間，常因人生觀的對立，而分道揚鑣，甚至反目成仇。

不同的宗教信仰會引發思想的對立。基督徒與佛教徒常有嫌隙；佛教徒與回教徒常有衝突；回教徒與基督徒常有戰爭。宗教思想的對立會引發社會，經濟與政治的衝突，是人類必須深思與克服的重要課題。

自由主義的教育思想與教條主義的教育思想會引發思想的對立。在學校教育或是家庭教育中，常有兩種對立的思想。有些老師或家長主張自由放任；有些老師或家長則堅持填鴨教育。雙方很難取得一致性的共識。

個人主義的社會思想與集體主義的社會思想常會引發思想的對立。有些人認為社會要為個人而存在，多數必須尊重少數；有些人認為個人

要為社會而存在，少數必須服從多數。雙方不會有交集；不會有妥協；
不會有共識。

資本主義的經濟思想與社會主義的經濟思想常會引發思想的對立。有
人主張自由市場的經濟體制與市場導向的經濟政策；有人主張統制市
場的經濟體制與國家干預的經濟政策。雙方都會堅持自己經濟思想與
經濟政策，不會改變自己的思想與政策。

民主主義的政治思想與獨裁主義的政治思想常會引發思想的對立。有
人支持主權在民，人民主政的政權；有人支持一人專政，獨裁統治的
政權。雙方無法和平共存，只會永久鬥爭。

思想的對立是人類紛爭的主因；是國家衝突的元兇。如果人類希望
和諧相處；如果世界追求和平共存，就必須設法解決思想的對立。
我們必須從小事著手。當我們發現自己與別人有對立的思想時，就
要以理性的態度去面對；用溝通的方式去解決。如果每一個人都能
化解思想的對立，就可以避免人與人之間的衝突；就能夠化解國與
國之間的戰爭。

02　我們需要理性的批判精神

2021/1/12

思索是有意識的心意或悟性 (to have a conscious mind)。思想是心智活
動的產物 (the product of mental activity)。能思索不一定有思想；有思
想一定能思索。

人人都有思索的能力，只是深淺的差異而已。但是，只有極少數的人
能有自己的思想。思想必須是有組織和有系統的價值原理，不是人人

都能建構的。有些人雖無自己的思想，但能分享別人的思想；有些人既無自己的思想，也排拒別人的思想。

依我個人的想法，建構思想要有三個基本步驟：第一是相對存在的認定；第二是相互調和的推理；第三是最適原理的建構。思索必須從相對的基礎出發，不能從單一的角度切入。相對性各具合理與不合理的成份，必須以邏輯的推理，排除非合理的部分，存留合理的部分。最後，則整合合理性，建構最適性的思想原理。

任何思想都必須被檢驗和被批判，再經過反思與修正，才能漸臻完善，才能建構普世價值的思想原理。思想家必須敢於批判別人的思想；樂於被別人批判自己的思想。對思想家而言，批判是權利；被批判是義務。

思想家會用理性去思索；用理性去表達自己的思想；用理性去欣賞別人的思想；用理性去批判別人的思想。思想家不會用情性或感性去思索、去撰文、去欣賞或去批判。

理性批判必須對主題有充分了解；對別人的思想能充分掌握，才能進行比較分析與邏輯推理，才能撰文批判。在批判別人之後，別人也會提出反批判。相互批判的結果，各自會進行修正，逐漸達成雙方都能接受的思想原理。

情性批判是用自己的情感去批判別人的思想。感性批判是用自己的直覺去批判別人的思想。這兩種批判都不用自己的心思，也不了解別人的真意，只憑自己的偏見或偏好去批判別人，對思想的建構毫無作用。

在批判別人之前，必須確認自己的批判是否理性。如果是基於情性或感性，就要打消批判的念頭。對於別人的批判，也要先確定是否理性。如果是情性或感性的批判，就可以置之不理。

我們常會以尊重為由，不敢批判別人的思想，也會以不尊重為由，拒絕別人的批判。其實，只要自己的批判是理性的，就是批判有理；只要別人的批判是理性的，就要接受批判。

這個社會需要理性的批判精神與批判風潮。不要害怕批判會得罪人；不要擔心被批判會惱羞成怒。思想家會誠心批判別人，也會感謝別人的批判。請重視思想；請疼惜思想家。讓我們一起努力，共同締造一個理性的思想樂園。

03　思想之戰

2021/5/31

這個是一個思想混沌的時代，也是道德與邪惡；正義與不義交戰的時代。

真實、責任與尊嚴的個人道德正在對抗虛假、詐騙、剝削、霸凌、侵犯的個人邪惡。民主、自由與連帶的社會正義正在對抗獨裁、奴役、操控、剝奪、侵略的社會不義。

目前，我們的社會正面對許多邪惡者和不義者的挑戰與破壞，也遭到不義和霸權國家的挑釁與侵犯。每天，我們都要承受邪惡和不義思想和行為的威脅和霸凌。

在面臨尖銳的思想對立之際，我們必須站在善良和正義思想的這一邊，堅持善良與正義的思想原理，對抗邪惡和不義的思想。

對於邪惡的思想，我們不能採取事不關己、充耳不聞或是睜眼不見的態度；我們不能採取不讀不理、封鎖或是退出群組的行動。

對於邪惡的行為，我們不能默不作聲、視若無睹或屈膝卑躬。我們不能允許邪言暴行、不做反擊或助紂為虐。

這是一場人人都必須參與的思想之戰。我們必須護衛善良的思想；我們必須反擊邪惡的思想。我們不能背叛善良；我們不能擁抱邪惡。

如果我們在這場思想之戰中被擊敗，道德正義將會消失；邪惡和不義的社會將會來臨；我們將會身陷邪惡統治的囹圄。

要對抗邪惡的思想，必須具有善良的思想；對抗不義的行為，必須採取正義的行動。你不能只有思想沒有行動；你不能只有行動沒有思想。

思想要有智慧；行動要有勇氣。有智慧和有勇氣的人，才能在這場思想之戰中獲勝；才能讓社會免於恐懼與奴役。

04　良知要我反擊

2021/6/22

當人生走到最後階段，就會感覺到，心靈的力量凌駕身體的力量；心覺可以駕馭知覺。其次，就是良知會影響認知；認知會影響情緒；情緒會影響行為。

所謂良知 (conscience) 就是辨別一個人行為對與錯的能力 (the faculty of recognizing the distinction between right and wrong in regard to one's conduct)。

每一個人都有良知；都有判斷是非善惡的能力。問題是，自己的良知認為對的，不一定是真對；自己的良知認為是錯的，不一定是真錯。良知的對錯不是自己說的算，而是需要別人的認同。

每一個人都會認為自己的良知是對的；都會認為自己的判斷是正確的；都會堅持自己的想法；都會反對不同的想法。因此，不同想法或是做法的人，常會引發爭議與衝突，必須透過相互批判，才能分辨對與錯。

最近，我常常看到一些人；聽到一些話；讀到一些文，就會引發我的反感，而急於提出批判，因為我的良知告訴我，這些人實在太惡劣；這些話實在太聳動；這些文實在太偏頗。

其實，我也試著要裝聾作啞；試著要默不作聲。但是，我的良知要我據理力爭，要我提出反駁，好讓社會見到什麼是真實；什麼是道理。於是，我會立即振筆反擊，至少要把自己的想法寫好寫滿。

我的良知或許不是真理；或許不是正義。就是因為這樣，我才要寫出來，供其他人評論。如果多數人都認同我的想法，我的良知就是對的；如果多數人都反對我的想法，我的良知就是錯的。如果我的良知是錯的，我會反思，會修正，會重新建構新的想法。

我知道，任何良知都沒有完美，都需要與別人分享或討論，才能逐漸成熟。我也知道，別人的良知也需要激盪或挑戰，才會日漸成長。作為一個知識分子，我有責任也有權利，反應自己的想法和批判別人的想法。

我最無法接受的事，就是用別人的想法當成自己的想法，而若有別人的質疑或是批判，卻無法辯駁，好像不關他的事。另有一種人讓我無法接受，就是只會說：我沒有理由；我就是喜歡或是討厭；你能拿我怎麼樣。這種人就是不講理；就是霸道。

良知要我反擊。反擊那些不明道理、不辨是非、不思反省的人。如果這個社會任由這些剛愎自用或自以為是的人為所欲言，社會良知將會沉淪；社會正義將會消失。我要藉由反擊，凸顯事實的真相，喚醒正義的良知。

05　我為什麼要批判

2021/7/19

每一篇文章都有作者的思想，都值得細心閱讀、思索與批判。這不僅是讀者自己的責任，也是對作者的尊重。

如果你讀了一篇文章，沒有任何心得，也沒有任何回應，就表示你完全不懂這篇文章的意涵，或是你認為這篇文章沒有任何價值。那麼，這篇文章對你是沒有意義的。即使讀了它，也只是浪費你的時間而已。

我懂得作者的苦心，也想理解作者的思想，所以會深思細嚼，然後提出批判。對於別人的文章，我會一再閱讀，直到充分理解為止。對於相同的主題，我也會思索自己的想法，然後比較兩者的差異與優劣。最後，才提出自己的批判。在閱讀、思索與批判的過程中，我會得到啟發，也會得到樂趣。

我不能與作者對話，也無法與作者通文。我只能撰寫一篇文章，表達自己的想法或是對作者提出一些意見。如果有人同時或先後讀到這兩篇文章，就可以做個比較，評判誰的想法比較合理或是完整。然後，就可以為自己整理出一個比較合理的答案。

我的思想是建立在相對論、調和論和最適論的核心原理上。對於任何思想，我都會提出相對的看法。我希望藉著相對的調和，得到最適的結論。我的思想是針對某種思想的反論，在相對思想的調和或整合下，建構更合理的思想原理。

最近，許多思想日漸脫離正軌，走向極端，甚至違反普世價值，破壞國際秩序。此時，有思想的人若不勇敢提出批判，錯誤或是邪惡的思想將會普遍氾濫，人類將會面臨空前浩劫。

在邁入二十一世紀之後，人類的思想水平依然處於半智的狀態。一般人只重視有形的現象，忽視無形的思想；只相信自己看到的資訊，不

相信自己看不到的資訊；只考慮眼前的利益，不顧及未來的理想；只問思想合不合自己的想法，不思索思想是否合理。如果沒有思想的批判，人類將無法分辨是非善惡；人類將逐漸喪失道德正義。

古聖先賢經常告誡我們，不要批判人，免得被批判或是被攻擊。其實，正確的批判精神，只限於思想的爭論，不涉及人身的攻擊。互相批判對彼此都有好處。我批判你的思想，有助於你建構更完整的思想；你批判我的思想，也有助於我建構更完整的思想。

有些人不容許別人批判他們的思想，卻喜歡批判別人的思想。批判別人的思想是對的；拒絕別人的批判是錯的。有些人不用自己的思想去批判別人的思想，而用人身攻擊的方式去批判別人的思想。這兩種人都不適合參與思想的批判。

在思想的世界裡，批判精神是絕對必要的。只有在獨裁專制的社會裡，思想批判才會被禁止。只有專斷跋扈的人，才會拒絕被批判。一個真正的思想家絕對有胸襟接受別人的思想批判，也絕對有誠意批判別人的思想。這就是我為什麼要批判別人的思想的原因；這就是我為什麼要別人批判我的思想的理由。

06　忍辱不辯？

2021/4/10

百丈大智禪師云：「煩惱以忍辱為菩提；是非以不辯為解脫。」他認為：清者自清；濁者自濁，所以必須忍辱，不必辯解。他甚至認為：忍受屈辱可以免煩惱；不辯是非可以解脫。

事實上，世間卻有許多善良的人被埋沒，邪惡的人被讚美；清白的事被冤枉；犯罪的事被隱藏。世人永遠無法看清人的真面目；永遠無法得知事情的真相。有時候，清非清，濁非濁；善亦惡，惡亦善。對於冤屈如果忍辱不辯，真相就無法澄清；是非善惡就無法斷定；冤情就無法解脫。

忍受屈辱不需付出反抗的代價，只要自己欣然接受就可以。但是，接受邪惡就會助長邪惡；忍受邪惡就會變成邪惡。連孔子都說：「是可忍孰不可忍。」可見有些人和有些事是忍無可忍。

不予辯解不必費盡心思，也不必浪費力氣，只要自己欣然接受就可以。但是，道理是愈辯愈明，不辯就無法分辨是非善惡。因此，孔子才說：「予豈好辯哉？予不得已也。」

忍辱不辯是修行者的出世思想。出世是空的世界；入世是有的世界，兩者屬於不同的世界。在有的世界裡，人非法身，亦非真心，無法用空的原理實踐人的理想。

再說，忍辱真的可以去除煩惱嗎？依我看來，凡人忍辱不僅無法去除煩惱，反會添增煩惱。忍辱會愈想愈氣；愈氣愈惱。忍辱不僅傷心，也會傷身。

至於不辯是非是否真能解脫？依我看來，凡人不辯是非，不僅清者無法自清；濁者無法自濁，反會添增許多冤情。帶著滿腹的委屈和冤情，人還能獲得解脫嗎？

就一個凡人的角度而言，我認為，煩惱不能忍，是非必須辯；忍辱煩惱永不解，不辯是非永不明。

第 2 篇

思想原理

第 **1** 章
一般原理

01　真理與原理

2018/9/29

凡是存在就有真理與原理。神是一種存在；人是一種存在。神創造真理；人創造原理。人要依神的真理與人的原理思索與行動。

真理是普世的固定價值；原理是個別的變動價值。真理是完整的唯一價值；原理是部分的多樣價值。真理是先驗的；原理是經驗的。真理是直接的感受；原理是間接的思索。真理是人類精神的主宰；原理是正當行為的基準。

真理在追求平等與平凡；原理在追求差異與卓越。人藉由信仰接近真理；藉由思索接近原理。真理不須探討、不須妥協、不能抗拒、不能挑戰；原理必須探討、必須妥協、可以抗拒、可以挑戰。

用原理取代真理就是反真理；用獨斷原理取代一般原理就是反原理。我們必須喚回背離真理與原理的人們與社會，回歸真理與原理的道路。

思想原理必須建立在道理與真理的基礎上，不能純以人的道理或神的真理去建構。人為了生存，必須爭奪生活資源，甚至要傷害他人，無法完全依照神的真理行事。但是，必須採納神的真理，做最適的調和，才能建構最適的思想原理。

人的原理是在追求幸福快樂與道德正義，不在排除憂心痛苦與不公不義。神的真理是在教人脫離世間憂苦，不是在追求道德正義。將人的原理與神的真理結合，才能建構合理的思想原理。

佛要人們戒除貪瞋痴，要我們克制貪念；忍受怨恨和明辨事理。可是，人若無合理的貪念，就無法成長進步；若要明辨是非，就必須怨恨邪惡。神要人們愛人如己。可是，愛人若不分善惡，就是對惡人的鼓舞；對善人的傷害。因此，在建構原理時，必須思索真理的適用性，與現實的需要作調和，創造最適的思想原理。

有人堅信神的真理，排斥人的原理；有人相信人的原理，排拒神的真理；有人既不信神的真理，也不信人的原理。智者必須懂得神的真理，也要懂得人的原理，才能創造自己的原理。

自己的原理不一定是別人的原理，更不一定是普世的價值原理。你的原理必須接受別人的挑戰；別人的原理也必須接受你的挑戰。原理愈辯愈明，不辯不明。你要在不斷的辯論中，修正自己的原理，建構普世的原理。

人要依賴自己，也要依賴神；要有自己的原理，也要有神的真理。思想是原理與真理的整合；是先驗與經驗的調和。人若擁有思想，就能享受生活；就能獲得幸福。社會若擁有思想，就能維持和諧；就能促進文明。

探索神的真理，要先歸依僧，再歸依法，才能歸依神。易言之，就是要先接受僧人的教誨，懂得真理之後，才能進入神的殿堂。同樣的道理，探索人的原理，也要先汲取智者的原理，貫通原理之後，才能建構普世價值的思想原理。

思想原理是建立在個人幸福快樂與社會道德正義的基礎上。思索者必須先分辨幸福與不幸；快樂與痛苦；善良與邪惡；正義與不義，才能追求個人的幸福與社會的福祉。這就是佛法所謂：「先學分別，再去分別；先學執著，再去執著的道理。」

一般人所講的道理，只是片斷的原理，不是完整的原理。除非已經形塑了有系統和完整的思想原理，否則，都只是公說公有理；婆說婆有理的道理。一般人常會以自己的道理去評論別人的道理，而引發了眾說紛紜，莫衷一是的爭論。結果是各持己見，互不相讓，對立衝突。

即使是神的真理，也有人相信，有人不信；即便是普世的原理，也有人認同，有人反對。思想家在建構自己的原理時，必須廣納別人的原理；在推廣自己的原理時，必須接受別人的批判。思想家是建

構思想原理的人，也是人類文明的推手。思想家的智慧與執著攸關思想體系的建立，也影響人類文明的進步。

多少人藉真理之名，行邪惡與不義之事；多少人藉他人的原理，做批判和攻擊別人之事；多少人用自己的道理，行霸凌和侵犯別人之事。其實，一個真正懂得真理與原理的人，永遠會行善行義；永遠會尊重別人；永遠會造福人群。

有人用神的真理批判智者的原理；有人用人的道理批判智者的原理。智者的原理常在兩者的夾殺下，遭受冷落與排拒，甚至放棄思索。但是，一個真正的思想家是不畏壓力或強權，且能勇於面對挑戰，堅持自己思想的人。在思想的沙漠中，培育沙漠玫瑰，讓它綻放美麗的花朵，就是思想家的責任，也是思想家的喜悅。

02 意義與價值

2021/7/9

人生的意義是自己認定的；人生的價值是社會認定的。有人為自己的意義而活；有人為社會的價值而活。為自己的意義而活，必須堅持自己的信念；為社會的價值而活，必須取得別人的認同。

有意義的人生在取得自己的信任；有價值的人生在取得別人的共鳴。自己認為有意義的，別人不一定認為有價值；別人認為有價值的，自己不一定認為有意義。如果自己認為有意義，別人也認為有價值，就是最完美的人生。

自己是否有意義，只有自己知道，別人無法得知。有人為了別人的認同，而出賣自己的意義；有人為了堅持自己的意義，而無視別人的價值。自己的意義和別人的價值若能一致，就是最理想的狀態。

許多藝術家、哲學家、文學家或是小說家常因無法獲得別人的認同，而一生憂鬱寡歡，甚至有人放棄自己的理想，不再追求自己的意義。其實，意義在自己；價值在別人。人只能要求自己，無法要求別人。只要能為自己的意義而活，就不必在乎別人的價值評價。

人是社會的成員；國是國際的成員，兩者的本質相似。國家可以被承認，可以不被承認。國家可以為國際的價值而存在，也可以為自己的意義而存在。人民可以是有國之民，也可以是無國之民。

不被承認的國家稱為政治實體。政治實體雖然無法參與國際組織，但是，可以設置代表處；可以參與國際活動；可以分享國際資訊；可以出國觀光旅遊；可以從事國際貿易；可以進行文化交流；可以接軌國際潮流。

有國之民不一定幸福；無國之民不一定不幸。有國之民如果沒有基本人權；沒有自由民主；沒有法律治理；沒有自由的市場；沒有公平的交易；沒有合理的分配；沒有財產的保障，就沒有生命的價值，就沒有幸福的人生。

無國之民如果能夠享有政治的自由民主；享有經濟的公平合理；享有思想與言論的自由；享有私人財產的保障，就有生命的意義。享有生命的意義比沒有生命的價值，更值得人追求；幸福的無國之民比不幸的有國之民，更值得人羨慕。

人無法強制別人認同；國無法強制他國承認。如果不能受到社會認同，寧願自我認同；如果不能受到國際承認，寧願自我承認。如果不認同自己的人生，或是不承認自己的國家，甚至試圖破壞自己的國家，就必須被唾棄。

台灣不是一個被國際承認的國家，但是，台灣人是一個被世界認同的優秀民族。國際不承認我們是一個國家，但是，認同我們的人民。單就這一個理由，我們就能活得有意義，也活得有價值。我們必須肯定自己；我們必須做一個驕傲的台灣人。

03　價值原理

2022/3/12

所謂價值 (value)，就是評價的基準，具有意義性、重要性和有用性。價值有個人價值、社會價值與普世價值。個人價值被社會認定，就成為社會價值；社會價值被國際認同，就成為普世價值。

價值有善良，也有邪惡；有道德，也有不道德；有正義，也有不正義；有合法，也有不合法。每個人和每個社會都認為自己的價值是善良、道德、正義和合法，其實，並不盡然。有些人和有些社會是邪惡、不道德、不正義和不合法。

所謂價值原理 (value principle) 是由價值設定、邏輯推理以及應用原則所構成。一般人只知道價值的基本原則，不懂得價值原理的複雜結構。因此，很容易受到別人的影響，而改變自己的價值觀。價值原理是評定個人道德與個人幸福的基準。價值原理是評斷社會正義與社會福利的依據。沒有價值原理，就無法實踐幸福的人生，也難以塑造福利的社會。

我試圖從相對論、調和論和最適論三個基礎原理，建構個人道德與幸福人生以及社會正義與福利社會的最適原理。我用真實、責任和尊嚴三個原理去實踐個人的道德；用效用、卓越和美學三個原理去實踐個人的幸福；用社會認同、社會平等和社會包容去檢驗社群正義；用自由競爭、公平交易和合理分配去檢驗經濟正義；用人權保障、民主政治和法律治理去檢驗政治正義；用社會需要、社會權利和最適保障去實踐福利社會。

任何價值原理都有不同的假設、推理與結論，所以每個人和每個社會都有不同的價值原理。你不能說，自己或自己社會的價值原理是合理，別人或別人社會的價值原理是不合理。價值原理的合不合理，必須透

過理性的溝通與相互的批判，才能愈辯愈明，愈明愈合理；才能達成共識，共同遵守。

當你在論及人生的幸福與不幸時；當你在論斷社會的道德與正義時，你是否懂得自己的價值原理？你是否能實踐自己的價值原理？當你說，自己很幸福或是不幸福時，是否知道什麼是幸福？當你指責別人善良或是不善良時，是否知道什麼是道德？當你批評社會公正或不公正時，是否知道什麼是正義？

個人的價值原理違反社會的價值原理時，就會被孤立；社會的價值原理違反普世的價值原理時，就會被制裁。你必須強化自己價值原理的合理性；你必須修正自己價值原理的不合理；你必須護衛自己合理的價值原理。你不要被世人的奚落所擊敗，也不要被環境的險惡所擊潰。

你可以藉由文章的分享，與讀者討論你的價值原理，並接受別人的價值原理。如果你無法撰寫文章，就要分享別人的文章，建構自己的價值原理。如果你不表達自己的價值原理，也不分享別人的價值原理，你就是一個沒有價值思想的人。

價值原理可以自己建構；可以採納別人的觀點；可以依照社會或普世的價值原理。如果自己的價值原理比別人、社會或普世的價值原理更合理和更周全，就要堅持自己的原理。如果別人、社會或普世的價值原理比自己的價值原理更有道理，就要修正自己的價值原理。

有些人或有些社會會採行不合理，甚至邪惡的價值原理。他們堅持自己的價值原理，反對別人的價值原理。他們不會溝通、不會反思、也不會接納。他們只會拒絕分享；只會排除異己；只會攻擊別人。對於這種人或社會，我們必須用思想對抗；用實力抵制。請重視價值原理的重要性；請做一個有價值原理的人。

04 原因與理由

2022/6/7

原因 (root cause) 是造成某種結果的條件，也就是因果關係的成因。理由 (reason) 是支撐某種行為或事實的動機或道理。理由不是原因，也不是單純的事實，而是要符合普世價值與推理邏輯的道理。

原因是一種事實；理由是一種道理。原因沒有正當性的問題；理由必須具有正當性。譬如說，我們受到傷害而報復，受到傷害是報復的原因，不是報復的理由。如果我們列舉對方種種錯誤的或是邪惡的行徑，而加以報復，這才是報復的理由。

原因與理由常會混淆。我們常會用原因當理由，而且一般人還會相信原因就是理由，甚至有些法官也會把原因當作正當的理由。例如，某人因別人欠債不還而將之殺害，法官也會因情有可原，而加以輕判。

原因是用來分析事實的；理由是用來說明道理的。如果沒有正當的理由，原因只是事實，不是理由。感性的人會用原因當理由；理性的人會用道理講理由。感性的人用原因當藉口；理性的人用理由說服人。

原因是經驗性的因素；理由是先驗性的原理。有人會用自己的經驗性原因，去辯護自己言行的正當性；有人會用先驗性的理由，去說明自己言行的正當性。如果沒有任何原因或理由，而這麼說、這麼寫、這麼做，或是去指責別人、批判社會、攻擊政府，就是野蠻和霸道。

我們常會贊成或反對別人的想法或做法，而不說明贊成或反對的原因或理由，也不提出自己的想法或做法，也不比較不同想法或做法的優劣。因此，常會各說各話，沒有交集，也無法獲得合理的共識。

我們在評論別人的文章或思想時，常會針對文章或思想的某一個或某些個論點，表達認同或是不認同，卻不說明原因或理由。有時候，我們會引用一些學理或理論去反駁別人的論點，卻不說明自己採用該學

理或理論的理由。在討論或分享想法或思想時，必須清楚說明自己立論的原因或理由，不能只用主觀的一句話，去表達自己的想法或思想，或是作為與別人爭辯的依據。

一般人常會以原因作為正當性的理由。例如，因為孩子不聽話，所以處罰（處罰有理）；因為不爽某人的言行，所以斷交（斷交有理）；因為戀人移情別戀，所以報復（報復有理）；因為交通阻塞，所以遲到（遲到有理）；因為找不到工作，所以貧窮（貧窮合理）。或許你不接受這種藉口，但是，社會上確有許多人相信這種託詞。

有些政治人物或政治狂熱者，常會用原因或是虛假的原因，去批評反對黨或執政黨。例如，有許多人因染疫而死亡。染疫是因；死亡是果。這個因果關係與政府失能毫無關聯。政府失能有各種政策上、措施上、配置上和分配上的不公正與無效率的理由，不是由染疫死亡的原因所造成。但是，這些人卻用染疫死亡，作為政府失能的理由，而要求執政黨下台。

原因只告訴我們，造成某種結果的因素，不是某種結果的正當理由。原因是真與假；理由是對與錯。原因在追求真實；理由在追求正當。我們不能把原因理由化；不能將理由原因化。當我們在分析或是評論個人問題或社會議題時，必須用真實的原因去分析；用正當的理由去評論。如果懂得原因與理由的區別，而能有效運用原因與理由的真實性與正當性，我們的所言所行以及所論所批就是合理，就能站得住腳。

05 合理性

2018/10/11

合理性 (reasonability or reasonableness) 是行動的正當性 (justification of action)，是理性的思考 (rational thinking)，是良好的判斷 (good judgment)，是確實的感覺 (sound sense)，是適度的說服 (moderate conviction)。個人的原理或主張必須取得他人的同意才具有合理性。

合理性是正當的、有效的、值得的、有益的、可行的、有創造性的。

合理性是相襯性的調和：感性與理性、經驗與先驗、效用與價值、表象與本體、契約義務與道德情操、自然均衡與人為統制、國家意志與公民意志等的調和。

合理性不是利益或效用的極大化，也不是價值的極大化，而是相對性的調和。

合理性不是多數決或中間決，也不是菁英決，而是調和決。
合理性的內涵：1. 理由 (reason) 2. 邏輯 (logic) 3. 務實 (practice)。
合理性的建構：1. 預期結果 2. 利弊分析 3. 效益比較 4. 合理性的概念化。

合理性的比較：善比惡好，愛比恨好，健康比不健康好，富裕比貧窮好，快樂比痛苦好，平等比不平等好，自由比不自由好，包容比排除好，民主比專制好。

我們追求的不是最好的，而是合理的。個人在追求合理的行為；社群在追求合理的對待；市場在追求合理的價格；政治在追求合理的權利與義務。

我們無法追求完美，我們無法成為至善的好人；我們無法娶到最美麗的老婆或嫁到最帥勁的老公；我們無法買到最便宜的貨品；我們無法住在最理想的國度。當你要採取行動前，想想是否合理？當你要論斷別人前，想想是否合理？當你要抱怨價錢前，想想是否合理？當你要反對公共政策前，想想是否合理？

06　詮釋與表達

2021/9/4

分享思想要具備詮釋別人思想與表達自己思想的能力。只會詮釋別人的思想，不會表達自己的思想或是只會表達自己的思想，不會詮釋別人的思想，都無法彼此分享思想。

詮釋別人的思想，要懂得每一個文字的意涵；要懂得每一個句子的意義；要懂得每一段句組的意境。如果無法理解文章或書籍的第一段話，就難以懂得全文或全書的完整內容。

在懂得別人的文章或書籍的內容之後，還要詮釋作者的思想體系與原理，並對其原理的謬誤或是缺失進行解析。另一方面，還要思索自己的想法，建構自己的思想體系與原理。

在表達自己的思想時，要詳細說明主題的定義，原理的假設，邏輯的推論，思想的概念以及實踐的方法。此外，也必須用事實證明自己思想的可行性。思想是純粹理性，不能用感性或是情性的態度，去表達自己的思想。

表達思想要使用簡單易懂的文字，不要用艱澀難懂文字。若要引用古文、經文或是專業名詞，就必須用白話文加以解釋，不要讓讀者遇難而退或誤解文意。

分享思想必須詮釋別人的思想，也要表達自己的思想。不能只詮釋別人的思想，而不表達自己的思想，也不能只表達自己的思想，而不詮釋別人的思想。此外，還要有包容相對思想的雅量以及自我反思的修養。

大部分的知識份子都認為自己是有思想的人，也是能夠分享思想的人。事實上，只有極少數的知識份子是有思想，而且能夠分享思想的人。

在我們的社會裏，大多數的知識份子都缺乏詮釋和表達的能力，甚至無視或排斥思想。如果知識份子都缺乏思想，這個社會就會變成思想沙漠。

有些思想家雖有創造思想的能力，卻不願接受別人的不同思想，所以就難以突破思想的困境。不管學問多好，名氣多大，任何人的思想都有瑕疵或是盲點，無法十全十美。在思想的世界裏，沒有人可以獨霸，都需要與別人砌磋琢磨，才能臻於完善。

很多人喜歡用宗教的經文或是聖賢名人的話語當成自己的思想，卻不深入思索，也不正確詮釋，更無自己的思想。尤其是有些人既不能詮釋別人的思想，也無法表達自己的思想，卻糊里糊塗地引用或是轉傳別人的思想。這種作法只會凸顯自己的不智，也違背思想的本質。

若要證明自己是一個有思想的人，就要學會把別人的思想詮釋好；把自己的思想表達好。分享思想是要與有思想的人分享，不是要跟無思想的人分享。無思想的人只會冷落你、拒絕你、誤解你、附和你、遷就你，還會說一些不著邊際的廢話。詮釋與表達是進入思想世界的門檻。一旦進入思想的世界，就能發現思想的浩瀚與美妙。

07 理性、情性與感性

2021/1/8

理性是以合理的原理行事；情性是以連帶的情感行事；感性是用直接的感覺行事。理性是用來生活的；情性是用來同理的；感性是用來抒情的。理性、情性和感性各有利弊。在不同的情況下，必須採取不同的態度去面對，才能得到好結果。

每個人都具有理性、情性與感性的天生本質。經過學習與經驗之後，每個人的理性、情性與感性的結構都不相同。有些人比較理性；有些

人比較情性；有些人比較感性。理性的人常會得理不饒人；情性的人常會以情害理；感性的人常會衝動傷人。

理論上，處理經濟與政治的問題要用理性；處理社群與家庭的問題要用情性；處理信仰與自我的問題要用感性。如果大家都能遵照這個原則去處理事情，就不會有矛盾或衝突，世間就會和諧和和平。

我常舉一個例子說明這個道理。一艘遊輪即將沈沒，而船上只有少數的救生艇。這個時候到底誰該搭乘救生艇；誰該留在船上？如果用理性的方式處理，就按照頭等艙的客人先搭乘，再依商務艙、一般艙的順序搭乘。如果用情性的方式處理，就由老弱婦孺先搭乘，青壯者最後搭乘。如果用感性的方式處理，就由力氣大和運氣好的人搭乘，力氣小和運氣差的人就留在船上。

如果能夠用純理性的方式去處理公共事務，就比較能夠達成共識，順利解決問題。如果用情性去處理，就會使某些人得利；使另些人受害。如果用感性去處理，就會產生對立，引爆衝突。因此，處理公共事務必須多用理性，少用情性或感性。

家庭問題大都是感情的互動，不是理性的對話，更不是感性的發洩。在處理夫妻或親子關係的問題時，要多用情性，少用理性，不用感性。家人關係要用情性溝通，互相體諒與包容，不能完全依理行事，也不能無理取鬧。對於不合理的事，只要不傷大雅，就可以睜一隻眼閉一隻眼，不必追根究底，以免傷了和氣。

每個人都有自己的獨屬世界，都希望在自己的世界裡，與神對話或是與自己對話。在屬於自己的世界裡，只有真實的感覺和感受，沒有必要考量別人的眼光或社會的價值觀。你可以盡情地愛或恨；大笑或大哭；後悔或懺悔。你可以安慰自己；可以斥責別人；可以批判社會；可以禱告上帝。

在自己的生活裡，你可以依理性生活；可以依情性生活；可以依感性生活。理性的人會把握今日的努力；情性的人會期待明日的夢想；感性的人會貪圖此刻的歡樂。理性的人重視未來的大利；情性的人重視別人的利益；感性的人重視眼前的小利。人生沒有絕對的好或壞，只要自己願意承擔後果，就可以隨意而行。

有些國家的領導人是理性的；有些是情性的；有些是感性的。理性的領導人會依普世價值、國際公約或國際慣例與外國互動；情性的領導人會依人類一家親、世界共同體或國際互助的原則與外國互動；感性的領導人會以自己的私利、民族主義或獨霸世界的野心與外國互動。理性和情性的領導人有助人類的和諧與世界的和平；感性的領導人則會破壞國際秩序，製造世界戰爭。

人類在邁入二十一世紀之後，個人道德、社會規範和國際正義已經普世化。大家都知道個人行為、社會行為與國家行為的原理原則。但是，由於理性、情性和感性的不同認知，而產生了差異的行為，甚至對立的行為。如果大家對於人際關係、公共事務和國際交流，都能以理性的態度去面對，相信人與人之間；國與國之間就能和諧相處。理性思考與理性行為應是人類必須努力的方向。

第**2**章

相對原理

01 相對論 I

2018/8/3

相對存在是自然的定律，也是必然的現象。有生就有死；有男就有女；有善就有惡；有美就有醜；有富就有貧；有樂就有苦，有成功就有失敗。

相對存在是比例問題，不是有無問題。為人處事、朋友交往、夫妻關係、勞資關係都有幾分為自己，幾分為別人，不可能全都為自己或全都為別人。

相對性在依存、對立與妥協中存在。在我們的靈魂中，常為善與惡、愛與恨、利益與價值而掙扎不已；在我們的社會中，也常為道德與不道德、正義與不正義、公正與不公正而爭論不休。

開始與結束是相對的存在。開始是結束的開始，結束是開始的開始；出生是死亡的開始，死亡是出生的開始；快樂是痛苦的開始，痛苦是快樂的開始；成功是失敗的開始，失敗是成功的開始。

善與惡是相對的存在。有些人多一些善少一些惡；有些人多一些惡少一些善。我們不能標榜自己的聖潔，也不必崇拜別人的聖潔，因為世界上根本沒有聖潔的人。

男人與女人是相對的存在。男人為女人而活，女人也為男人而活，兩者相輔相成，共創幸福生活。如果男人用力氣霸凌女人，女人用意氣欺凌男人，則兩性戰爭將永無終止。

民主與反民主，自由與反自由是相對的存在。任何人都可以用民主去反對不民主或用不民主去反對民主，也可以用自由去反對不自由或用不自由去反對自由，但是，不可以主張民主去破壞民主或主張自由去破壞自由。

政客與學者是相對的存在。政客用公權力追求私利，學者用正義力制裁政客。如果政客與學者合為一體（學官兩棲）就會成了一個獨斷又獨裁的怪獸。

資本主義與社會主義是相對的存在。資本主義用市場經濟追求個人財富；社會主義用計畫經濟追求國家財富。在資本主義社會，國家除了市場的失敗不得干預市場，也不能剝奪個人財富；在社會主義社會，國家控制市場運作，也在必要時徵收個人財富。

我們無法避免相對存在的現象，但是，我們可以化對立成對話，化對話成共識，化共識成原理，化原理成真理。

02　相對論 II

2020/12/22

面對佛，有人看到神，有人看到魔。面對人，有人看到善，有人看到惡。面對事，有人看到真，有人看到假。面對物，有人看到美，有人看到醜。一樣的眼睛，不一樣的視覺。是心靈決定人的視覺，不是眼睛決定人的視覺。是思想決定人事物的價值，不是人事物決定人的價值。

有善就有惡；有真就有假；有美就有醜；有成功就有失敗；有獲得就有失去；快樂就有痛苦。有人喜歡我們，就有人討厭我們；有人贊成我們，就有人反對我們；有人幫助我們，就有人傷害我們。這就是相對的存在。

我們曾為自己的獲得而喜悅；我們曾為自己的成就而自滿；我們曾為自己的勝利而驕傲。我們曾為別人的討厭而不悅；我們曾為別人的反對而憤怒；我們曾為別人的傷害而痛苦。如果能夠體會相對存在的事實，你就會勝不驕，敗不餒；得不喜，失不憂；不極樂，不盛怒，不哀痛。你會知道，雨過天會晴；失望之後會有希望；關閉一扇門就會開啟另一扇門。

凡事都有正反兩面，沒有絕對的對，也沒有絕對的錯；沒有絕對的好，也沒有絕對的壞。如果對的大於錯的，就要選擇對的；如果好的多於壞的，就要選擇好的。

人生就是一個對對錯錯、好好壞壞的旅途。要把錯的改變成對的；要把壞的改變成好的。要讓自己的人生多一些對的和好的，少一點錯的和壞的。人若能留下一些對的和好的成果給下一代，人生就值得了。

我們常會以自己的立場和角度看待別人與社會。自己喜歡或贊成的，就認為是對的或好的；自己討厭或反對的，就認為是錯的或壞的。如果能夠站在別人的立場和角度，去看待別人或社會，就會有不同的看法與做法。

如果你是一個教育者，就從受教者的眼睛去看世界；如果你是一個富裕者，就從貧窮者的眼睛去看世界；如果你是一個批評者，就從缺失者的眼睛去看世界；如果你是一個傲慢者，就從低賤者的眼睛去看世界；如果你是一個智慧者，就從無知者的眼睛去看世界；如果你是一個侵略者，就從受害者的眼睛去看世界。

也不一定是對的或好的，也不一定是錯的或壞的；別人的觀點不一定是錯的或壞的，自己的觀點不一定是對的或好的。個人和社會都要用理性去分辨對或錯；好或壞。凡是符合道德正義的，就是對的好的；凡是違反道德正義的，就是錯的壞的。

如果每一個人都能從相對的觀點去看世界；如果社會有道德正義的原理原則，人與人之間；社群與社群之間；國家與國家之間，就能夠相互理解、體諒與尊重，就不會有誤解、衝突或戰爭。

世間萬事萬物都是相對的，不是絕對的。你不要堅持自己的對或好，你要尊重別人的對或好；你不要堅持別人的錯或壞，你要承認自己的錯或壞。在要求別人或社會變對變好之前，就要先把自己變成一個相對論者。

03　表象與本體

2020/6/7

表象是虛；本體是實。表象是有形價值；本體是無形價值。表象使人富足；本體使人滿足。人若為別人而活，就會活在表象裡；人若為自己而活，就會活在本體裡。人若活在表象裡，可以富足，難以滿足。人若活在本體裡，可以滿足，難以富足。

人人都可以看到自己與別人的表象；少數人可以看到自己的本體；沒有人可以看到別人的本體。表象論者會從表象中感受到富足或不足，因富足而滿足；因不足而不滿。本體論者會從本體中感到滿足或不滿，不因表象的富足而滿足；不因表象的不足而不滿。

人若重視表象，有形就重於無形；數量就重於品質；科學就重於哲學；財富就重於快樂；權力就重於能力。人若重視本體，則反之。

年輕時，可以追求表象；年老時，必須追求本體。人生到了盡頭，只能帶走本體，無法帶走表象；只能帶走滿足，無法帶走富足。

你可以追求表象，不追求本體；你可以追求本體，不追求表象；你可以追求表象，也可以追求本體。你若追求本體，就要懂得什麼才是你該重視的事；什麼才是你要追求的事；什麼才是你能滿足的事。

在個人、社群、經濟、文化與政治的系統中，都有各種本體的存在，我們常會忽略，甚至誤解。本文提出一些存在各系統中的本體供你參考。

關於個人的本體：
1. 生命不在長，而在是否有健康。
2. 生活不在好，而在是否有快樂。
3. 人生不在順，而在是否有幸福。

4. 男人不在富，而在是否有智慧。
5. 女人不在美，而在是否有賢慧。

關於社群的本體：
1. 社群不在大，而在是否能連帶。
2. 朋友不在多，而在是否有知己。
3. 愛情不在濃，而在是否能長久。
4. 親情不在深，而在是否能相伴。
5. 子女不在多，而在是否有孝心。

關於經濟的本體：
1. 市場不在大，而在是否能均衡。
2. 產業不在量，而在是否能創新。
3. 薪水不在多，而在是否能夠用。
4. 工時不在長，而在是否有效率。
5. 價格不在低，而在是否有品質。

關於文化的本體：
1. 文明不在古，而在是否有文化。
2. 學歷不在高，而在是否有思想。
3. 著作不在多，而在是否有價值。
4. 文章不在長，而在是否有意義。
5. 說話不在多，而在是否能兌現。

關於政治的本體：
1. 國家不在大，而在是否有人權。
2. 人口不在多，而在是否有道德
3. 軍力不在強，而在是否有正義。
4. 法律不在細，而在是否有公正。
5. 官吏不在多，而在是否有能力。

表象與本體是相對的概念，不是對錯的問題。有人重視表象；有人重視本體。表象論者不必譏笑本體論者的不務實；本體論者不必鄙視表象論者的太世俗。我們可以肯定自己的立場，但是，不能否定別人的立場。

當表象論者遇到本體論者，必須理性對話，相互調和，不必情性爭論，也不必彼此指責。表象與本體的選擇由自己決定，也由自己改變，無法由爭論得到結論。

04　經驗論與先驗論

2018/10/1

經驗論是嘗試錯誤的習慣法則；先驗論是依真理與原理決定的理想法則。
經驗論是主觀價值；先驗論是客觀價值。
經驗論是人性，感性與現實性；先驗論是神性、理性與理想性。
經驗論是社會進化的產物；先驗論是被社會賦予的概念。

經驗論用比較方法做選擇，先有選項的比較，再有較好或最好的選擇；先驗論用理念型做基準，先有理念型，再依符合度去做選擇。

經驗論先有手段，再有目的，先選擇多種手段，再預測結果；先驗論先有目標，再選擇一個最佳的手段。

經驗論在追求手段的有效性；先驗論在追求目的的合理性。

經驗論重視契約責任，沒有契約就沒有道德問題；先驗論重視人道責任，有道德就毋須契約，有契約不一定有道德。

經驗論者曰：不知亦能行，知之未必行；先驗論者曰：能知必能行，不知不能行。

如果你認為，不了解幸福也會有幸福，你就是一個經驗論者；如果你認為，要了解幸福才有真幸福，你就是一個先驗論者。你可以做一個嘗試錯誤的經驗論者；可以做一個三思而行的先驗論者。你不能以經驗論的原理，去批判先驗論者;不能以先驗論的原理，去批判經驗論者。

05 過程論與目的論

2018/8/2

過程是連串的行動；目的是行動的結果。

過程論追求合理過程；目的論在追求理想目標。

過程論重視手段；目的論重視目的。

過程論在享受快樂人生；目的論在追求有價值的人生。

過程論重視今日的快樂與今世的幸福；目的論重視明日的快樂與來生的幸福。

過程論為今日今世的幸福可以犧牲明日來生的幸福；目的論為明日來生的幸福可以犧牲今日今世的幸福。

過程論用生活水準評定幸福；目的論用生命價值評定幸福。

過程論主張盡力就好；目的論主張達成才好。

過程論追求天長地久；目的論追求曾經擁有。

過程論可以無尊嚴地活；目的論可以有尊嚴地死。

06　主觀與客觀 I

2022/3/10

主觀 (subjective) 是以個人的立場、價值觀或利害關係的思索或判斷人事物的合理性或美好性。客觀 (objective) 是以不同角度、價值或利害關係去思索或判斷人事物的合理性或美好性。主觀帶有個人的情緒、偏見或利益；客觀則是中立、公正或不偏不倚。

哲學、文學和文化藝術都是主觀；科學是客觀；社會科學是既客觀又主觀。自然的現象有固定不變的成因，是絕對的客觀；行為現象則是瞬息萬變的，是絕對的主觀。用客觀的科學方法，研究主觀的人類行為是主觀，不是客觀。社會科學其實就是主觀，不是客觀。不要假藉科學之名，標榜理論的客觀性。

思想是主觀，不是客觀。針對某種思想，有人認為有價值，有人認為無價值；有人認為合理，有人認為不合理；有人喜歡，有人討厭；有人贊成，有人反對。沒有人能說自己的思想是客觀；沒有人能說別人的思想不客觀。人只能說自己的思想比較合理，別人的思想比較不合理。

所謂合理 (reasonable)，就是合乎普遍價值的原理或正當行為的道理。合理的原理或道理能夠被認同、接受與支持；不合理的原理或道理就不會被認同、接受與支持。合理或不合理不是自己說的算，而是需要多數人的認同、接受與支持。被多數人認同、接受與支持的原理或道理就是合理；不被人認同、接受或支持的原理或道理就是不合理。

人類行為沒有絕對的客觀，都是相對的主觀。做任何事都要合理，不能用自己的主觀去判斷是非善惡，更不能只用自己的立場或利益，去評論人事物的價值。你讚美的人、你重視的事、你喜愛的物、你認同的道理，都必須有合理性。你只能說：我因合理而喜愛；不能說：我因客觀而喜愛。

做任何事都要有理由，而且必須合理。譬如說，你要上大學，就必須知道為什麼要上大學，而且是合理的；你要結婚，就必須知道為什麼要結婚，而且是合理的；你要生小孩，就必須知道為什麼要生小孩，而且是合理的。在質疑或批判別人的想法或做法之前，也必須要有合理的理由。你不能說：我沒有理由；我就是要反對。你必須要有反對的合理理由；你不能為反對而反對。

有些人自認自己是客觀；自己是真理。對於相對或相反的想法或做法，都認為是不合理的主觀；都是非真理的歪理。他們不會理性溝通彼此的主觀，也不會理性討論道理的合不合理。他們只有用權力、勢力或暴力霸凌、侵犯或屈服別人。

有些知識份子自認自己才是合理的客觀，別人都是不合理的主觀，所以常以專業的知識歧視別人。有些企業經營者自認自己才是正確的客觀，員工都是不正確的主觀，所以常以命令強制員工遵從。有些宗教人士自認自己才是神聖的客觀，不同宗教者都是邪惡的主觀，所以常藉宗教之名，攻擊不同的信仰的人。有些政治人物自認自己才是正義的客觀，反對人士都是不正義的主觀，所以常以正義為名，逮捕或殺害反對人士。

最近的俄烏戰爭，俄羅斯以打擊邪惡納粹為藉口，進行正義作戰，而烏克蘭也以反侵略戰爭為理由，從事正義作戰。雙方都堅持自己是正義的客觀，不是不正義的主觀。雙方堅持己見，互不相讓的結果，世界和平被破壞了；國際秩序被顛覆了；人類生命被剝奪了。如果雙方不能放棄個人價值的主觀，接受普世價值的客觀，戰爭的結果就是主觀暴力的勝利，也是人類社會的失敗。

每一個人都要承認，自己的想法和做法都是主觀，不是客觀；都是個別的道理，不是普世的真理；都有不合理，沒有純粹合理。每一個人都必須與別人理性的溝通與討論；都必須接受別人合理的主觀，改變自己不合理的主觀，才能使自己的主觀多些合理，少些不合理。如果每一個人都能正確認識主觀與客觀的本質，善用理性溝通的技

巧，達成合理的社會共識，那麼，人間就有合理的道理；人人就能依道理行事；社會就能和諧；世界就會和平。

07 主觀與客觀 II

2022/3/10

你喜愛的人，別人不一定喜愛；別人喜愛的人，你不一定喜愛。你討厭的人，別人不一定討厭；別人討厭的人，你不一定討厭。你是主體，人是客體。人不在愛不愛，而在你與人之間的關係，也就是你的主觀。

你重視的事，別人不一定重視；別人重視的事，你不一定重視。你忽視的事，別人不一定忽視；別人忽視的事，你不一定忽視。你是主體，事是客體。事不在重不重要，而在你與事之間的關係，也就是你的主觀。

你珍惜的物，別人不一定珍惜；別人珍惜的物，你不一定珍惜。你拋棄的物，別人不一定會拋棄；別人拋棄的物，你不一定會拋棄。你的主體，物是客體。物不在好不好，而在你與物之間的關係，也就是你的主觀。

你認同的道理，別人不一定會認同；別人認同的道理，你不一定會認同。你反對的道理，別人不一定會反對；別人反對的道理，你不一定會反對。你是主體，道理是客體。道理不在對不對，而在你與道理之間的關係，也就是你的主觀。

世上沒有絕對客觀的事。你的主觀只是你個人的想法，不是眾人的想法。你的主觀只能提供別人參考，不能強迫別人採納。你不能把自己的主觀強加諸在別人身上，並要求別人遵行，否則，就是不講理；就是霸道。

對於自己的主觀，要常與別人的主觀連結，互相分享與討論，隨時修正自己的主觀，讓自己的主觀更合理，更被認同與接納。對於別人的主觀，則要理性思索，接受別人合理的主觀，批判別人不合理的主觀，不能只以自己的立場，或是只憑自己的好惡，去贊成或反對。

有些人沒有自己的主觀，只有別人的主觀。凡事都依照別人的主觀，去作判斷或作決定。對於別人不合理的主觀，既不反對，也不批判。別人說：那個人很好，你就愛他；那件事很對，你就重視它；那種物很美，你就珍惜它。至於為什麼那個人很好；那件事很對；那種物很美，你完全沒有自己的想法與看法。

每一個社會都有自己的社會主觀，或是主流社會思想。有些社會奉行自由主義；有些社會實行社會主義；有些社會採行混合主義。各種主義都是社會的主觀；都不是普世的客觀。有些領導者會堅持自己的社會主觀，排拒別人的社會主觀，甚至攻擊別人的社會主觀。於是，常有社會主觀的爭戰，甚至爆發實質的戰爭。

你必須分享別人的思想，才能建構自己的合理思想。你必須有合理思想，才能判斷什麼是合理主觀；什麼是不合理主觀。你必須接受和遵守合理的主觀；你必須拒絕和批判不合理主觀。你不能拒絕合理主觀；你不能接受不合理主觀。

你對人的主觀、對事的主觀、對物的主觀、對道理的主觀，都必須慎重思索，是否有合理性？是否有說服力？你所喜愛或討厭的人、所重視或忽視的事、所珍惜或拋棄的物、所認同或反對的道理，是否值得別人認同？是否值得別人支持？你要相信自己的主觀，也要尊重別人的主觀。你要放棄自己不合理的主觀，也要接受別人合理的主觀。

08　情性與理性

2021/6/7

情性 (affection) 是以同理心或同情心，觀察或評價人事物的感情能力。理性 (rationality) 是以邏輯推理分析或評價人事的理智能力。

情性是用來抒情的；理性是用來生活的。情性使世界失衡；理性才能平衡世界。感性是半先驗和半經驗；理性是純粹先驗。

情性是一種溫柔的感情，部分來自天性；部分來自經驗。情性的人明知對自己不利，也會基於愛人之心而為之。理性是對錯分明，依理行事。合理始為之；不合理就不為。

孤獨沒有力量；孤獨的思索者沒有平衡世界的力量。以一艘即將遠航的客輪為例，如果船上的人為了揮別親友而全部站靠岸的一邊，船隻就會傾斜。如果船上的人能分兩批，輪流站到一邊，船隻就不會傾斜，就不會有危險。這就是情性者與理性者的不同做法。

如果大家都是情性者，只有一個人是理性者，只有他懂得船隻平衡的道理；只有他獨自站在船的另一邊。可是船還是傾斜了，因為一個人的力量實在太小了，無法讓船隻平衡。因此，孤獨的理性者沒有平衡世界的力量。

理性的人不該孤獨地站立在船的一邊，必須喚醒人們的思索；必須宣導平衡的原理；必須讓其他的人都知道船隻平衡的原理，主動分兩批在船的兩邊站立，才不會讓船隻傾斜。

是人的情性使船隻失衡；是人的情性使世界失序。如果人都能理性思索；都能理性行動，船隻就不會傾斜；世界就不會失衡。

有人會以情害理；有人會以理傷情。在一個情性的社會裡，理性者會被排拒。在一個理性的社會裡，情性者會受傷害。情與理沒有絕對的對錯，如何拿捏情與理，是現代人的重要課題。

人類文明逐漸脫離情性，趨向理性。易言之，愈文明的社會，情性愈薄，理性愈濃。凡事依理，不依情。人情已經不是判斷是非的依據；理性才是衡量價值的指針。

如果有人還在標榜情性的重要；如果有人還認為人情最美，就是逆向走回文明的回頭路。

09 感性與理性

2018/9/29

感性 (sensibility) 是以感官的知覺、觀察或評價人事物的直覺能力。理性 (rationality) 是以邏輯的推理、分析或評價人事物的理智能力。

感性是本能的知覺與反應；理性是後天的認知與評價。感性是主觀價值，理性是客觀價值；感性是經驗價值，理性是先驗價值；感性是過程價值，理性是目的價值。

感性是自然意志，理性是合理意志。自然意志不一定合理，合理意志不一定自然。

感性是短暫的偶然，理性是長久的必然；感性是自然成長的，理性是被訓練出來的；感性在成長中獲得，理性在思考中獲得。

感性是對表象世界具體存在的認知；理性是對本體世界抽象存在的認知。

感性依效用與利益作判斷；理性依價值與原理作判斷。

感性用科學方法去實證；理性用哲學方法去推理。

感性的人說：喜不喜歡；理性的人說：好不好。

感性的人從愛中去了解愛，愛過才懂愛；理性的人了解愛才去愛，不懂愛就沒愛。

感性的人認為滿足的囚犯有自由（滿足即自由）；理性的人認為滿足的囚犯無自由（禁錮無自由）。

感性的人會自以為是，不會承認自己的無知；無法控制自己的情緒。他們無法理性評論或辯論，強辯不過別人，就耍賴或動武。

在我們的社會裡，還有許許多多感性的人。他們完全憑著自己的感官知覺或主觀感覺判斷真假、是非與善惡；以自己的政治立場論斷他人；批評社會；攻擊政府。

在這個世界上，也有一些感性的國家。他們揭櫫民族主義的情懷，直覺認定敵對的國家，進行霸凌或侵略，並將自己的邪惡行為合理化。他們只講經濟力和軍事力，不會講道理，也不會講法律。

有些人把感性解釋成誠實或直白；把理性詮譯成虛假或造作，而接受感性者，排斥理性者。其實，他們才是道地的感性與無知。

如果你想知道，自己是感性的人，還是理性的人，就請你找一個觀念或立場與你相反的人，針對一個主題，進行辯論。如果你能心平氣和地表述自己的想法，且能用道理或原理說服對方，你就是一個理性的人。如果你會生氣或暴怒，或是退出辯論，你就是一個感性的人。

10　主動與被動

2022/6/14

主動 (active) 是依照自己的意願而採取的行動；被動 (passive) 是受外力影響而採取的行動。有些人較為主動；有些人較為被動；有些人完全主動；有些人完全被動。其實，在現實的生活裡，沒有人能夠完全主動，因為人總會受到感情因素或利害關係而會被動。沒有人可以完全被動，因為每個人都有自己的主觀與脾氣而會主動。

主動或被動與個性有關，有些人生性主動；有些人生性被動。但是，一般來說，能力較強、權力較大、智慧較高、金錢較多的人，比較會採取主動的行為。相反地，能力較弱、權力較小、智慧較低、金錢較少的人，比較會採取被動的行為。因此，一般人都會惕勵自己或鼓勵別人要多主動少被動。

在學習上，有些人會主動創造新的知識或技能；有些人只會被動接受舊的知識或技能。如果聽到或看到一個新名詞，而會主動查詢資料，了解細節，思索自己的想法，甚至建構自己的原理，就是積極主動的人。如果只會期待別人告訴你，並為你解釋，否則，就不聞不問，視為耳邊風，那麼，就是一個消極被動的人。

在思想上，有些人會主動創造新思想；有些人只會被動接受舊思想。如果在分享別人的思想時，會詮釋別人的思想，思索自己的想法，並提出評論，那麼，就是一個積極主動的人。如果只會期待別人解釋，自己則不加思索，也不會作出反應，就是一個消極被動的人。

在科技上，有些人會主動創造新科技；有些人只會被動接受舊科技。如果能夠將舊科技改造；將新科技改良；創造自己的科技，就是一個積極主動的人。如果只會模仿舊科技；接受新科技；運用別人的科技，就是一個消極被動的人。

在工作上，有些人會主動開發自己的新工作；有些人只會被動執行別人指派的工作。如果能夠在工作崗位上，開發新產品、新客戶、新工作，或是能夠給公司或上司具體可行的建議或方案，就是一個積極主動的人。如果只會在自己的職務範圍內，做規律性的工作，而且不會思考如何改進工作方式、內容或態度，那麼，就是一個消極被動的人。

在愛情上，有些人會主動主導愛情；有些人只會被動接受愛情。如果懂得愛情的真諦；如果對自己有自信，就會知道自己要愛什麼樣的人；就會知道如何去追求愛情；就會積極主動去享受愛情。如果只會被動等待愛情，渴望被愛或被呵護，而自己卻不懂得如何去愛人，那麼，就是一個消極被動的人。

在婚姻上，有些人會主動經營婚姻；有些人只會被動接受婚姻。主動的人對夫妻關係、親子關係、家庭經濟、子女教育、生活安排、衛生保健等家庭生活都能積極主動的思考、規劃、充實和改善。被動的人只會依賴配偶的保護與安排，自己既無經濟獨立的意願，也沒有家庭管理的能力，只會坐享其成，或是炫耀配偶或子女的成就。

大多數的台灣人似乎是比較被動的人。我們可以從民眾依賴政府和政府保護民眾的程度看出端倪。國人遇到病毒來襲、經濟不景氣、生意不好做、所得不夠高、外銷產品被拒絕、生兒育女和子女照顧等等都要政府扛責任；都不想自己主動去解決或克服。另一方面，政府也扮演積極主動的大有為政府的角色，凡事干預；凡事保護；凡事負責。

主動與被動是相對的概念，多些主動，就會少些被動；多些被動，就少些主動。積極主動沒有絕對的好；消極被動沒有絕對的壞。過度主動往往會造成霸道，破壞人際關係；過度被動雖會形成懦弱，卻能消弭人際衝突。如何在主動與被動之間拿捏得宜，是每個人都應該思索的問題。如果積極主動的態度會傷害到別人的利益或感情時，就必須收斂；如果消極被動的做法會傷害到自己的利益或感情時，就必須改變。

11　科學與哲學

2020/12/14

科學是在探究現象的真實性;哲學是在詮釋現象的合理性。科學是用實證建構理論;哲學是用想像建構原理。

科學是用做的,是看得到的;哲學是用想的,是看不到的。科學是絕對的;哲學是相對的。理性者喜歡科學;思索者喜歡哲學。

對於愛,科學家在驗證愛的原因與行為;哲學家在探討愛的合理與不合理。

對於歌唱,科學家認為,人因歌唱而快樂;哲學家認為,人因快樂而歌唱。

科學與哲學是不同的領域,有不同的研究方法。不要用哲學的方法去批判科學的真實性;不要用科學的方法去否定哲學的合理性。

科學與哲學是相對的存在,必須相互調和,不能相互替代。我們可以相信科學;不能否定哲學。

科學是有形的存在;哲學是無形的存在。科學是自然現象的探討;哲學是人為價值的探討。科學是物理性的具體存在;哲學是精神性的抽象存在。科學是經驗性素材;哲學是素材的形象(想像的構圖)。科學是自然現象因果關係的實證理論;哲學是社會現象合理關係的規範理論。科學是動態法則;哲學是靜態法則。科學是自然現象的解析;哲學是人類行為的詮釋。科學使用資料預測未來;哲學使用價值探討現在。科學是被發現的;哲學是被創造的。科學是經驗價值;哲學是先驗價值。

科學家問:他為什麼會成功?哲學家問:他的成功合理嗎?科學家問:你為什麼會愛他?哲學家問:你愛他有什麼意義?

有人喜歡科學；有人喜歡哲學。你不能以科學的角度與方法去看待哲學；你不能以哲學的角度與方法去看待科學。你不能因喜歡科學，而討厭哲學；你不能因喜歡哲學，而討厭科學。如果你喜歡科學，也喜歡哲學；如果你能接受科學的方法，也能接受哲學的方法，你就是名副其實的知識達人。

12　哲學與文學

2020/3/29

哲學是在探討思想的原理；文學是在描述情感的幻想。哲學與文學是兩個不同的世界，要用理性去接近哲學；要用情性去接近文學。我們不能用情性去欣賞哲學；不能用理性去檢視文學。

哲學在建構思想的原理；文學在描述想像的世界。哲學在告訴讀者，道理該當如此；文學在告訴讀者，為何會如此。

哲學必須條理分明，有邏輯；文學必須如詩似畫，有情境。哲學可以打動知識份子的心；文學可以擄獲少男少女的心。哲學將時光化作思維；文學將時光壓成殘花。

哲學是純粹理性；文學是感性與情性。哲學是社會的一般觀點；文學是個人的特殊觀點。哲學是原理的建構；文學是故事的描述。哲學在建構行為的對與錯；文學在描述現象的美與醜。

哲學要有系統、組織與邏輯；文學毋須系統、組織與邏輯。哲學由簡而繁，由易而難；文學由繁而簡，由難而易。哲學強調思想之美；文學強調文詞之美。

哲學教人面對問題，解決問題；文學教人躲避問題，放下問題。哲學能激發鬥志；文學能撫慰傷痛。哲學艱澀難懂，不易被接受；文學平易近人，容易被接受。

哲學是社會思想的解析；文學是個人情感的抒發。哲學是理性與現實；文學是情性與浪漫。哲學重視假設與邏輯的合理性；文學強調文字與情境的美感性。哲學需要社會討論；文學只要個人欣賞。哲學的對錯由社會評定；文學的好壞由個人評定。

要用理性欣賞哲學；要用情性欣賞文學。你若以情性去欣賞哲學，必會索然無味；你若以理性欣賞文學，必會枯燥無趣。

哲學與文學是不同領域的學科，各有不同的學理。你可以喜歡哲學，但是，不能用理性討厭文學；你可以喜歡文學，但是，不能用情性討厭哲學。

哲學家說：下雨的夜晚；文學家說：傷心的雨夜。哲學家說：茶不醉人人自醉；文學家說：茶會醉人傷更醉。你可以喜歡哲學家；你可以喜歡文學家；你不能兩者都不喜歡。

大多數的人都讀懂文學，都讀不懂哲學；都喜歡文學，都不愛哲學。我們可以共鳴哲學的思想；我們可以感動文學的情愫。

我喜歡哲學，也喜歡文學。我用哲學的思想去撰寫和閱讀文章；用文學的情感去撰寫和閱讀詩詞。我在哲學與文學的世界中穿梭；在理性與情性的轉換中思索；在現實與幻想中創作。這是我的真實世界；這是我的美好人生。

第 **3** 章

調和原理

01　自然調和與人為調和

2018/8/10

人類在相互的互動與相互的沉思中形成一種沉默的協定 (silent agreement)。有些協定來自自然的力量,這些力量保存了人類的生存,也增進了人類的繁榮。對於這些力量所形成的規則,無人可以反對或抗拒,這就是自然的調和。另有些協定來自人為的力量。人類為了促進社會的進步和和諧而藉由協商取得共識,形成共約的規則,這就是人為的調和。

自然的調和形成自然的法則;人為的調和形成人為的法則。自然法則是在相互客觀下形成;人為法則是在相互主觀下形成。自然法則與人為法則的再調和就產生了自生的秩序 (spontaneous order)。

自然調和與人為調和都基於自由意志的一般性良好感覺 (general good sense) 所形成,不是被強制或被剝奪。任何人都不能用單方面的主觀規則去強制別人順從。

自然調和是自發性的順從;人為調和是妥協性的順從。自然調和是自然的共識;人為調和是約定的共識。自然調和是漸進的改革;人為調和是積進的改革。自然調和是長久的;人為調和是短暫的。

以下條件可以達成自然調和:1. 自己喜歡,別人也喜歡。2. 自己不喜歡,別人也不喜歡。3. 自己有利,別人也有利。4. 自己不利,別人也不利。5. 自己有利,別人沒有不利,6. 自己沒有不利,別人有利。

以下的條件必須進行人為的調和:1. 自己喜歡,別人不喜歡。2. 自己不喜歡,別人喜歡。3. 自己有利,別人不利。4. 自己不利,別人有利。5. 自己不利,別人沒有不利。6. 自己沒有不利,別人不利。

人為調和的任何一方因妥協而蒙受的損失必須有合理的補償,要以逐步議價的方式讓對方獲得滿意的補償。這稱為補償原理 (compensation theorem)。

拒絕調和是不理性的。凡是合理的就必須接受；凡是接受的就是合理。凡是無法合理拒絕或合理反對的就必須接受。我們不能無理由地拒絕或反對。

我們生活在相同的社會，接受相同的教育，享有相同的利益，擁有相同的觀念，這些因素都能幫助我們調和相對的意見，達成社會共識。

我們必須在判斷的過程中化解價值的矛盾、糾葛與衝突；社會必須在各種矛盾、糾葛與衝突的過程中相互調和，共創和諧的社會。

02　相對調和

2022/6/10

所謂調和 (reconcile, well-matched, or harmonious)，就是透過理性溝通，達成共識的均衡狀態。調和是要達成可被接受的狀態或結論，不是要達成最好的狀態或結論。

調和有三個基本條件：第一要有正反相對的存在；第二要有理性的溝通態度；第三要有妥協讓步的雅量。如果沒有相對性、理性和妥協性，就無法調和；就無法達成共識。

世上萬事萬物都有相對的存在。有自然就有人為；有男人就有女人；有肉體就有靈魂；有出生就有死亡；有善良就有邪惡；有快樂就有痛苦；有幸福就有不幸；有美麗就有醜陋；有贊成就有反對；有民主就有獨裁；有自由就有專制。

理性就是普世的價值觀；感性就是直覺的判斷；情性就是同理心或同情心。相對調和要依理性協調，不能靠感性或情性溝通，否則，就難以達成共識。理性不是擇善固執，也不是得理不饒人，而是依據合理性作判斷和選擇。

所謂妥協 (compromise)，就是彼此放棄自己部分的意見，採納別人部分的意見，以達成協議的調和方式。每個人都有自己的價值觀和合理性，必須互相妥協，不能堅持己見。妥協的結果是最適的折衷方案，不是最好的單一方案。

相對調和有自己與自己的調和；有自己與別人的調和；有自己與社會的調和；有群體與群體的調和；有國家與國家的調和。只要有正反相對的存在，就有調和的需要。自己與自己之間若能順利調和，生活就能適應良好；自己與別人之間若能順利調和，人際關係就能和諧；群體與群體之間若能順利調和，社會就能穩定；國家與國家之間若能順利調和，世界就能和平。

相對調和最重要的，就是價值觀或意識形態的調和，因為個人的價值觀或意識形態支配人的行動；社會價值觀或意識形態影響社會的行為。改變個人價值觀，就能改變個人的想法和做法；改變社會意識形態，就能改變社會的互動模式和人際關係。因此，自我調和、社會調和與國際調和，都需要從價值觀或意識形態的調和著手。

相對調和的種類繁多，有心靈與肉體的調和；善良與邪惡的調和；精神與物質的調和；自然與人為的調和；情性與理性的調和；思想與行為的調和；道德與法律的調和；平等與自由的調和；科學與哲學的調和；理論與實務的調和等等。當個人有矛盾，或是社會有衝突時，就需要藉由調和的方式，達成最適的解決辦法。

社會調和所塑造的最適社會，就是用最適取代最好；用調和取代競爭；用中小企業取代大企業；用最適生產取代大量生產；用精緻商品取代劣質商品；用最適成長取代高度成長；用最適財富取代富裕財富；用正確資訊取代氾濫資訊；用優質人口取代眾多人口。在一個充分調和的最適社會裡，人們才能享受優質的生活；社會才能和諧、穩定和進步。

個人的苦惱和社會的混亂，都來自相對的矛盾與衝突。如果大家都知道相對調和的重要性；如果大家都懂得相對調和的方法，就能夠化解個人的矛盾與社會的衝突。相對調和的結果，不是最好，而是最適；不是好高騖遠的完美，而是可以實現的理想。這就是個人或社會所要追求的目標，不是嗎？

03　整合、混合與調和

2018/8/9

整合 (integration) 是將部分統合成一個整體 (belonging to an essential part of the whole)。

混合 (hybridization) 是由異質基因結合成一種產物 (the offspring of genetically dissimilar stock)。

調和 (harmonization) 是促成約定或和諧的狀態 (to bring into agreement or harmony)。

民族的大熔爐是整合。國家把各個民族統合成一個共同文化與生活模式的國族。各民族在均一性和整體性的規範下生活。

民族的沙盤是混合。各個民族維持其特殊文化與生活模式，遇有共同議題時再協商解決。

民族的共生是調和。各個民族依協商結果制定共約價值與生活規範，大家依此規範共同生活。

調和的條件：1. 平等地位；2. 相互尊重；3. 理性溝通；4. 漸進融合；5. 約定承諾。

調和的步驟：1.各自表述；2.A 修正 B 的矛盾；3.B 修正 A 的矛盾；4.AB 各自修正；5.擴大共通性；6.縮小差異性；7.差異性的排除；8.達成共識。

調和的障礙：1.不肯溝通；2.堅持已見；3.不講道理；4.和稀泥；5.不願妥協；6.拒絕約定。

以民族的語言為例，在整合的社會裡，會以最大民族的語言為唯一的語言，並禁止其他語言的存在。在混合的社會裡，每一種語言都可以使用，都被會尊重，甚至會被獎勵。在調合的社會裡，各民族會以協商的方式，決定一個共同語言，同時也承認其他語言。

整合主義是由社會菁英的思想代表唯一的社會思想，其他思想都不被允許。混合主義是人人都可以表達自己的思想，但是，沒有人可以代表社會的主流思想。調和主義是人人都可以表達自己的思想，但是，必須透過協商，將相對的思想融合成主流思想。

臺灣已由整合的社會進入混合的社會。人人都堅持自己的立場與信念，誰都不服誰；誰都不讓誰，因而造成了對立與衝突。如果我們不要社會菁英的傲慢；如果我們不要失衡社會的衝突，就應該早日邁向調和主義的最適社會。我們必須培養調和的心態，學習調和的技巧，建構共約的社會價值，實踐理想的和諧社會。

04 均衡與失衡

2018/8/8

均衡是正反力量的均勢 (equal action of opposing force)，是一種穩定的、有效率的、有秩序的狀態。

宇宙天體、自然生態和原始社會都在均衡狀態中循環著。創造者為了讓獅子能夠有足夠的肉食而賜給牠較低的繁殖力以減少爭食的現象；另一方面，則賜給羚羊較高的繁殖力，以延續牠的族群。這就是自然的均衡與自生的秩序。

人類把這個自然的均衡與自生的秩序破壞了。人類不僅破壞了自然生態，也破壞了人類社會。失衡的個人、失衡的社群、失衡的市場、失衡的政治引發了人與人間、集團與集團間、地域與地域間，以及國與國間的矛盾、對立、衝突和戰爭。

失衡的個人：善重於惡，利益重於誠信，虛假重於真實。失衡的社群：利害重於情誼，岐視重於平等，排除重於包容。失衡的市場：數量重於品質，價錢重於服務，大企業重於小企業。失衡的政治：權力重於權利，法律重於正義，私利重於公益。

貪婪造成失衡。為了追求好生活，人類不斷地追求金錢與物質，達到貪得無厭的地步。金錢萬能、金錢至上、金錢萬歲的觀念橫行。為了實踐貪婪的目的而不擇手段，即使剝削他人、違反法律、破壞自然都在所不辭。

虛假造成失衡。虛假文化、虛假資訊、虛假新聞到處充斥。我們正活在真假不分，是非不明的空虛時代，喪失了理性判斷的能力與追求真實自我的理想。

偏袒造成了失衡。理論上，我們應該偏袒有道德正義的好人，制裁無道德正義的壞人。事實上，這個社會卻在偏袒壞人，傷害好人。好人犯了一個錯，人們就會否定他的好；壞人做了一件好，人們就不認定他的壞。做壞人似乎比做好人有利；好人似乎要被壞人欺負。

獨斷造成失衡。有權者、有錢者、學者、名嘴等社會菁英常以個人獨斷引導社會走向極端，造成對立與衝突。這些獨斷者 (bigot) 以理性的傲慢 (rational pride) 破壞均衡，製造混亂。

暴力造成失衡。語文暴力、肢體暴力、司法暴力嚴重破壞社會的均衡。從家庭暴力到社會暴力，我們每天都生活在暴力的恐懼中，失去了追求幸福的鬥志。以暴制暴的惡性循環正一步步地侵蝕了我們的生活，破壞了我們的幸福。

這個人、這個社會、這個世界正在失衡中失去了方向。人類正在面臨前所未有的挑戰。如果我們不尋求解決之道、力挽狂瀾，我們將會親手毀滅這個自我，毀滅這個社會，毀滅這個地球。

第 **4** 章
最適原理

01　最適原理、最適秩序、最適社會

2018/8/12

最適 (optimum) 是最好或最贊同的條件 (the best or most favorite condition)；原理 (theorem) 是可被證明為真或可被假設為真的理念或見解 (an idea or a proposition that is demons tray ably true or is assumed to be so)；秩序 (order) 是集團內各成員均可理解的合理處理條件或狀態 (a condition or a state of logical or comprehensible arrangement among the separate elements of a group)。

最適原理是原理再調和的共識原理，也是最理想狀態的原理。最適原理是相對論下的交集共識 (overlapping consensus)，也是社會共識下的暫訂協定 (modes agreement)。

最適原理不是個人意志，也不是社會意志，而是相對調和的一般意志。最適原理不是個人價值，也不是社會價值，而是共約價值。最適原理不是中道原理，也不是中間路線，而是社會共約的第三種原理。

最適原理不是真理，也不是完全的善，而是社會共認的正當，其中，有較高比例的善，有較低比例的惡。中國人強調的中庸則有一半的善和一半的惡，常會引起善惡不分和是非不明的現象。

最適原理是個人評定道德與幸福的依據，也是社會評定正義與福祉的指標。

人人依最適原理行動與互動，在沉默的約定下生活，久而久之就形成了非設計性和非意圖性的最適秩序。

最適秩序是生理與心理的均衡，物質與精神的均衡，利益與情感的均衡，自由與法治的均衡，經濟成長與環境保護的均衡。

最適秩序下的人們依共同的資訊、知識、語言與行為規範相互交流、相互調和、相互成長，而形成了一個理想的最適社會。

在最適社會裡，人們不是在追求奢華的生活，而是最適的生活；社會不在追求高度的成長，而是最適的成長；世界不在追求強權的政治，而是和平的正義。

從相對論到調和論，再到最適論是一條漫長的道路。但是，這只是一個開端，以後還有更遠的路要走。大家一定要有信心和耐心去克服一切的困難。

02 理性、感性與最適性

2019/10/5

理性 (rationality) 是以合理性為基礎的條件 (the condition of basing upon reason)。感性 (sensation) 是感覺器官受刺激產生知覺的運用 (the use of perception associated with stimulation of a sense organ)。最適性 (optimum) 是獲得某種結果最有幫助的條件 (the most favorable conditions for obtaining a given result)。簡言之，理性是以理論或數據做意思決定的條件；感性是以知覺或情感做意思決定的條件；最適性是以理性與感性的調和做意思決定的條件。

理性的人依理行事。凡是合理就接受；凡是不合理就不接受。易言之，凡是接受就是合理；凡是不接受就是不合理。理性的人依市場規則，成敗機率或迴歸預測從事各種經濟活動。他們會在一定的產出或收益下，尋求最少的投入或付出；會在一定的投入或付出下，尋求最大的產出或收益。他們對市場的認知與判斷是精確的；在市

場的活動是有效率的。理性的人為未來的大利，可以犧牲目前的小
利；為了目標的達成，可以不計辛勞。理性的人要看你的提議有沒
有道理，再決定要不要接受。理性的人知道，利益愈大風險愈高。
例如，投資的利益愈高，損失的風險也愈高；結婚對象的條件愈好，
離婚的風險也愈高。

感性的人依情行事。凡是喜歡的就接受；凡是不喜歡的就不接受，
易言之，凡是接受的就是喜歡；凡是不接受的就是不喜歡。感性的
人依自己的偏好或偏見從事各種經濟活動。他們會受商業廣告或親
友誘導從事各種投資或消費。他們會因情誼而犧牲自己的利益。他
們會用直覺做判斷，用嘗試錯誤做行動。他們會隨時間與環境的不
同而改變。感性的人只貪求眼前的小利，忽視未來的損失。感性的
人先看喜不喜歡，再決定要不要接受。感性的人不認為利益愈大風
險愈高。例如，投資基金要比存在定存更有利，不會吃虧；結婚對
象的條件愈好，愈不會離婚。

如果你的知友對你說：有一種投資只要 100 萬元，每年可以獲得
30 萬元的利息。感性的人會接受，因為他相信知友的話，而且可
以獲得高利益。但是，理性的人不會接受，因為那是不合理的投資，
損失的風險也極高。理性的人不會因知友的緣故而接受，也不會因
高利而心動。因此，感性的人受騙的機率較高；受損的程度也較大。
理性的人先理解再行動；感性的人先行動再理解。以愛情和婚姻為
例，理性的人會先了解愛情再去戀愛；先了解婚姻再去結婚。相反
地，感性的人會先戀愛再去了解愛情；先結婚再去了解婚姻。因此，
感性的人談錯愛和結錯婚的機率比理性的人為高。

其實，人無法完全理性，也不會完全感性。人常在理性與感性之間
做選擇。人有時會偏向理性；有時會偏向感性。因此，人常在理性
與感性之間矛盾著。即使做了決定，還是會猶豫不決，無法完全滿
意。經濟學家常以純粹理性做為經濟活動的基本原理。唯有純粹理
性，經濟正義才能實現，市場均衡才能達成，經濟秩序才能隱定。

但是，市場參與者不僅不按市場規則進行交易，有時還會逆向操作。依理性交易者常在交易中失利；不依理性交易者常在交易中得利。因此，經濟原理常遭破壞，無法充分運用。如果能以理性為主、感性為輔的最適性去建構新的經濟原理，應是值得思考的課題。

由於理性的決策過程需要充分的資訊和長久的思考時間，不如感性憑著直覺就可以快速形成意思決定，所以一般人都以感性主導理性。此外，由於市場資訊的不充分以及不實資訊的氾濫，即使以理性做決策，也常會產生失誤。尤其網路市場的盛行，更使人不易掌握資訊，做正確的判斷。在市場交易中，小自餐廳點菜，大至不動產交易，大都需要憑著直覺快速決定，無法理性思考。因此，在現代的經濟活動中，仍以感性主導理性。

以理性主導的最適性就是要以理性做評估，再用感性去調和。易言之，就是要把感性理性化和數量化，再做理性的分析。例如，當你買一杯咖啡時，就必須先將咖啡的效用或慾望的滿足數量化，然後，再把支付費用的負效用數量化。如果一杯咖啡可以滿足你 5 個單位的效用，而支付 100 元會讓你損失 3 個單位的效用，那麼，就值得你購買。在市場交易中，沒有吃虧的交易者，買賣雙方都是利得者。

我們常說：幸福是個人主觀的感受。但是，沒有人可以告訴你，為什麼他會感到幸福以及他有多幸福。如果採用最適性原理去解釋幸福，就必須把知覺的幸福數量化。你要先設定幸福指標和量表，再依量化的知覺評定各項指標，最後，再計算出幸福係數。這樣就可以清楚地告訴人家，你為什麼幸福以及有多幸福。我們不能只用知覺做判斷，也不能只用情感做決定。我們必須以理性主導感性；用最適性做判斷。

要做一個最適性的人並非易事。除了要有理性的人格特質，也要有理性的思考能力。理性人與感性人的最大差異，就是前者懂得思考；

後者不善思考。如果你是一個感性的人,就必須學習思考。不管你喜不喜歡,都必須思考值不值得。要做一個最適性的人也需要自己的克制與外力的協助。例如,理性告訴你要存錢,你卻改不了愛花錢的習性,就要強迫自己把錢存在長期性的定存或保險。你若要戒菸,卻改不了菸癮,就要請家人監視或處罰。

請做個最適性的人。你若要喜歡或討厭某個人,就必須說出事實與原因;你若要讚美或批判某種思想,就必須講出道理與理由。你不能沒有理由或道理去指責人或謾罵人。如果有人沒有理由指責人或亂罵人,你就必須加以譴責,社會就必須加以制裁。請做一個最適性的經濟人。你必須懂得思考;你必須掌握市場資訊;你必須理性分析;你必須肯定自己的判斷。在市場活動中,你必須懂得理財的技巧與運用。你不能亂投資、亂消費、亂儲蓄。在市場競爭中,純粹感性的人註定會失敗;純粹理性的人不一定會成功;只有最適性的人才能獲得勝利。

03 最適與最好

2021/7/12

一般人總會混淆最適和最好的意義,也會錯用這兩個名詞。所謂最適性 (optimum),就是可以接受的理想狀態。所謂最好 (best),就是從三種以上的選項中,選擇出的最佳決定。

其實,大多數的人都在追求最適的生活,只有少數人在追求最好的生活。例如,只能在自己的能力範圍內,追求最適的財富,而不是要做一個最富裕的人。又如,人只能將自己的健康做最適的維護,而不是要做一個最健康的人。人外有人,天外有天,人永遠無法成為世界第一。

我們可以將各種狀態分成五個或十個分位，再依自己的能力，設定一個理想目標，就是最適性。例如，我們可以將財富分為五個等級：一億元以下為第一級；一億元至五億元為第二級；五億元至十億元為第三級；十億元至二十億元為第四級；二十億元以上為第五級。

如果自己的能力，可達到第二級，那麼，第二級的財富就是最適財富。依此要領，我們就可以推算出自己的最適健康狀態、最適婚姻生活、最適教育水平、最適人際關係、最適居住環境、最適旅遊水準、最適服飾擁有量等。

生命（有活力的存在）都是一樣的，沒有好或壞；生活（維持生命的條件）則有千差萬別，有好也有壞。生活的滿意度愈高愈幸福；生活的滿意度愈低愈不幸福。由於每個人的生活價值觀不同，對相同的生活會有不同的滿意度，所以生活水準高不一定有高滿意度；生活水準低也不一定有低滿意度。

有些人事物是可以比較好壞的。例如，美麗比醜陋好；善良比邪惡好；健康比體弱好；富裕比貧窮好；成功比失敗好；堅固比脆弱好等等。又如，你可以依自己的喜愛或是偏好，從三個或三個以上的事物中，選擇最好的；可以從兩個人事物中，選擇比較好的。如果你只有一個選項，就無從選擇，就沒有好或壞的問題。

除非有可以比較的選項，否則，就沒有最好或是較好的問題。健康的身體是好的，但是，不是最好，也不是較好。真心的感情是好的，但是，不是最好，也不是較好。每天有人問候你是好的，但是，不是最好，也不是較好。每天能活著是好的，但是，不是最好，也不是較好。

如果你要使用最好或是較好的概念，就必須有兩個或兩個以上的選項。例如，有咖啡、紅茶和綠茶三種飲料供你選擇，你可以選擇最喜歡的。如果有咖啡和紅茶兩種選項，你可以選擇較喜歡的。如果只有咖啡，你只能說喜歡或是不喜歡。

總之，最適是自己評價的；最好是與人比較的。你若要為自己而活，就要追求最適；你若要追求最好，就要與人比較。你若要追求最適，就必須擁有自己的價值觀；你若要追求最好，就必須努力戰勝別人。

什麼是最適的人生？什麼是最好的人生，都是自己認定的，不是別人評論的。你可以只為一個目標而活；可以為多個目標而活。你可以認為自己擁有的就是好；可以認為自己沒有的才是好。你可以追求最適的生活；可以追求最好的生活。不管怎樣，你都要為自己的人生負責。

第3篇

個人道德

第 1 章
個人道德

01　道德論（I. Kant vs A. Smith）

2021/7/4

關於道德的爭議，有兩種相對的思想。第一是康德的「神定論」；第二是史密斯的「人定論」。前者是真理的道德或是神的真理；後者是契約的道德或是人為的道理。

康德認為，在人類社會形成之初，就有真理的道德定律存在。後來，由於人類的貪婪，就是名利的擁有慾，破壞了道德的定律。這就是道德墮落的起源。法律就是要禁止這種不道德的行為。

依照康德的道德論，每一個人都必須尊重別人的名利，不能傷害別人的名利，即使別人願意或是接受，都不能侵犯或是剝削別人的名利。易言之，即使合法或是合約，都不能做傷害別人名利的事。

史密斯認為，人類的道德來自共同的自然情操。人類為了生存，而有擁有的慾望，並透過契約的方式，取得必要的生活資源。法律就是要保護私人財物的擁有以及契約的履行。

依據史密斯的道德論，每一個人都有擁有慾與自利心，只要不違反契約或是無人反對，就是合理，就是道德。人們透過市場進行交易，獲取自己的最佳利益。在市場中，有一隻看不見的手在維護交易的公平性，這就是市場的均衡。凡是接受的就是均衡；凡是均衡的就是道德。

產業革命之後，史密斯的道德論就成為普世的價值，而康德的道德論則日漸式微，甚至無人採用。人的道理逐漸取代了神的真理；經驗理論逐漸取代了先驗理論；功利主義逐漸取代了倫理主義。人與人之間，只有相互的利益，沒有彼此的尊重。

科技的進步與市場的擴大，提升了生活水準與生活品質，促進了社會的繁榮與國家的發展。於是，表象取代了本體；知覺取代了心覺；科學取代了哲學；數字取代了文字；物質取代了精神。史密斯由自利論、契約論與均衡論所構成的道德情操，就成為普世的道德基準。

史密斯的道德情操逐漸演變成弱肉強食的資本主義制度。強者就以追求私利的正當性剝削弱者；資本家就以追求利潤的合理性剝削勞動者。於是，強者愈強，富者愈富；弱者愈弱，貧者愈貧。

康德以神學、唯心論和純粹理性所建構的道德論，已經淪為哲學家討論形而上學與倫理學的議題，對世人道德的影響力已經微乎其微。現代人的心中只有名與利，沒有任何先驗的道德倫理，也沒有正當行為的道德準則。

道德的墮落與市場的失衡是現代社會的基本難題，也是現代人難以克服的危機。此時此刻，應該重新思考康德哲學的本質與康德道德論的精神，重建適合現代人與現代社會的道德原理。唯有如此，人類才能突破困境，世界才能永遠和諧。

02　道德、價值與良知

2018/8/15

道德 (morality) 是人類行為良好與正確的判斷基準 (judgement standards of goodness or correctness of human conduct)；價值 (value) 是值得的、有用的或重要的原則，標準或品質 (principles, standards or quality considered worthwhile, usefulness or importance)；良知 (conscience) 是區別行為對與錯、值不值得的認知天賦 (the faculty of recognizing the distinction between Wright and wrong, worthy and worthless in regard to one's own conduct)。

道德是人性本質的自然法則；價值是後天學習的經驗法則。道德是內省的；價值是經驗的。

道德是思維意志、本質意志、衝動意志、自然導向的意志；價值是行為意志、選擇意志、合理意志、目的導向的意志。

道德思維是正當與良好 (righteousness and goodness)；價值思維是效用與績效 (utility and merit)。

道德在問該不該做；價值在問值不值得做。

道德是利人；價值是利己。對他人不好是不道德；對自己不利是不值得。

道德的自我譴責凌駕自我稱讚；價值的自我稱讚凌駕自我譴責。不做不道德的事比做道德的事重要；做值得的事比不做不值得的事重要。

良知是天賦的悟性，是判斷道德與價值的主宰或裁判。

良知不一定站在道德或價值的一方。有時善良會戰勝邪惡；有時邪惡會戰勝善良；有時值得會戰勝不值得；有時不值得會戰勝值得。當道德與不道德對立時，當值得與不值得對立時，當道德與價值對立時，你會選擇站在那一方？

要培育自己的良知，要護衛自己的良知，要讓自己的良知堅定和堅強。只要順從自己的良知，你就是自由的人。

03　道德與不道德 I

2018/10/16

一切的罪惡來自對道德的漠視與蔑視。順從道德，抗拒不道德就是道德；排拒道德，縱容不道德就是不道德。

道德有兩種：第一是先驗的神性道德或真理道德；第二是經驗性的人性道德或原理道德。

否定真理就沒有神性道德；否定原理就沒有人性道德。

神性道德在履行神的義務，對神的接近就是幸福；人性道德在履行人的責任，對自我的接近就是幸福。

道德的原則是追求幸福的個人責任和承擔公益的社會責任。不道德則是為自己的利益而剝削他人和為自己的邪惡傷害善良。

道德以算術級數遞增；不道德以幾何級數惡化。

道德是自我要求和自我約束；不道德是要求他人和自我放縱。

道德產生和諧；不道德製造衝突。

要用道德評定人的價值，不要用權威、財富、知識、名氣或美貌去評定人的價值。

不做不道德的事比做道德的事重要。做了道德的事再做不道德的事，比做了不道德的事再做道德的事更不道德。

04 道德與不道德 II

2018/8/17

人可分成四類：所謂好人是有道德、有正義和守法律的人；所謂壞人是不道德、不正義和不守法的人；所謂凡人是有部分道德、正義和守法的人；所謂蠢人是無理性、無原理和無判斷力的人。

當今的社會似乎是由少數不道德的人控制多數的凡人與蠢人。有道德的人只能躲在暗處獨自歎息，有時為了伸張道德，而受到污辱或傷害。

道德只能受到良知的約束，無法用國家法律或社會正義制裁。不道德的人除非違反法律，否則，不會受到自我良心的譴責。

道德行為是道德良知的自然顯露。有道德的人不是因為要贖罪或進天堂而有道德行為。他做善良的事，是受到良知的驅使，不是受到利益的影響。

有道德的人會有不道德的罪惡感，會自我譴責，也會受到良知的折磨。不道德的人沒有道德的罪惡感，也不會有良知的折磨。不道德的人不會承認自己的錯，也不會承認別人的對。他只知道自己的對。

人常在高貴的行為下隱藏著不道德的靈魂。人常為金錢、權力、名氣或各種利益而背叛道德。不道德的行為常在道德的偽裝下進行，用偽善從事邪惡的企圖。

有知識的人不一定有道德；無知識的人不一定不道德。守法的人不一定有道德；不守法的人不一定不道德。標榜正義的人不一定有道德；挑戰正義的人不一定不道德。

不道德的菁英比不道德的庶民更不道德，對社會的傷害更大、更廣。有些披著羊皮的狼，滿口仁義道德，做著傷天害理的事。人人稱他是大善人，其實是要人命的大野狼。

道德只有善與惡，沒有模糊地帶。道德必須選邊站。所謂中庸、鄉愿、不沾鍋都是對不道德的默許，都是不道德。如果你是有道德的人，就會要求別人也要有道德，也會抗拒別人無道德。如果你是不道德的人，就會傷害有道德的人，也會害怕無道德的人。

人人都認為自己有道德，只是人人的道德標準不一致，甚至是相對。邪惡的人也認為自己有道德；也認為受傷害的人無道德。善良與邪惡常是一窗之隔，看到善良的人不一定能看到邪惡；看到邪惡的人不一定能看到善良。只有有思想的智者，可以看到善良，也可以去看到邪惡；能護衛善良，也能對抗邪惡。

05 不道德

2018/10/19

在我們的身邊有許多不道德的人；在我們的日常生活中，有許多不道德的事。有些人是別人；有些人是自己。有些事可以察覺；有些事無法察覺。不道德的人會做不道德的事：道德的人也會做不道德的事。

不道德的思想和不道德的事是兩件不同的事，前者只有自己知道，別人無法得知；後者則有人知道，有人不知道；有人認為是不道德，有人認為不是不道德。

有人有不道德的思想，也做不道德的事；有人有不道德的思想，但不做不道德的事；有人沒有不道德的思想，卻做不道德的事；有人沒有不道德的思想，也不做不道德的事。

我們只能從不道德的事中，論斷不道德的人，無法從不道德的思想中，評論不道德的人。不道德的人不會承認自己做不道德的事，

更不會承認自己有不道德的思想。不道德的人會將自己不道德的事合理化；將別人的批評妖魔化。

無知使人不道德。無知者無法判斷是非善惡，只會跟著別人起鬨。眾多的無知者傷害道德者，更甚於少數的不道德者。他們與不道德者結合，構成不道德者集團，霸凌別人，傷害社會。

所謂道德就是真實、負責與尊嚴。所謂不道德就是不真實、不負責與無尊嚴。易言之，凡是欺騙、卸責與無恥就是不道德。

心存惡念、傷害人、嫉妒人、仇恨人、報復人就是不道德。

把自己的利益建築在別人的損失上；把自己的快樂建築在別人的痛苦上就是不道德。

說謊話、做偽證、製造假資訊、傳送假資訊就是不道德。

不遵守時間、不遵守約定、不遵守規則就是不道德。
不愛人卻要被愛；無力養家卻要成家；無法養育子女卻要生育就是不道德。

製造噪音、污染空氣、破壞自然就是不道德。

寬容和幫助不道德的人；排拒和傷害有道德就是不道德。

假藉宗教、慈善和公益歛取財物就是不道德。

隱瞞真相；偽裝良善；假裝無辜就是不道德。

背叛相信你的人、背叛幫助你的人；背叛家庭、社會或國家就是不道德。

使用支體暴力、語言暴力、歧視社會弱者就是不道德。

自認高人一等、誤認別人都是 IQ 零蛋就是不道德。

吃裡扒外；欺善怕惡；欺弱怕強就是不道德。

得理不饒人、無理不回應、擇惡固執、死不錯認錯就是不道德。

不道德的事罄竹難書，不及備載。每個人都要自我反省，自己是否有了不道德的思想，是否做了不道德的事？凡事只要對神坦誠，問心無愧，就不是一個不道德的人。

06　不道德的人

2018/8/19

把自己的利益建築在別人的損失上；把自己的快樂建築在別人的痛苦上的人就是不道德。

不遵守時間；不遵守約定；不遵守規則的人就是不道德。

不愛人卻要被愛；無力養家卻要成家；無法養育子女卻要生育的人就是不道德。

製造噪音；污染空氣；破壞自然的人就是不道德。

寬容和幫助不道德的人；排拒和傷害有道德的人就是不道德。

製造假資訊；評論假資訊；傳送假資訊的人就是不道德。

假藉宗教，慈善和公益歛取財物的人就是不道德。

隱瞞真相；偽裝良善；假裝無辜的人就是不道德。

背叛幫助你成長的人；背叛提供你福利的人；背叛長久支持你的人就是不道德。

不約束自己的小孩去當別人家的小孩，卻要強迫別人家的小孩當自己的小孩就是不道德。

07 道德、正義與慈悲

2020/9/16

個人道德與社會正義都是精神價值。個人道德來自神的真理；社會正義源自個人的道德。慈悲是社會正義，不是個人道德。要有個人道德，才有社會正義；才有慈悲的正義。

道德就是真實，責任與尊嚴。你要以真實對待自己；要對自己的作為負責；要做個有尊嚴的人。道德是自我對待的態度，不是對待別人的方式。

正義有社群的正義（社會連帶、社會平等、社會包容）、經濟正義（自由競爭、公平交易、合理分配）與政治正義（基本人權、民主政治、法律治理）。有道德的人不一定有社會正義；有社會正義的人一定有個人道德。

慈悲就是同理心、同情心、寬容心與助人心。慈悲是對待別人的態度，不是對待自己的做法。你要用善良的道德對待自己，不能用慈悲的正義對待自己。

個人在追求幸福時，必須物質價值與道德精神並重，要有良好的生活，也要有善良的道德。良好的生活要重視物質的數量；善良的道德要重視精神的品質。良好的生活在滿足身體的需要；善良的道德在滿足精神的需求。人必須追求物質與精神並重的富裕，不能只追求物質的富裕，也不能只追求精神的富裕。

社會在追求福利時，必須個人富裕與社會正義並重，要有經濟的富裕，也要有社會的正義。有經濟的富裕，沒有社會的正義；有社會的正義，沒有經濟的富裕都不是福利的社會。

在個人幸福與社會福利之間，要以慈悲心做聯結。個人要將部分的財富捐贈給社會；社會要將部分資源分配給不幸的人。這樣的個人才有真幸福；這樣的社會才是真福利。

有道德才有幸福的個人；有正義才有福利的社會；有慈悲才能造就幸福的個人與福利的社會。道德的個人、正義的社會與慈悲的人心，是人類的共同願望，也是每一個人的共同責任。

08　不道德社會的反抗

2018/10/24

在不道德的社會裡，有道德的人不被尊重反被鄙棄，而不道德的人不被唾棄反被推崇。在不道德的社會裡，有道德的人消聲匿跡，而不道德的人到處嗆聲。

在不道德的社會裡，惡人欺負善人，強者剝削弱者，富人歧視窮人，智者誤導愚者。整個社會充滿了壞蛋、笨蛋和糊塗蛋。

你可曾為不道德的事苦惱或憤怒？你可曾被不道德的人污辱或傷害？你是否會無奈地吞下，是否會無助地抱怨，還是會以牙還牙地報復？

讓我們再度期待神的力量，讓我們再度期待神職人員的聖潔。在神的帶領下，讓有道德的人得勝且享尊榮。

有道德的思想家們，請務必扮演道德倡導者的角色，喚醒人們的道德良知，改變人們的社會行為。

有道德的教師們，請務必以你們的道德良知，傳授道德原理，貫徹道德教育。

有道德的司法人員們，請務必以道德的心查明真相，勿枉勿縱，不要以經濟利益、政治偏見或先入為主的觀念去判決或辯護。

有道德的政治家們，請務必本著道德良知去塑造一個正義的社會，不要以不道德的手段從事政治惡鬥。

有道德的媒體名嘴們，請務必本著道德良知陳述見解，不要以偏袒的私心去製造對立與衝突。

有道德的你啊，請千萬別氣餒，要用自己的力量去對抗不道德的人。你必須勇敢地站出來，對不道德的人和不道德的事說：NO；對有道德的人和有道德的事說：YES。相信有朝一日，我們會有一群高道德的國民和一個高正義的國家。

第 **2** 章
真實原理

01 本體真實與表象真實

2018/10/23

真實 (truth) 是個人道德、社會正義和法律公正的核心。沒有真實，一切的道德、正義和公正都不存在。

真實有兩種：一是與本質或始意一致的真實 (possessing the purported character or origins)，亦即本體真實或本意真實 (genuineness)；二是與事實一致的真實 (accordance with fact)，亦即表象真實或存在真實 (authenticity)。所謂事實 (fact) 就是存在或真實的特性 (the quality of existing or being real)。

有善良的心意也有善良的言行或沒有善良的心意也沒有善良的言行，就是本體真實；有善良的言行也承認善良的言行或沒有善良的言行也承認沒有善良的言行，就是表象真實。

有善良的心意卻無善良的言行或沒有善良的心意卻有善良的言行，就是本體虛假；有善良言行卻不承認善良言行或掩蓋善良言行；沒有善良言行卻不承認沒有善良言行或掩蓋沒有善良言行，就是表象虛假。

本體真實隱藏在心靈深處；表象真實隱藏在行為暗處，兩者都需要用眼睛觀察和用心智領悟。

表達自己的真實需要勇氣；揭發別人的真實需要智慧。

智者用智悟真實；凡人用眼睛看真實；愚者用耳朵聽真實。

智者重視真實；凡人重視事實；愚者重視印象。

自己的真實只有自己知道，別人的真實難以知道。你對自己的解釋是真實，你對別人的解釋是虛假。你必須從自己與別人的矛盾中尋找真實。

相信神的真實，祂才能賜給你力量；相信醫生的真實，他才能醫治你的疾病；相信老公／老婆的真實，他／她才能給你真情。

02 **真實與虛假**

2018/8/25

資訊的發達造成虛假的氾濫，把我們捲入真假不分的虛擬世界，分不出真與假，信不信？

我們看不到真實的自己，只能從鏡中看到不真實的自己。我們用眼睛看、用耳朵聽、用鼻子聞、用嘴巴嚐、用皮膚感觸，然後綜合起來說：那是真的或那是假的。其實人並沒有百分百的真，也沒有百分百的假。

與事實不一致的假比較容易發現，但是，與本意不一致的假就很難被識破。我們可以發現犯罪的事實，但很難了解犯罪的動機；我們可以發現行善的事實，但很難了解行善的動機。

真實是醜陋的，虛假是美麗的；真話是苦澀的，謊言是甜蜜的；真相難察，假相易懂；真實傷人，虛假悅人；真實被排拒，虛假被接受。

虛假的最大製造者是政府官僚與政治人物。在政治系統中，大部分的資訊都是虛假，而我們只能懷疑、妥協和順從。

有些可以判斷真假的原則，例如，本意是真的，行為是假的；微笑是真的，苦笑是假的；生氣是真的，客氣是假的；感謝是真的，讚美是假的；追求私利是真的，追求公益是假的；原野上的動物是真的，動物園的動物是假的。

如果你無法說真話，就盡量少說假話；如果你不能對抗說假話的人，就盡量支持說真話的人。如果你不敢做真實的事，就盡量少做虛假的事。

第一次被騙是對方的錯；第二次被騙是雙方的錯；第三次被騙是自己的錯。你不可以被騙三次，否則，就是活該。

如果你無法證明自己的真，你就是假的；如果你無法證明別人的假，別人就是真的；如果你無法證明神是假的，祂就是真的。

我們無法抗拒社會的虛假，但是，我們可以加強辨識真假的能力；我們無法抗拒別人的虛假，但是，我們可以找到談真實的知己；我們無法抗拒自己的虛假，但是，我們可以喚醒靈魂中的良知。

03 虛假

2018/8/24

不真實就是虛假。虛假有兩種：一是與本意不一致的虛假（偽裝與偽善）；二是與事實不一致的虛假（欺騙與詐欺）。

虛假 (pretense) 是不真實的顯露 (a false show if something)；偽裝 (affectation) 是人造的態度或外表 (artificiality of manner or appearance)；偽善 (hypocrisy) 是被公眾喜愛或接受的外表 (a semblance of having desirable or publicly approved attitude)；欺騙 (deceit) 是用假的外表或狀態去誤導 (to mislead by a false appearance or statement)；詐欺 (cheat) 是用詭計去獲得不公平或不誠實的利益 (to practice trickery to gain some unfair or dishonest advantage)。

很在乎卻假裝不在乎就是偽裝；沒有善心卻假裝成善人就是偽善；有做不道德的事卻隱瞞或否認以誤導他人就是欺騙；有做不道德的事卻隱瞞或否認以取得不正當的利益或好處就是詐欺。

如果你愛他卻假裝不愛他就是偽裝；如果你不愛他卻假裝愛他就是偽善；如果你正跟他談戀愛卻隱瞞或否認你在跟他談戀愛就是欺騙；如果你正跟他談戀愛，但為了某種利益而隱瞞或否認你在跟他談戀愛就是詐欺。

痛苦卻裝快樂，討厭卻裝喜歡就是偽裝；無知識的人賣弄知識，不道德的人宣揚道德就是偽善；承諾別人卻不履行，傷害別人卻裝無辜就是欺騙；製造假資訊達成政治陰謀，以保護弱者之名追求私利就是詐欺。

所謂偽裝者是心中有話說，口中不說出的人。所謂偽善者是心中無大愛，口中滿是愛的人。所謂欺騙者是心中無信仰，口中滿是經的人。所謂詐欺是心中有私慾，口中講情義的人。

謙虛、自卑、自大、自傲、虛榮、鄉愿、說謊言、做假事，偽造資訊都是虛假。

在我們日常的生活中，大部分的言行都是虛假。別人說你棒，你不是真正棒；別人說你美，你不是真正美。

我們常會相信虛假而懷疑真實。我們寧願快樂在虛假中，不願痛苦在真實中。我們常在虛假中矇蔽自己，欺騙別人。

虛假是一切罪惡的根源。我們必須根除虛假的舊文化，建構真實的新思想。

04　真實存在自由裡

2021/3/8

個人的真是自己認定的；社會的真是別人判定的。你說是真的；別人說是假的。你說是假的；別人說真的。個人的真只有自己知道；社會的真要別人認同。別人不認同，你的真就不是真；你的假就不是假。

真實存在自由裡，不自由就沒有真實。在一個不自由的社會裡，處處都是虛假。真的會變成假的；假的會變成真的。歪理會變成真理；真理會變成歪理。

在一個虛假的社會裡，你眼睛看到的都不是真的；真的都是你眼睛看不到的。你耳朵聽到的都不是真的；真的都是你耳朵聽不到的。

在一個自由的社會裡，人人都享有身體的自由和心靈的自由。身體的自由是行動的自由；心靈的自由是思索的自由。你可以用心靈的真，說真實的話；做真實的事。

人人都說自己是絕對的真實，沒有半點虛假。其實，人人都是虛假，不是真實；人人都在隱瞞，不說真話。在一個自由的社會裡，人人都有判斷真假的能力與自由。大多數人認定的真就是真；多數人認定的假就是假。你必須向社會證明你的真或是別人的假。

只有在一個自由的社會裡，真才是真正的真；假才是真正的假。你選擇自由，你得到真實；你選擇不自由，你得到虛假。

第 **3** 章
責任原理

01　道德責任與約定義務

2018/8/25

道德責任 (duty) 是被道德期待或要求的行為 (behavior that one is expected or required to do by morality)；約定義務 (obligation) 是受承諾或契約所約束的行動 (the act of binding oneself by a promise or contract)。

道德責任是自發的、自由的、長久的、單向的、非形式的、沒有對價關係的；約定義務是被動的、不自由的、短暫的、雙向的、形式的（口頭或文字），有對價關係的。

個人對自己、社會和自然有道德責任；個人對社群、市場和國家有約定義務。

個人對能力的自信、行為的自律、生活的自立是作為一個人類必須具有的最基本的道德責任。

個人對健康的維護、財物的富足、卓越的追求是幸福人生的必要的道德責任。

對自然環境和野生動植物的保護是人類的道德責任。砍樹之後要種樹，捕魚之後要護魚，狩獵之後要豢養，都是道德責任。

父母養育年幼子女以及子女照顧年邁父母，都是道德責任，不是約定義務。

情人關係是約定義務，不是道德責任。在約定期間內要履行約定，若無約定或廢除約定，就可不必履行義務。

夫妻關係是約定義務，不是道德責任。雙方均可要求對方遵守夫妻約定的權利與義務。若無約定則依法律規定。

勞資關係是約定義務，不是道德責任。勞方有要求資方支付勞動報酬的權利，資方則有要求勞方遵守勞動契約的義務。

02　不負責任的人

2018/8/29

不負責任的人就是不道德。

對自己的能力沒自信；對自己的行為不自律；對自己的生活不自立的人就是不負責任。要健康卻不忌菸酒檳榔；要減肥卻大啖美食；有病痛卻不就醫的人就是不負責任。

要富裕卻不想賺錢；要高薪卻不肯努力工作；要文憑卻不願用功讀書的人就是不負責任。要結婚卻無力養家；要結婚卻不想被拘束；要結婚卻不願經營家庭的人就是不負責任。

要生孩子卻不想養育；要生孩子卻不願栽培；要孩子成功卻不願投資的人就是不負責任。受完高等教育卻要依賴父母生活的子女；年老無法生活而要依靠子女扶養的父母就是不負責任。

住在海邊卻不防備海嘯；住在山邊卻不防備土石流的人就是不負責任。

常把「永遠會」、「沒問題」、「我確信」、「我保證」掛在嘴邊的人就是不負責任。凡事愛抱怨、愛嫉妒、怪命運、怪別人、怪政府的人就是不負責任。

03　不守義務的人

2018/8/30

不守義務就是違反約定，就是不道德。

不遵守約定時間的強者是傲慢；不遵守時間的弱者是笨蛋，兩者都是不守義務的人。不遵守時間的社會就是不文明的社會。

不遵守約定秘密，還要求別人遵守秘密；自己背叛別人卻要求別人不要背自己的人，就是無知，自私和不遵守義務的人。

承諾別人要做的事卻不履行；承諾別人不做的事卻加碼去做，就是不守義務。

違反婚姻契約或約定；不履行婚姻義務或責任；以各種形式的暴力破壞婚姻，就是不守義務的人。

不努力教學的教師；不用功學習的學生；不盡職守的員工；剝削員工的顧主，就是不守義務的人。

製造不良商品或提供不佳服務卻要收取高價的供給者；要求高品質商品和良好服務卻不願支付高價的消費者，就是不守義務的人。

要求員工拼命工作卻不提供高薪的顧主；要求高薪卻不努力工作的員工，就是不守義務的人。

不遵守團體規約，違反自己參與的教會，學會，協會，政黨等社會團體的約定，規約，規則或黨綱，就是不守義務的人。

不認同自己的國家；不遵守國民應盡的義務；為了私利而犧牲國家利益，就是不守義務的人。

04　自我負責

2021/7/11

自我負責是每一個獨立的成年人必須履行的基本道德，也是追求卓越人生的必要條件。在人生的旅途上，常會遭遇挫折與失敗，必須自我負責，克服困難，實現理想。

人生是自己的；人生的路是自己走的；人生的幸福是自己造的。
人生的成功或失敗、賺錢或虧錢、結婚或離婚都是自己造成的，
不是別人造成的。如果自己不自我負責，誰能幫你負責？

有人會將成功歸功於自己，把失敗歸咎於別人。有人會將賺錢歸
功於自己，把虧錢歸咎於別人。有人會將結婚歸功於自己，把離
婚歸咎於別人。

自我負責的人會在成功時，準備失敗的風險；會在賺錢時，準備
虧錢的風險；會在結婚時，準備離婚的風險。如果真的遇到風險，
就能因應與克服。如果不失敗、不虧錢、不離婚，就能享有幸福
的人生。

如果失敗了卻不知所措；虧錢了卻無法維生；離婚了卻難以自立，
就是無責任的人。如果失敗了、虧錢了、離婚了，還要怪別人、
怪社會、怪政府，就是不正義的人。

在我們的社會中，有不少人喜歡怪別人，尤其是怪政府。疫苗不
夠怪政府；水電不足怪政府；物價上漲怪政府；失業增加怪政府，
生產過剩怪政府；收入減少怪政府。每天怪東怪西，就是不會怪
自己。

不少人一旦遇到不如意或是不滿足，就會要求政府給予補助或是
紓困。總是要求政府要給力，卻不為政府盡些力。生孩養兒要政
府補助；失業創業要政府補助；水電油價要政府補貼；經濟不景
氣要政府紓困。每天要求東要求西，就是不會要求自己。

有許多人要政府成為無所不能的大有為政府，卻反對政府提高稅
率，增加租稅負擔。總以為政府是吃不垮的金山銀山；總以為政
府虧欠人民；總以為政府必須承擔一切的責任。自己成功了，就
是靠自己的實力；自己失敗了，就是政府的過錯。

請大家想一想，病毒是政府製造的嗎？疫苗無法進來是政府沒有盡力嗎？餐廳禁止內用是政府不當干預嗎？幼兒園和補習班不解封是政府刻意刁難嗎？如果不是，那麼政府還需負擔什麼責任？

許多私立的福利機構和教育事業，都是以企業經營的方式，追求利潤、賺取財富。現在，政府在不得已的情況下，要求業者犧牲兩個半月的損失，有什麼不合理？有什麼不正當？如果政府真的有錯，就可以依法訴訟，要求補償。

還有許多家長，不顧孩子的健康與安全，硬要把自己的孩子送去幼兒園或是補習班。他們的理由是，我要工作；我沒有時間照顧；我需要別人的幫助。請你們也想一想，當初生小孩時，難道沒有考慮無法照顧的風險嗎？難道沒有做好因應風險的準備嗎？如果沒有，還能自稱是一個有責任感的父母嗎？

在病毒來源尚未澄清之前，疫情可以解釋成自然的災害，不是人為的過失。全國上下都必須負起共同的責任。政府要盡力控制疫情；國民要全力防護自己。在全國一命的原則下，大家共體時艱，全面配合，一起克服災難。

我寫這篇文章的目的，是在提醒大家，要重視責任歸屬與責任承擔的重要。不要只享權利不盡義務；不要只要求利益不負責任。或許你會覺得委屈；或許你會感到無奈，但是，人生本來就是個人責任與社會責任的履行，並在責任的履行中，追求個人的幸福與社會的福祉。

05　空包彈的承諾

2021/6/6

說話算數是做一個人最基本的責任。如果對自己說出的話都不負責，不僅是欺騙，也是不道德。這種人不值得信任，也不值得被愛。

有些人喜歡說不負責任的話；有些人喜歡做空包彈的承諾。他說一定做得到，只是時候未到，結果永遠等不到。他說時候一到，就會做到，結果時候一到，還是做不到。

有人喜歡說大話；有人喜歡做保證。有人說他會負責任；有人說他會遵守承諾；有人說他會愛你一輩子；有人說他會帶給你幸福；有人說他會準時抵達。結果沒有一件事能夠兌現。

會對你做出空包彈承諾的人，會一而再、再而三地承諾不負責任的事，因為他知道，你是一個真實的人，容易相信人，也容易被欺騙，而且容易再被騙。

人云：第一次被騙是對方的錯；第二次被騙是自己的錯。第一次被騙，是因為不知道對方的錯。第二次被騙，是因為明知故犯，就是自己的錯。如果還有第三次被騙，就是自己的無知；就是咎由自取。

人云：謠言止於智者。智者懂得別人的心，也知道別人的真假。智者或許會被騙一次，但是，不會被騙兩次，因為他知道，一個會欺騙的人，不會只欺騙一次。

如果你會思索，也有思想，就能從一個人的言行中，得知他的想法與真假。空包彈的承諾是說給愚者聽的，不是說給智者聽的。空包彈的承諾只會傷害愚者，不會傷害智者。

理論上，每有一個人都應該信守承諾；人與人之間都應該相互信任。但是，世上就是有許多不守承諾和不能信任的人。我們無法要求別人守信，只能告訴自己守信。我們無法要求別人不欺騙，只能告訴自己不受騙。

其實，人最可怕是的對自己說虛假的話；對自己做空包彈的承諾。我們會對自己說：我一定能做到；我一定會得到。但是，卻不努力去做到，也不努力去爭取，結果落得一事無成。

要對方自己誠實，才能對別人誠實。要懂得真實的原理，才能看穿別人的虛假。別人的空包彈不足畏；自己的空包彈才可怕。

第 **4** 章
尊嚴原理

01 尊嚴與羞恥

2018/12/1

尊嚴 (dignity) 是形式的、莊重的或高尚的舉止、行為或言論 (formal, grave, or noble bearing, conduct, or speech)。羞恥 (shame) 是由自己不名譽、不適當或荒謬的意識所產生的痛苦感 (the painful feeling arising from the consciousness, dishornabl, improper, ridiculous, etc. done by oneself)。

有尊嚴就有羞恥，有羞恥就有尊嚴；無尊嚴就無羞恥，無羞恥就無尊嚴。

有尊嚴者會以自己的道德良知、整潔儀態、優雅禮貌和高尚言行而感光榮，也會以自己的不道德心意、邋遢儀態、粗野行為和低俗言論而感羞恥。

有尊嚴者會遵守個人約定、團體規則和國家法律，也會保護環境、愛護社會、守護國家。

有尊嚴者的羞恥之痛尤甚於社會的指責與法律的制裁。無尊嚴者只要不被舉發、不被指責、不被追究就會心安理得、毫無愧疚。

有尊嚴的失敗比無尊嚴的勝利有價值；有尊嚴的貧窮比無尊嚴的富裕有價值；有尊嚴的死比無尊嚴的活有價值。

有人利用公共空間行乞、擺攤，甚至佔地為家；有人製造噪音干擾鄰居；有人為了私利而破壞生態，這些都是無尊嚴和無羞恥的人。

有人濫發假新聞，竊取智慧財產，污辱自己的家鄉，把下流當幽默，並為自己的可恥言行辯護，這些都是無尊嚴和無羞恥的人。

不要為尊嚴而嬌柔造作，不要為尊嚴而盛氣凌人，要出自真心的高尚情操。你必須克服心理的障礙，勇敢地向自己的尊嚴說 Yes。

不要因與眾不同而感羞恥，不要因羞恥而同流合污，要為自己的生命價值挑戰傳統價值。你必須克服羞恥的障礙，勇敢地向無恥的人說 No。

02 尊重人與被尊重 I

2018/12/2

尊重人是義務，被尊重是權利。任何人都有尊重人的義務，也有被尊重的權利。人與人之間必須相互尊重才是文明的社會。

尊重自己的人也會尊重別人，尊重別人的人也會被別人尊重；不尊重自己的人也不會尊重別人，不尊重別人的人也不會被別人尊重。

自我尊重和尊重人操之在己，被尊重操之在人。自我尊重比尊重人容易，尊重人比被尊重容易。尊重不道德的人並非道德，不被不道德的人尊重並非羞恥。

合理批判是尊重，不合理批判是不尊重；禮貌和包容是尊重，傲慢與諂媚是不尊重。不尊重人不僅傷害別人，也傷害自己。

我們必須尊重別人的想法和做法；我們必須調和自己與別人的想法和做法；我們必須順從合理的想法和做法。

我們不能一面愛人一面背叛人；我們不能一面幫助弱者一面歧視弱者；我們不能一面接受強者的幫助一面嫉妒強者。

有錢的人要尊重無錢的人；有知識的人要尊重無知識的人；有權力的人要尊重無權力的人。

窮人對富人說：你有錢，你應該怎樣。富人對窮人說：你沒錢，你不應該怎樣。兩者都是對人的不尊重。

有人動著嘴巴隨便傷害人；有人搖著筆桿隨便戲弄人；有人開著車子隨便撞傷人；有人拿著槍桿隨便威脅人。這些都是對人的不尊重。

我們必須尊重人，但是，不可崇拜人。除了神之外，沒有人可以被崇拜。人可以稱讚人，不能歌頌人。人可以被尊敬，不能被崇拜。

03　尊重人與被尊重 II

2021/2/10

尊嚴是一種感受，不是說話的內容，不是做事的態度，也不是行為的舉止。

人人都有尊嚴，都希望被尊重。但是，不是人人都能尊重人；不是人人都能被尊重。

尊重人是被尊重的人判定的，不是尊重人的人判定的。尊重人是別人說的算，不是自己說的算。

說什麼話語，做什麼事情，採什麼動作，都要尊重人，都要讓人感到被尊重。

你要詢問別人，別人對你的言行，是否有被尊重？你要告訴別人，自己對別人的言行，是否感到被尊重？

你要說別人認為被尊重的話,不要說別人認為不被尊重的話。你要做別人認為被尊重的事,不要做別人認為不被尊重的事。你的行為舉止,要讓別人認為被尊重,不要讓別人認為不被尊重。

我們常會認為自己的言行尊重人,即使口出惡言或是行為不雅,也不承認自己不尊重人。有時候還會用開玩笑的口吻或行為污辱人,卻一副不在乎的模樣,實在令人氣憤。

我們常會感到別人不尊重自己,但是,礙於情面或是怯於威勢,而不敢直說或反抗,只是忍氣吞聲或是自我解嘲。於是,對方會毫無忌憚,更加不尊重。

尊重人是義務;被尊重是權利。作為一個文明的現代人,每一個人都有義務尊重人;都有權利被尊重。如果你是一個有思想的人,就會懂得如何尊重人;就會要求被尊重。

04　做個有尊嚴的國民

2018/12/5

我們是一個沒有尊嚴的國家,但是,我們是一個有尊嚴的國民。

請做個有尊嚴的自己。要有智慧判斷是非與真假;要能自信,自律與自立;要遵守社會正義與國家法律。如果說話、舉止,甚至開車都不尊重人,就是無尊嚴的國民。

請做個有尊嚴的父母。要教導子女知書達理,尊重自己與別人,也要尊重社會與自然。如果只生不養或只養不教或教而不當,就是無尊嚴的國民。

請做個有尊嚴的知識份子。要倡導並實踐道德與正義的原理；要導正不道德和不正義的現象。如果為了權力、金錢或名氣而出賣自己的靈魂，就是無尊嚴的國民。

請做個有尊嚴的企業經營者。要尊重員工、分享利潤；要尊重消費者，提供優質商品。如果為了利潤而剝削員工，欺騙顧客或破壞環境，就是無尊嚴的國民。

請做個有尊嚴的司法人員。要扮好社會正義與法律公正的角色；要公正審判，勿枉勿縱。如果依自己的偏見或社會輿論裁量，就是無尊嚴的國民。

請做個有尊嚴的公務人員。要奉公守法，依法行政；要幫助民眾解決問題。如果濫用權勢，刻意刁難或收取賄賂，就是無尊嚴的國民。

請做個尊嚴的政治人物。要公平競選；要信守承諾；要督促政府。如果用抹黑，造謠，假資訊或天馬行空的政見欺騙選民，就是無尊嚴的國民。

請做個有尊嚴的選民。要依候選人的政績、政見的可能性和可行性投票；要投給有道德正義和有能力和擔當的人。如果只依假資訊，假民調或酸民的意見投票，就是無尊嚴的國民。

我們不要再做一個無聲的弱者。我們要做一個有聲的強者。我們要向世界發聲：我們是一個有尊嚴的國民，我們有一個有尊嚴的國家。

第5章
善良與邪惡

01　善良與邪惡

善良 (virtue) 是道德的、良好的、正當的行為與倫理原則 (moral, good, righteous conduct and ethical principles)。 邪惡 (evil) 是不道德、不講理、傷害人的性質與行為 (immoral, wicked harmful character and conduct)。

上帝創造善良，也創造邪惡。善良不是上帝的化身，也不是魔鬼的代名。上帝用邪惡試探人，要人選擇當善人或當惡人。這個世界若無善良，就沒有邪惡；若無邪惡，就沒有善良。善良與邪惡是相對的存在，無法切割，也無法消滅。在善人的心中和行為中，仍有些許的邪惡；在惡人的心中和行為中，也有些許的善良。善良與邪惡不是有無的問題，而是程度的問題。善人不是不會變惡；惡人不是不能教化。

善人對抗惡人是對抗邪惡的部分，不是惡人的本身。惡人傷害善人是傷害善人的本身，不是傷害善良的部分。惡人被打敗，善人會罷手；善人被打敗，惡人不留手。這個世界似乎是正不勝邪，善人永遠站在失敗的一方。我們只看到善人的哭泣，惡人的歡笑。我們看不到善人的勝利模樣，也看不到惡人的悲慘下場。

面對邪惡，你可以對抗，可以順從，可以加入。你若對抗他，就要有堅強的實力和犧牲的勇氣。你若順從他，就要關閉你的良知，弄瞎你的眼睛。你若加入他，就要心狠手辣，青出於藍。如果你不想對抗，也不肯順從，就要自我折磨。如果你順從邪惡，就是邪惡的共犯。如果你加入邪惡，就是邪惡的兇手。

對抗邪惡必須兼具智慧、勇氣與毅力於一身。智慧是天份，知識與經驗的結合。勇氣是不畏艱難的能量。毅力是永不放棄的決心。只有智慧沒有勇氣與毅力或有勇氣與毅力而無智慧，都無法戰勝邪惡。善人常孤單；惡人常群聚。若無堅強的意志，以單人挑戰群體，似難致勝。

對抗邪惡可採直接對決，例如，以證據、績效、理論，或法律去對抗。你也可以用間接抗拒的方式去遏止邪惡，例如，用行動支持善良，反對邪惡；用語言文字讚美善良，貶駁邪惡。你不可沉默不語，也不能無所作為。你必須採取行動對抗邪惡。

惡人不會在乎你的溫柔，只會害怕你的行動。惡人不會在乎你的眼淚，只會害怕你的歡笑。惡人不會在乎你的憤怒，只會害怕你的報復。惡人不會在乎單打獨鬥，只會害怕集體反抗。請終止你的溫柔。請擦乾你的眼淚。請停止你的憤怒。你不必太過悲觀，也不要太早放棄。你要聯合善良的人以及沒有邪惡的人共同對抗邪惡。你要讓惡人知道，善人不會輕易認輸，也不會永遠孤獨。

是善人毀滅了良知，不是惡人毀滅了良知；是國人毀滅了國家，不是敵人毀滅了國家；是人類毀滅了地球，不是上帝毀滅了地球。如果你真有良知，就應該勇敢抗拒邪惡。我們不能眼睜睜地看著惡人一天天地增加，善人一天天地減少；邪惡一天天地壯大，善良一天天地萎縮。今天，如果你不站出來對抗邪惡，邪惡將掌控世界，人類終將毀滅。

原理決定思想；思想決定行為。重建和實踐善良思想的原理，才是對抗邪惡，打擊惡人最根本和最有效的對策。你必須高舉善良的旗幟，喚醒善良和沒有邪惡的人，一起出來戰鬥。

以德報怨，以善待惡，都是惡人的欺騙伎倆，也是善人的自我解嘲。善人犯了一次惡，社會就不肯定他的善；惡人做了一次善，社會就不否定他的善。於是，善人不為善；惡人更加惡。良知是你的，社會也是你的。你難道忍心讓你的良知蒙羞？你難道忍心讓你的社會沉淪？請開啟善良的心靈；請採取善良的行動；請對抗惡人的惡行；請終結邪惡的蔓延。當審判的日子到來，善人必能獲得恩典；惡人必會受到懲罰。

02　善良者與邪惡者

2021/1/24

善良者是有道德、富正義和守法律的人。善良者是能夠淨除自己的邪惡和敢於對抗別人邪惡的人。不能淨除自己的邪惡或是不敢對抗別人邪惡的人，就不是善良的人。

邪惡者是不道德、不正義和不守法的人。邪惡者不知道自己的邪惡，也不知道別人的善良。邪惡者欺騙別人，會說別人欺騙他；霸凌別人，會說別人霸凌他；傷害別人，會說別人傷害他。

對抗別人的邪惡要比展現自己的善良更重要。若無法對抗邪惡，善良就沒有意義。你可以聯合善良者一起對抗邪惡，也可以單獨對抗邪惡。

邪惡者除非被擊敗，否則，不會改邪歸正。善良者必須勇敢站出來對抗邪惡者，不要害怕，不必氣餒，也不可放棄。

對抗別人的邪惡，可以用國家法律去對抗違法的邪惡者；可以用社會制裁去對抗不正義的邪惡者；可以用批判文章去對抗不道德的邪惡者；可以用事實真相去對抗製造假訊息的人。

如果不能戰勝自己的邪惡，就是自己不夠善良。如果不能戰勝別人的邪惡，就是自己不夠堅強。邪惡者不被擊敗，就不會收斂自己的邪惡。對邪惡者的縱容，會助長邪惡者的邪惡。

善良者要對抗的是邪惡的言行，不是邪惡者個人。只要邪惡者放棄邪惡的言行，就不是邪惡者；就可以被接受。我深信，善良一定可以戰勝邪惡；善良者一定可以戰勝邪惡者。

人無法純粹善良，也不會純粹邪惡。有些人善良多於邪惡；有些人邪惡多於善良；有些人大部分是善良；有些人大部分是邪惡。善良者必須多一點善良；邪惡者必須少一點邪惡。

每一個人都認為自己是善良的人，不會承認自己是邪惡的人。其實，善良的人必須承認自己不夠善良，才是真正的善良者；邪惡的人必須承認自己是邪惡者，才不是真正的邪惡者。如果每一個人都能反省自己，多說善良的話；多做善良的事；少說邪惡的話；少做邪惡的事。那麼，這個世界就只有善良的人，沒有邪惡的人。

善良與邪惡是一心的兩面。善良者與邪惡者是人的兩邊。你的心要站在善良這一面；你的人要站在善良者這一邊。你不能讓自己的心邪惡；你不能讓邪惡者得逞。

03　善心與善行

2020/12/5

善心是善良的心，也是個人道德。善行是善良的行為，也是社會正義。

我們經常誤解善心與善行，以為是相同的一件事。有善心必有善行；有善行必有善心。其實，善心與善事是不同的兩件事。有善心不一定有善行；有善行不一定有善心。有些人有善心，卻不做善事；有些人做善事，卻沒有善心；有些人會以惡心去做善事；有些人會以善心去做惡事。

曾經有許多大善人做了許多大善事，結果是騙局一場。做善事容易被看到；存善心不易被發現。我們總是讚美人的善行，卻不知道人的善心。我們只會問捐了多少錢，卻不會問錢從哪裏來。

企業家捐錢做善事，是用企業的錢，不是用自己的錢。企業的錢應該造福員工或是消費者，不應該剝削員工和消費者的福利，去做社會的福利，幫自己打知名度；幫企業打廣告，幫自己和企業賺進更多的錢財。

捐錢給宗教團體是善行。但是，幫助宗教成為富可敵國的宗教王國，不應該是善行。如果你納稅金給政治國家，不算是善行，你捐錢給宗教王國，也不算是善行。

有人說：善行可以進天堂；善行可以成佛。我不能認同，因為根據佛理，眾生皆平等，不能因捐錢而享特殊待遇。如果人可以用金錢購買天堂或佛位，這種宗教就是邪神；這個住持就是神棍。

保障國民福祉是國家的責任，不是國民的義務。國民無法維生；國民遭逢災難，都是國家的責任。我們捐錢救貧、救災、救難，美其名是善行。其實，是低效用的善行。許多善款常被挪用或被侵佔。

只要你有道德，就是善心；只要你有正義，就是善行。你要真實，不能欺騙；你要負責，不能卸責；你要尊嚴，不能蒙羞。你要有連帶的社群正義；你要有均衡的經濟正義；你要有公正的政治正義。

只有你知道自己的善心和善行，別人無法檢驗你的善心和善行。別人稱讚你是善心人士；別人讚美你是慈善之舉，你不要沾沾自喜，也不能引以為傲，因為他們只看到你的金錢，沒有看到你的內心。

一個有道德正義的人，時時刻刻都會以善心做善事。偶爾做一件善事的人，不一定有善心，也不一定會時時刻刻做善事。

會因你的捐款而稱呼你是善人的人，不一定是善人，也可能是自私貪婪的惡人。有些人會利用別人的捐款去做善事；有些人會利用募款充當機構的經費。然後，對社會說，自己是從事公益的善人。

這是一個虛假的社會。人人都帶著假面在欺騙人，也在被欺騙。我們必須正視善心與善行的本質；我們必須認清善心人士的真面貌。

04　善事

2020/12/7

善事有三種：增加別人的快樂；分享別人的快樂；減少別人的痛苦。如果不能增加別人的快樂，就要分享別人的快樂；若不能分享別人的快樂，就要減少別人的痛苦。

如果能夠做一件讓別人感受、感動，或感謝的事，就是善事。如果能夠做一件讓別人受教、受益或受惠的事，就是善事。如果能夠做一件讓別人喜歡、尊重或好心情的事，就是善事。

時時刻刻，我們都有機會，也有能力做善事。早晨起床時，對老伴說一聲：睡好嗎？出門遇到鄰居，說一聲：你早啊。到超商買咖啡，對店員說一聲：謝謝你。這些都是輕而易舉的事，也是能讓自己和別人好心情的事。

如果每天都能做一些輕微的善事，久而久之，就能夠成就很大的善事。如果能夠累積很大的善事，就能成就人生的價值。

做善事不一定是善人，不一定有好報。善人做善事，是為了善心，不是為了好報。惡人做善事，是為了好報，不是為了善心。如果為了好報而做善事，就不是善人；善人自有善心；有善心自會做善事。

有人捐錢給寺廟或教會，以為在做善事，希望得到福報或恩賜。其實，捐錢給寺廟或教會，是要寺廟或教會能夠宣揚神的真理，不是要求神賜給自己福報。如果用對神的奉獻，作為交換自己的福利，就不是真正的善事；就不是真正善人。

從事教育工作，就是在做善事。教師傳授知識和技術，幫助學習者成長和進步。教育工作者不是在追求自己的高薪或成就，而是在履行自己的善心與善行。如果為了自己的私利，而從事教育工作，就不是真正的善事。

思想家倡導人生哲理或社會正義，就是在做善事。前者在幫助個人追求幸福；後者在促進社會的文明。思想家不是為了自己的名或利，而是為了讓人們分享自己的善良與思想。如果思想家倡導的是邪惡的思想，就不是善事。

如果你的教導能夠讓別人受益和快樂；如果你的思想能夠讓別人受惠和快樂，你就做了有價值的善事。如果別人的教導能夠讓你受益和快樂；如果別人的思想能夠讓你受惠和快樂，別人就做了有價值的善事。如果你做善事，卻無法影響別人，就不是善事。如果別人做善事，卻無法影響你，就不是善事。

做善事不一定能獲得別人的認同與接納。教育只能影響喜歡學習的人；思想只能影響能思索的人；善事只能影響善良的人。不管善事能否被認同與接納，善良的人都不會停止做善事。他是為自己的善心做善事，不是為做善事而做善事；更不是為別人而做善事。

05　缺點與邪惡

2021/5/3

所謂缺點 (disadvantage) 是個性上的欠缺或瑕疵。所謂邪惡 (perniciousness) 是沒有道德正義的行為。前者如好勝、衝動、頑固、善妒、多疑、倔強、獨斷等；後者如狡猾、奸詐、兇狠、毒辣、殘暴、強奪、暴力等。

有缺點的人知道自己的缺點；有邪惡的人不知道自己的邪惡。缺點可以教化，也可以改善。邪惡無法教化，也難以改善。你可以改變有缺點的人；你無法改變有邪惡的人。

大部分的人都有缺點，只有少數的人有邪惡。你可以忍受別人的缺點，不能包容別人的邪惡。別人會忍受你的缺點，不會包容你的邪惡。

你要分辨缺點與邪惡，不要把缺點當邪惡；不要把邪惡當缺點。你要用自己的思想改變自己的缺點；你要靠別人的教訓改變自己的邪惡。

如果你是一個有缺點的人，你的伴侶就會嫌棄你；就會不愛你。如果你真心愛著他，就會為他改變自己的缺點。愛可以讓人改變；愛可以讓人完美。

如果你是一個邪惡的人，你的伴侶就會教訓你；就會離開你。如果你不收歛自己的邪惡，就會惡有惡報；就會自食惡果；就會咎由自取；就會無人相伴。

如果你的伴侶是一個有缺點的人，就要耐心改造他。如果他真心愛著你，一定會為你改變自己的缺點。如果他不為你改變自己的缺點，就是不真心愛著你。

如果你的伴侶是一個邪惡的人，就要勇敢離棄他。如果你是一個有思想的人，就會勇敢離棄邪惡的人。如果你無法離棄邪惡的人，就是沒有思想的人。

正能量的思想能幫助善良的人反躬自省，減少自己的缺點；增加自己的優點。正能量的思想無法幫助邪惡者放棄邪惡，因為邪惡的人是反對善良，不會接受善良思想的教化。

你要做一個少缺點的人，也要幫助別人做一個少缺點的人。你不要做一個邪惡的人，也不要做一個縱容邪惡的人。

06　邪惡者

2021/6/13

邪惡者是沒有道德正義，罔顧普世價值的人。邪惡者是會傷害善良，破壞社會的人。邪惡者只會考慮自己的利益，不會顧及別人利益和社會公益的人。

邪惡者會以自己的想法和做法代表別人的心聲與普世的真理。邪惡者是以自我中心和高人一等的價值觀看待世界。

邪惡者心胸狹窄，見不得別人比自己更美麗、更富裕、更成功、更出名或是更有權。別人若比自己更好，就會竭盡所能加以打壓或打擊。

邪惡者自己對社會沒有貢獻，卻會責怪別人對社會沒有貢獻；自己在傷害社會，卻會指責別人在傷害自己。

邪惡者對於自己的錯誤和失敗，只會責怪別人和推卸責任，不會反躬自省和勇於負責。

邪惡者會用人性和人情，做為取得別人同情，逃避自己罪行的藉口。

邪惡者會使用惡毒的語言和文字攻擊別人，卻無法忍受別人的理性批評。邪惡者會虛張聲勢，讓人害怕。一旦遭到反擊，就會修改底線。

邪惡者會製造虛假的訊息，也會編造似是而非的謠言，挑起族群的對立與社會的混亂。

邪惡者會利用別人的資訊攻擊人，一旦有事，就裝著是別人的事，不關自己的事。

邪惡者除非徹底被擊潰，否則，不會痛改前非，也不會變成善良。對邪惡者的期盼永遠會落空。

07　惡人的眼淚

2019/12/9

惡人是有邪念（內在驅力）惡行（外顯行為）的人。邪念是不道德的心意；惡行是不正義和違反法律的行為。

所謂不道德就是不真實、不負責和無尊嚴。凡是會說謊言者就是不真實；凡是說話不算話者就是不負責；凡是說髒話取悅人者就是無尊嚴。

所謂不正義就是違反社群正義，經濟正義或政治正義。凡是不認同自己的社群，自認高貴族群，瞧不起外來族群，排除弱者，嫉妒強者的人就是社群不正義。凡是反對自由的市場機制，反對公平交易，反對合理分配的人就是經濟不正義。凡是無視基本人權的保障，破壞民主政治的機制，反對法律治理，支持人為治理的人就是政治不正義。

世間有許許多多的惡人，也有各式各樣的惡人。他們不僅會傷害個人，也會傷害社會、國家與世界。邪惡的程度愈高，傷害的程度愈大。社會不能沒有他；我們也不能不受他擺佈。

會傷害你的人不一定是惡人；惡人也不一定會傷害你。你可以不在乎自己被傷害，也可以不在乎傷害你的人。但是，你不能縱容社會被傷害，也不可包容傷害社會的人。

惡人會用美麗包裝醜陋；用正義隱藏邪惡；用謊言掩飾真實；用大話吸引支持；用屁話親近庶民；用眼淚偽裝可憐。

惡人的眼淚源自邪惡的野心，是流給別人看的，不是流給自己看的。惡人的眼淚一瞬即變。希特勒在為悲愴的音樂掉淚之後，隨即命令屬下毒殺猶太人。

惡人在自己理虧之餘會掉眼淚、裝無辜，以獲取原諒。惡人在犯行被揭發之後會掉眼淚，表達懺悔，以獲取同情。如果你不為他的眼淚動容，他就會嗆你：我就是不怕黑，看你能怎樣！

惡人會在你的面前掉眼淚，而在你的背後算計你。惡人會在眾人的面前掉淚，而在眾人的背後密謀不軌。

惡人們為了邪心和私利正計劃性地用眼淚征服我們的良知；用威脅破壞社會的和諧。此時此刻，如果我們仍不覺醒，將會蒙受災難的苦果。君子有所怒，有所不怒。知怒者近乎勇！

08　非壞人造就壞人

2021/4/27

世上的人可以分成三種：好人、壞人與非壞人。好人是有道德正義，而敢挑戰邪惡的人。壞人是沒有道德正義，且會挑釁善良的人。非壞人是有道德正義，但不會護衛善良和對抗邪惡的人。

好人的特質是堅持善良；非壞人的特質是忍讓妥協；壞人的特質是囂張跋扈。所謂忍讓就是寬廣容納的胸襟；所謂妥協是退讓放棄的行為；所謂囂張是傲慢無禮的態度；所謂跋扈是粗暴蠻橫的行為。

好人、非壞人和壞人都是後天形成，不是與生俱來。好人的堅持善良阻擋了壞人的邪惡；非壞人的忍讓妥協造就了壞人的囂張跋扈。壞人會欺負善良，欺負軟弱，欺負貧窮；會害怕邪惡，害怕強硬，害怕富裕。

世上有許多壞人：壞配偶、壞朋友、壞同事、壞老闆、壞商人、壞的政治人物等。壞人自認是真理，自認是強大，自認是霸主，而歧視人、霸凌人、剝削人、掠奪人。

除了極少數的好人，大部分的人都是非壞人。他們不會做壞事，不會欺負人，不會剝奪人，但是，他們會包容壞人，會寬恕壞人，會忍受壞人。他們不會反抗壞人，也是不會支持好人。他們不想與人衝突，只想獨善其身，是道地的鄉愿。

宗教教義和古聖先賢都教誨我們，忍讓妥協是美德，卻不教導我們，囂張跋扈是邪惡；只要求我們要做好人，而不鼓勵我們要對抗壞人。因此，大多數的人都是非壞人，而不是好人。壞人就在非壞人的忍讓妥協下，為所欲為，變本加厲，橫行霸道。

壞人不會反躬自省；不會接受感化，只能用實力與勇氣去面對他，去擊敗他。不要期待壞人會改變；不要期待壞人會退縮。要讓自己成為強者；要讓自己成為勇者。要擊敗壞人；要護衛好人。

別再相信，「忍一忍春暖花開；讓一讓柳暗花明」的箴言。忍讓壞人就是傷害自己，也傷害社會。不管是好人還是非壞人，忍讓都要有一個臨界點，超越臨界點，就必須反擊，不要讓壞人得逞。

別再相信，「以夫為天；以子為地」才是好妻子的教條。如果你有一個囂張跋扈的老公，請你不要忍氣吞聲；請你要據理力爭。如果你遇到一個囂張跋扈的人，請你不要忍讓妥協；請你要強烈反擊。如果你處在一個囂張跋扈的國家，請你不要妥協附和；請你要群起反抗。

你要做一個好人，不要做一個非壞人，更不要做一個壞人。你要反抗壞人；你要捍衛好人。你的忍讓妥協助長了壞人的囂張跋扈，傷害了好人的道德正義。如果你幫助或是支持壞人，欺負或是打擊好人，就是道道地地的壞人。

09　惡用無知

2020/1/28

今天的自由時報報導，有位新竹縣議員從歐洲考察回來，寫了一篇五十個字的報告，其中有七個錯字。他向記者表示：他書讀得不多，寫錯字很抱歉，但是他很有服務的熱心，也很守議員的職守。這件事反映了當今臺灣社會不道德、不正義和不公正的普遍現象。

無知並不可恥，但是，造假學歷（育達變臺大）和惡用無知才可惡，是道地的不道德。

政治人物代表民意，為民立法，為民謀福利。用公共的資源謀個人的私利就不正義。

支持不道德、不正義的政治人物就是不道德、不正義的選民；允許無知的政治人物出國考察，浪費公帑就是不公正的政府；不制裁不道德，不正義和不公正的社會輿論就是腐化的社會。

這個社會已喪失了個人道德、社會正義與政治公正的正確原理。要挽救這個社會，就必須教導國民正確的價值原理，並發揮社會的制裁力量。

我們需要倡導普遍妥當的合理價值，也就是由社會調和所形成的共識原理，或最適原理。唯有如此，我們的社會才能產生自生的秩序，達成一個和諧和均衡的最適社會。

10　邪惡的社會

2020/12/15

沒有個人道德；罔顧社會正義；違反國家法律謂之邪惡。邪惡者會以惡意、惡言和惡行霸凌別人；剝削別人；傷害別人。邪惡者只知道自己的利益，不顧及別人的利益。如果邪惡者佔多數，這個社會就會成為邪惡的社會。

在一個邪惡的社會裡，道德、正義和法律都會被扭曲；邪惡的人會批判善良的人；不道德的人會批判道德的人；不正義的人會批判正義的人；不守法的人會批判守法的人；好戰的人會批判和平的人。在一個邪惡的社會裡，邪惡者會耀武揚威；善良者會消聲匿跡。邪惡者會組成集團或是勾結境外勢力，對抗善良者和善良團體。邪惡者會佔盡社會的利益，並利用既得利益強化邪惡勢力。

在邪惡的社會裡，到處充滿造假、欺騙與威脅。媒體充滿虛假的資訊；人們相互欺騙與攻擊；黑道與黑金橫行。在邪惡向社會裡，人與人之間互不信任；集團與集團之間互相惡鬥；強者欺負弱者；富者歧視貧者。在邪惡的社會裡，沒有個人道德，也沒有社會正義，而國家法律也由掌權者控制。

在邪惡的社會裡，人人都是囚犯，只有號碼，沒有姓名；只有軀體，沒有靈魂；只有獄吏的指令，沒有自由的意志。人人都活在無奈和無助的生活裡，只顧自己，不信賴別人；找不到人可以談心；找不到人可以依靠。

邪惡社會裡的商人沒有商業道德，只有私人利益。他們會製造和販售劣質和仿冒產品，取代優質和正牌商品。在邪惡的社會裡，生產者的義務不受規範；消費者的權益不受保障。

在邪惡的社會裡，臺上有侃侃而談的邪惡者；臺下有歡聲雷動的附和者。媒體只有虛假的新聞，沒有真實的報導。教育只有政令宣導，沒有社會的正義。宗教會被邪惡的人把持和利用。邪惡者會利用宗教歛財和取得政治權力，再以金錢和權力控制和愚弄社會大眾。

在邪惡的社會裡，道德無法制裁不道德的人；正義無法對抗無正義的人；法律無法懲罰違法的人；教育無法教導無知的人；宗教無法感化無愛的人。如果這些社會功能無法發揮，個人就會墮落；社會就會混亂；文明就會倒退。

邪惡的社會極易造成邪惡的國家。在邪惡的國家裡，人民的思想會被控制；人民的財富會被剝奪；人民的自由會被限制；人民的生命會被威脅；逃離出境者會被綁架或被自殺。邪惡的國家會霸凌和侵犯弱小的國家，甚至會發動戰爭，破壞世界和平，殘害人類生命。

只有邪惡者和無知的人才會相信邪惡的人；才會容忍邪惡的社會；才會支持邪惡的國家。或許有人認為，應該把邪惡的國家與邪惡的人民區隔。我們可以反對邪惡的國家，不應該反對邪惡國家的人民。其實，邪惡的國家是由邪惡的人民造成的，反對邪惡的國家，就必須反對邪惡的人民。至少要聯合善良的人民，一起反對邪惡的人民。

邪惡是沒有極限的。人一旦邪惡，就會不斷為惡；社會一旦邪惡，就會加速沉淪；國家一旦邪惡，就會殺害人類。如果我們不希望自己成為邪惡者；如果我們不希望社會成為邪惡的社會；如果我們不希望國家成為邪惡的國家，我們就必須克制自己不要邪惡；我們就必須一起反抗邪惡的人；我們就必須共同擊敗邪惡的國家。

11　挑戰邪惡

2020/4/10

上帝創造善良，也創造邪惡。善良不是上帝的化身，邪惡也不是魔鬼的化身。上帝用邪惡試探人，要人選擇當善良的人或邪惡的人。這個世界若無邪惡，就沒有善良；若無善良，就沒有邪惡。善良與邪惡是相對的存在，無法切割，也無法消滅。你可以選擇當善人，也可以選擇當惡人。你若選擇當善人，就有對抗邪惡的責任。你若選擇當惡人，就有傷害善良的權利。當審判的日子到來，善人會獲得恩典，惡人會受到懲罰。

面對邪惡，你可以對抗它，可以順從它，可以加入它。你若對抗它，就必須要有充分的實力和犧牲的覺悟。你若順從它，就必須關閉你的良知，弄瞎你的眼睛。你若加入它，就必須心狠手辣，青出於藍。

對抗邪惡必須結合你的智慧、勇氣與毅力。智慧是天份，知識與經驗的合體。勇氣是不畏艱難的力量。毅力是永不放棄的決心。只有智慧，沒有勇氣與毅力或有勇氣和毅力，而無智慧都無法戰勝邪惡。

對抗邪惡可採直接的對抗，例如，用理論對抗、用法律對抗或用武力對抗。對抗邪惡也可採間接的對抗，例如，用行動支持善良、抗拒邪惡或用文字語言讚美善良、批判邪惡。

如果你不支持善良，也不抗拒邪惡，就是邪惡的共犯。如果你不加入邪惡，也不順應邪惡，就是自我折磨。如果讓邪惡橫行霸道，人類必將毀滅。

是人類自己毀滅了人類，不是上帝毀滅了人類。是國民自己毀滅了國家，不是敵人毀滅了國家。是邪惡的思想毀滅了我們的良知，不是社會的亂象毀滅了我們的良知。唯有重建善良的思想，才能遏止邪惡的蔓延。

原理決定思想；思想決定行為。邪惡的行為源自邪惡的思想；邪惡的思想源自邪惡的原理。如果能夠推動善良的個人道德與社會正義的原理；如果能夠建立善良的個人幸福與社會福祉的原理；如果能夠實踐善良的個人思想與社會思想，那麼，善良就可戰勝邪惡。

前些時候，有位外國友人告訴我：臺灣人變了，變得沒有是非善惡，變得沒有道德正義。他舉了一個親身的經驗給我聽，讓我啞口無言，低頭默認。臺灣人變了，而我們竟不自知，且在不知不覺中沉淪。眼看邪惡的人一天天地增加，善良的人一天天地減少，心中滿是憂慮，心中滿是懼怕。

其實，臺灣人並沒有那麼邪惡，至少比某個強國人更善良。我們不必太過悲觀，也不要太早放棄。我們必須發揮一己之力，影響親朋好友，鼓勵他們變好，至少不要變壞。如果有人碰到邪惡的人，務必對抗他，不要順從他。如果不想對抗他，就要離開他，不要加入他。

比起耶穌的苦難，我們的折磨算得了什麼呢？至少我們還有選擇離開的權利，只是我們不屑、不服、不想認輸。請吞下你的憤怒；請擦乾你的眼淚，回到工作崗位，再度向邪惡挑戰。你或許不會成功，但是，你肯定會獲得支持；你絕對不會孤獨。

挑戰邪惡需要思想與勇氣。你不僅要知道什麼是邪惡，你也要有勇氣去挑戰邪惡。如果只懂得邪惡，卻沒有勇氣挑戰，就不是善良的人。我們的社會有太多不敢挑戰邪惡的人，才使邪惡的人耀武揚威；到處霸凌善良的人。如果我們希望這個社會是善良的，我們就必須做一個敢挑戰邪惡的善良者。

12　淨除自己的邪惡，對抗別人的邪惡

2021/1/29

善良者是有道德、有正義和守法律的人。邪惡者是不道德、不正義和不守法的人。善良者是能夠淨除自己的邪惡和敢於對抗別人邪惡的人。不能淨除自己的邪惡或是不敢對抗別人邪惡的人，就不是善良的人。

在人的心靈中，都有善良與邪惡的成分。人必須培養善良，淨除邪惡。人雖然無法做到完全的善良，但是，必須設法減少邪惡。有人心中充滿善良；有人心中充滿邪惡。善良者與邪惡者永遠站在對立的立場。善良者得勝，社會就能安定繁榮；邪惡者得勝，社會就會混亂凋零。

善良者會把自己人格化；邪惡者會把自己神格化。善良者會懲罰自己的錯誤，寬恕別人的錯誤；邪惡者會寬恕自己的錯誤，懲罰別人的錯誤。善良者會時時刻刻反省自己，做善良的事；邪惡者會永遠堅持自己邪惡的想法與做法。

淨除自己的邪惡要靜思、要反省、要改變、要有堅強的意志。如果無法依靠己力淨除邪惡，就要仰賴神力淨除邪惡。要敬畏神；要懂神道；要求神賜給力量。

對抗別人的邪惡與淨除自己的善良一樣重要。若無法對抗邪惡，善良就沒有意義。你可以聯合善良者一起對抗邪惡，也可以單獨對抗邪惡。

邪惡者除非被擊敗，否則，不會改邪歸正。善良者必須勇敢站出來對抗邪惡者，不要害怕，不必氣餒，也不可放棄。

對抗別人的邪惡，可以用國家法律去對抗違法的邪惡者；可以用社會制裁去對抗不正義的邪惡者；可以用批判文章去對抗不道德的邪惡者；可以用事實真相去對抗製造假訊息的邪惡者。

善良一定可以戰勝邪惡。如果不能戰勝自己的邪惡，就是自己不夠善良。如果不能戰勝別人的邪惡，就是自己不夠堅強。當世道衰微時，善良者更應該重振自己的善良，打擊別人的邪惡。

我們若要當一個善良的人，就必須淨除自己的邪惡，對抗別人的邪惡。我們不能只展現自己的善良，不對抗別人的邪惡。

13　知識份子

2022/5/18

所謂知識份子 (intellectuals)，從廣義說，是受過高等教育，具有豐富知識的人；從狹義說，是有獨特專業學問和道德正義思想，並對社會有影響力的人。

廣義的知識份子就是準知識份子；狹義的知識份子才是真正的知識份子。依我個人管見，準知識份子就是具有碩士以上文憑的人。大學研究所是在訓練專業知識與技能的人才，學生必須要有科學分析與邏輯推理的能力，比較容易建構自己的思想。高學歷的人對社會的影響力較大，較能提升社會的文化水準。

一個社會的文明水準與知識份子的數量和素質息息相關。如果知識份子的人數很多，素質很高，這個社會的文化水平就很高；人民的生活品質也會很高。相反地，文化和生活品質就很低。

我們的社會有許多高學歷的知識份子，但是，品質則有待商榷。有些知識份子只有學術，沒有品性，也沒有思想；有些知識份子有邪惡的思想；有些知識份子有邪惡的行為。每天，我們都可以看到一些知識份子說邪惡的話、寫邪惡的文；做邪惡的事。

最令人惋惜的是，大多數的知識份子都對思想充耳不聞；對社會問題不聞不問。他們自稱自己是知識份子，但是，對思想原理毫無概念；對社會議題幾無想法；對邪惡的言行不加譴責。

大部分的知識份子在批判別人的思想時，只會述說自己的立場和想法，不會針對別人思想的謬誤，用自己的原理給予批判。他們只會說：根據某某原理，你的想法是錯的。但是，他們不會講述該原理是什麼；自己為什麼要採用該原理；該原理運用在某議題上是否合理？

台灣的知識份子為什麼會墮落，究其原因，不外有三：

第一是原理的欠缺。各憑自己的主觀去論斷人事物。既無原理，也不合理。理虧就講情，情盡就擺濫。第二是對人不對事。只要自己喜歡的人，再壞都支持，只要自己討厭的人，再好都反對。自己支持的黨，即使錯誤也支持；自己反對的黨，即使正確也反對。第三是調和的障礙。對立的雙方各持己見，誰也不服誰。無法心平氣和的討論，也無法達成雖不滿意但能接受的共識。

知識份子應有宣揚道德正義思想；糾正錯誤社會思想；對抗邪惡言行的責任。易言之，真正的知識份子要有道德正義的思想，也要有批判是非善惡的勇氣；要對正義者要給予掌聲；要對邪惡者要施以打擊。

建構自己的思想，是作為一個知識份子最基本的條件。具有自己的思想，才能伸張道德正義；才能批判別人的思想；才能提升社會的文明。如果沒有自己的思想原理，就無法分辨是非善惡；就不配稱為知識份子。

社會文化的提升，要靠知識份子的支撐；社會的穩定與繁榮，要靠知識份子的努力。知識份子的沈默，就是社會的沉淪；知識份子的墮落，就是社會腐敗。希望所有受過高等教育的人，都能扮演知識份子的角色；都能承擔知識份子的責任；都能做一個真正的知識份子。希望大家能夠一起力挽狂瀾，重建一個高素質的文明社會。

14 知識份子與善良的人

2020/12/20

現代的人只有虛假，沒有真實。現代的國只有霸道，沒有人道。人與人之間只有利益，沒有道義。國與國之間只有強權，沒有正義。道德與正義正逐漸消失；人間不再有和諧；世界不再有和平。

是誰造成了人心的腐化？是誰造成了社會的墮落？是誰造成了國家的邪惡？我的答案是知識份子和善良的人。是知識份子沒有負起宣揚道德正義的責任；是善良的人縱容了邪惡者。

無思想的人造就無知的人；無知的人造就邪惡的人；邪惡的人造就邪惡的社會。知識份子是有思想的人，也是善良的人。知識份子可以教化無知的人；可以對抗邪惡的人；可以改善邪惡的社會。如果知識份子不能教化無知的人；不能對抗邪惡的人，社會就會充滿無知和邪惡。

善良的人知道什麼是善，什麼是惡，也知道要用善去對抗惡。善良的人絕不會縱容邪惡的人，否則，就不是善良的人。善良的社會絕不會包容邪惡的人，否則，就不是善良的社會。如果善良的人不對抗邪惡的人，就會造成邪惡的社會；如果社會不制裁邪惡的人，就會使邪惡的社會更加邪惡。

如果知識份子不宣揚道德正義，不打擊邪惡的思想；如果善良的人不對抗邪惡，不制裁邪惡的人，邪惡的人就會操控社會，社會就會充滿邪惡。

亂世需要為正義發聲的人；需要勇敢挑戰邪惡的人；需要無懼鐵鍊綑綁的人；需要仰首走向監獄的人。是善良的人包容了邪惡我們必須支持為正義受難的人；我們必須批判罔顧道德的人；我們必須反抗踐踏人權的社會。

你可以不為別人的欺你、謗你、辱你而生氣；你不能為社會的不道德、不正義、不合法而動怒。為個人而怒是不智；為社會而怒是大智。怒有輕於鴻毛；有重於泰山。人們不可不思；不可不為。

不是所有的知識份子都是善良的人。有些知識份子就是邪惡的人。他們會用高級的知識和精緻的騙術，散播邪惡的思想，進行邪惡的活動。許多人都相信知識份子所說的話和所寫的文，也遵從知識份子所標榜的理念和所做的事。邪惡的知識份子對人們和社會的影響有甚於善良的知識份子。

知識份子必須拾回自己的良知，做一個善良的人。善良的人必須堅持自己的善良，對抗邪惡的人。希望有一天，我們會看到，在我們的社會裡，道德受到重視；正義獲得伸張；善良的人得到自由；邪惡的人受到懲罰。

第4篇

社會正義

第**1**章

社會正義

01　社會正義

2018/12/6

正義 (justice) 是被接受的正當行為基準 (accepted behavior standard of right)。正當 (right) 是道德上，倫理上或法律上的正確要求 (a just claim whether moral,ethical, or legal)。

社會正義有社群正義，經濟正義和政治正義。社群正義是人與人間，人與集團間，集團與集團間的行為規範；經濟正義是勞動市場，商品市場，資本市場，金融市場的行為規範；政治正義是國家與人民間，政府與人民間，政府與政府間的行為規範。

社會正義是相對道德原理的調和結果，是社會的共約價值，是每位公民都覺得合理，至少沒有不合理的行為規範。社會正義是社會共識的共同之善。

社會正義不是神的真理，不是完美的信條，不是永不改變的價值。社會正義不是國家的意志，不是獨裁者的意志，不是社會菁英的意志，不是多數國民的意志。

社會正義的內涵包括：社會行為的一致性，權利義務的關係，社群的連帶，市場的均衡，政治的公正，有秩序的社會等的無形規範。

社會正義必須有原理上的合理性與實務上的可能性。社會正義必須隨時代的變遷而改變。上個時代的社會正義不一定適合這個時代的社會正義；這個時代的社會正義不一定適合下個時代的社會正義。

國家不能以法律侵犯社會正義；社會不能以正義侵犯個人道德。國家法律不能違反社會正義；社會正義不能達反個人道德。

不正義可能是合法；非法可能是正義。反人權和反民主是不正義卻是合法；墮胎和安樂死是非法卻是正義。國家法律與社會正義必須調和，才能維護秩序的穩定。

把不正義轉型為正義就是正義；把正義轉型為不正義就是不正義。遲來的正義比早到的不正義好。

我們可從法官與警察的態度中看到正義與不正義；我們可從官僚與民代的行為中看到正義與不正義；我們可從強者與弱者、富人與窮人、智者與愚者的互動中看到正義與不正義。

02　社會正義的迷思

2018/12/8

你的正義不是我的正義；你的不正義不是我的不正義；你的人權不是我的人權；你的民主不是我的民主。社會正義的多元價值暗藏著爭議的迷思。

以沉船為例，客輪快沉沒時，船上只有少數的救生艇，那麼，該讓誰先上救生艇呢？
1. 平等主義者會讓大家都可以上艇，搶到的人先上。
2. 合理主義者會讓頭等艙和商務艙的人先上。
3. 利己主義者會讓年輕有力的人先上。
4. 利他主義者會讓老弱婦孺先上。
5. 超合理主義者會讓全部人都不要上。
到底那種做法符合正義之理？

以醫療為例，在有限醫療資源下，只有少數人可以接受診療，那麼，該讓誰先接受呢？
1. 大家都有平等的機會接受，先到先看。
2. 付得起高價醫療費用者才能接受。
3. 由年輕人先接受。
4. 由老年人先接受。
5. 大家都不要診療。
到底那種做法符合正義之理？

以遺產分配為例，父母的遺產要如何公平的分配給子女呢？

1. 平均分給子女。
2. 全部分給會賺錢和會理財的子女。
3. 全部分給自己喜愛的子女。
4. 全部分給最窮的子女。
5. 都不分遺產。

到底那種做法符合正義之理？

以死亡的優先選擇為例，在面對別人的死亡時，該以何種態度選擇優先順序呢？

1. 自然死亡比安樂死亡優先。
2. 老年人死亡比年輕人死亡優先。
3. 死一人活二人比死二人活一人優先。
4. 父母可決定胎兒的死亡。
5. 子女可以決定父母的死亡。

到底那種做法符合正義之理？

如果眾說紛云的正義觀不加以調和，不凝結成共約的價值，社會混亂將永不終止。

我們必須調和出大家都可接受，至少沒有不接受的理由的社會正義。我們有社群正義，經濟正義和政治正義的共同規範。

我們必須依照共約的社會正義，採取社會行為，決定公共事務，制裁社會不正義。

我們必須將統一的正義原理和獨立的正義原理加以調和。我們必須嚴肅地面對它、討論它、調和它、並凝結出一個共同的國家定位。

我們必須化解社會正義的迷思，尤其是政治正義的迷思。我們不要再打迷糊扙，各持己見，互不相讓，相互傷害，瓦解社會。這是關鍵時刻，要面對它和解決它，還是要逃避它和破壞它。我們需要用智慧去問自己，也需要用勇氣去面對社會。

03 社會不正義

2018/11/7

一個偉大的人物不是依靠財力或權力，而是道德人格；一個偉大的國家不是依靠經濟力或軍事力，而是社會正義。

社會正義是心甘情願的順從，不是被強制的順從。國家不能以國家意志強制人民順從；社會不能以多數意志強制少數順從。

獨裁者以國家法律侵犯社會正義；人民要以社會正義制裁國家法律。

力挺社會正義，力抗社會不正義就是正義；對社會不正義的妥協，順從或沉默就是不正義。

不認同社會與國家；製造高級族群；排斥異議思想，就是社群不正義。

內線交易、聯合寡佔、剝削勞動者、欺騙消費者、污染環境，就是經濟不正義。

破壞人權、反對民主、違反法律，就是政治不正義。

假藉居住正義反對都市更新；假藉福利權利反對年金改革；假藉言論自由污蔑他人，社會與國家，就是社會不正義。

社會正義必須符合國際正義。違反國際正義就是不正義。人權、民主與法治是普世的國際正義。反人權、反民主、反法治就是社會不正義。

如果社會不講正義，社會就會墮落；如果國際不講正義，世界就會混亂。

讚美正義是智慧；讚美不正義是罪惡；讚美平庸是虛偽。作為社會與世界的一份子，你有責任站在正義的一方，堅持自己的正義，反對社會的不正義。

第 **2** 章
社群正義

01　社群連帶

2018/12/9

社會 (society) 是人類社會關係的整體 (the totality of social relations among human being)。社群 (community) 是由共同利益、觀念、相似性和認同性的人所組成的社會團體 (a social group having common interests, ideas, similarity, or identity)。連帶 (solidarity) 是團體成員間共同責任與利益的情誼 (fellowship arising from common responsibility and interest as between members if a group)。

社會是社群系統、經濟系統和政治系統的總稱。社群系統是人與人、人與組織、組織與組織間的互動關係。

社群連帶有共同生存、共同感受、共同價值、共同利益，共同責任與共同行動的特質。社群連帶必須具有對社群的認同，成員的平等性與相互包容的基本條件。

社群連帶是社群共生共感的情誼。我為自己而存在，也為別人而存在；別人為自己而存在，也為我而存在。人與人間是相互的存在。

人生中有許多不可預測的風險，有些是天生的（如生為窮人或生為障礙者）；有些是後天的（如自然災害，交通事故或其他不幸的遭遇）。這些都不是自己造成的，都需要他人的幫助，才能克服這些風險。因此，人是無法完全獨立生活，必須依賴別人的協助。

在互助原則下，人也需要幫助別人。這不僅是義務，也是天性。人生而有憐憫之心以及人飢己飢和人溺己溺的同情心。每一個人都會協助別人減輕或去除危險或痛苦。

人具有與他人共生的適應性。人會與不同種族、不同觀念和不同生活方式的人共同生活，也會以寬容的心接納不同的人事物。

社群連帶會受到物理性的距離，政治性的對立，宗教性的差異或種族性的歧視而遭受破壞。不同的地域、不同的意識形態、不同的宗教、不同的族群都會損及社群的連帶。

社群連帶有助於社會的凝結與社會的和諧，促進社會秩序的穩定與經濟的發展。社群連帶愈強，社會愈穩定，經濟愈繁榮。

如果大家都缺乏社群連帶的意識，相互對立與衝突，這個社會就會面臨瓦解。

02 社群認同

2018/12/19

認同 (identity) 是將自己與某人或某集團密切聯結或結合 (associating or affiliating oneself closely with a person or group)。 歸 屬 (attachment) 是使成為某人或某集團，某事件或某理想的一部分且參與某行動或某功能 (making part of a person , group , thing , ideal, and joining in action or function)。奉獻 (contribution) 是為某種共同目的而給予或供應金錢、時間、知識和各種協助 (giving money, time, knowledge, assistance for a common purpose)。

社群正義建立在認同的基礎上。沒有社群認同就沒有成員資格；沒有成員資格就沒有權利義務；沒有權利義務就沒有社群關係。

有些社群認同是自然產生的，例如出生在某個家庭，就自然地認同該家庭，別無選擇。有些社群認同是後天產生的，要經過對社群的認知或成員的互動才逐漸形成的。

社群認同產生社群歸屬，成為社群的一份子。成員資格的取得具有權利義務關係，享受權利，克盡義務，並對社群做出奉獻。

成員奉獻有兩種：第一是依道德或義務提供的奉獻；第二是依個人意願提供的奉獻。父母養育子女是道德或義務的奉獻；父母供應子女到國外留學是自願的奉獻。子女為父母做家事是道德或義務的奉獻；子女照顧父母是自願的奉獻。

認同他人不一定會被他人認同。你可以要求他人認同，但是，必須接受他人的不認同。你不可以因不被認同而氣憤或報復。

不認同他人不一定不被認同。你不認同他人就不能要求他人認同，雖然，你可以接受他人的認同，但是，你必須承擔被氣憤或被報復的風險。

雙重認同是不合理，也是危險的。你怎能認同兩種不同的宗教、政黨或家庭。當雙方發生爭執或衝突時，站在任何一方都是危險的。你對 A 的奉獻，就是對 B 的傷害；你對 A 的忠誠，就是對 B 的背叛。

雙重認同具有投機取巧的成份。腳踏兩條船的人是想從雙方得到權利，例如各種福利；逃避雙方的義務，例如納稅和服兵役。我們必須廢除雙重認同，實施單一認同。我們必須取消雙重認同者的福利，拒絕雙重認同者的參與。

有些人具有社群的成員資格，享受權利與福利，卻不認同社群，甚至破壞社群，也不承擔義務或奉獻社群，甚至背叛社群，這就是違反社群正義的人。

03 社群平等

2018/12/20

平等 (equality) 是相同的數量、等級或價值 (the same in quantity, degree, or merit)。階層 (stratum) 是社會地位的等級 (a level or grade of a people or population with reference to social position)。 階 級 (class) 是相同政治、經濟或文化特質者的階層 (a social stratum sharing basic political , economic, or cultural characteristics and having the same social position)。地位 (status) 是與他人關係的位置 (the position of an individual in relations to others)。

人具有不同的天生特質，例如，白人或黑人；男人或女人；有天賦的人或無天賦的人；個性溫和的人或個性爆躁的人。在社會化的過程中，也因所得、財富、權力、教育、職業或地域的不同，而有不同的行為模式、生活形態、文化水準和生活品質。這些差異逐漸形成不同的社會階層。

不同屬性的社會階層會發展出不同等級的社會階級，例如，政治系統中的支配階級、中間階級、被支配階級；經濟系統中的資產階級、中產階級、無產階級；文化系統中的高知識階級、中知識階級、低知識階級。

社會階層是共屬意識所形成的社群；社會階級是權力關係所形成的社群；社群不平等是社會角色或社會屬性的不同所產生的差異。

社會階層與社會階級的不同產生社群的不平等。雖然標榜平等主義，社群中仍充滿有形和無形的歧視與排除，造成了分化、異化和疏離。

社群不平等會造成不認同、不信賴、不包容、不確定、不安全的社群關係，也會造成操作化和被操作化的分化現象。因此，社群平等是實現社群正義的重要條件。

我們無法去除天生的不平等，但是，我們可以縮小或去除社會化過程中所形成的不平等，例如，社會地位、社會權利、法律適用、參與機會、義務教育、公共資源配置等的不平等。

不同階層，不同階級和不同地位的人們必須平等對待。女性與男性、白人與黑人、富人與窮人、都市人與鄉村人，支配階級與被支配階級，資本家與勞動者都必須平等對待。

社群平等是立足點或起跑點的平等，不是結果或終點的平等。在有限的資源下，每一個人能獲得的資源是不相同的。起跑點的平等會造成終點的不平等。大家一起出發，卻先後抵達，所獲得的報償也不相同。結果的不平等才是真正的平等；結果的平等才是真正的平等。

我們主張兩性平權，反對男性主義和女性主義；我們主張族群平等，反對高級族群和低級族群；我主張公平競爭，反對弱者保障和弱者優惠；我主張勞資對等，反對偏袒勞方或偏袒資方；我主張平等座位權，反對設置博愛座。我希望我們的社會能夠實踐名副其實的社群平等。

04　社群包容

2018/12/21

包容 (inclusion) 是容納或容許他人成為自己或集團的一份子或成員 (taking in or considering as a part of member of a group)。 排除 (exclusion) 是阻止或防止他人進入某地或某集團 (preventing it keeping from entering a place or group)。

社群包容與社群排除有社群系統的包容與排除，經濟系統的包容與排除以及政治系統的包容與排除。社群系統的包容與排除則有人

際、機會、文化、婚姻、情感、集團、制度、權利、空間等的包容與排除。

社群中的遊民、乞丐、罪犯、失業者、失婚者、失智老人、身心障礙者，甚至個性怪異者或是不合群者都是被排除的對象。

社群排除阻礙特定社群的社會參與，社會接觸，社會連帶與社會整合。社群排除造成社會分化、社會異化與社會疏離。社群排除也會造成社會解組與社會死亡。

社群包容必須心理與行為一致，不能表面包容而內心排除。社群包容是接受不是忍受。社群包容是照亮自己不是燃燒自己。社群包容是快樂之源不是痛苦之因。我們要以快樂的心珍惜自己；要以包容的心寬待他人。

社會是由各種不同角色的人群所構成。每一個人都是社會的一份子。不同種族、性別、職業、意識形態、行為模式、生活樣式的人群都必須相互包容、相互幫助、相互成長、共享繁榮。

社群中的強者必須包容弱者；弱者必須包容強者。強者不能歧視弱者；弱者不能嫉妒強者。

是低級者造就了高級者的品味；是勞動者造就了資本家的財富；是無權者造就了支配者的權勢。強者有什麼資格排除弱者？強者有什麼理由不包容弱者？

我們有理由排除不道德、不正義、不守法以及自甘墮落的人群。是他們的邪惡造成了社會的不安與動亂。包容他們就是自貶我們；包容他們就是傷害社會。

當你包容他人卻被排除；當你希望融入他人卻被排拒；當你把他人當成家人卻被視為敵人，你是無奈？是忍受？還是反抗？那就讓我告訴你：你必須選擇離開！

05　社群正義與社群福利

2019/6/20

社群 (community) 有兩個意涵：第一是居住在同一地域的一群人 (a group of people living in the same locality)；第二是具有相同似性，共同感和共同利益的社會團體 (a social group having similarity, identity, or common interests)。福利 (welfare) 是個人，團體或組織的富裕、健康、幸福、繁榮等的良好狀態 (good fortune, health, happiness, prosperity,etc., of a person, group, organization)。社群福利 (community welfare) 是在社群連帶下的良好生活狀態 (good living under community solidarity)。所謂社群連帶是指共生共感的情感。所謂共生 (commendable) 是指共同生存、共同依賴、共同成長的連帶。所謂共感 (compassion) 是指對他人快樂或痛苦的共同感受。共生共感不僅是人性 (human nature)，也是社會性 (socialite)。

不管是居住在同一地域或相同理念的結合，社群成員都具有共同的價值，共同的利害關係以及共同的權利義務。社群成員彼此信賴、彼此幫助、彼此分享，共建社群的福利。社群成員會因別人的存在，而感受到自己的存在；別人也會因我的存在，而感受到他的存在。社群成員會因別人的痛苦，而感受到自己的痛苦；別人也會因我的痛苦，而感受到他的痛苦。社群成員會因整體社群的利害，而感受到自己的利害；整體社群也會因個人的利害，而感受到整體的利害。

社群歸屬 (community attachment) 是社群福利的基礎。人類社會是由社群組織發展成社群歸屬，再發展成社群連帶，最後，才產生了社群福利。沒有社群歸屬，就沒有社群福利。如果沒有社群歸屬，就沒有資格要求社群福利。如果你不是臺北市民，你有資格要求臺北市的福利嗎？如果你想做其他縣市的市民，你可以不放棄臺北市的福利嗎？不要社群歸屬卻要社群福利就是絕對的不道德。提供社群福利給沒有社群歸屬的人，就是絕對的不正義。

每一個人都有不可預測的生活風險 (risk)，例如，失業、傷病、殘廢或貧窮等。遭遇這些風險時，任何人都需要社群的幫助。在你需要的時候，別人幫助你；在別人需要的時候，你幫助別人。有些社群互助是組織性的，例如，互助會或互助團體。平時由會員繳納互助金；需要時接受援助。有些互助是非組織性的，例如捐血。在別人需要時，你捐血給他；在你需要時，別人捐血給你。

每一個人都有不可預測的生活偶然 (contingency)，例如，天災等的自然性偶然；不幸遭遇的人為性偶然；身體障礙的先天性偶然以及階級歧視等的社會性偶然。這些偶然不是每一個人都會遇到，但是，每一個人都有遇到的可能。當這些偶然發生在自己的身上，就需要社群的幫助。此時，個人成員，公益團體或福利組織就可以發揮社群福利的功能。

社群福利常受到物理性距離 (distance) 的影響，而難以發揮功能。例如，政治性的對立，宗教性的差異，種族性的衝突以及社會性的歧視等。如果沒有強烈的社群意識，施益者會在社群中幫助人，而在市場中剝削人。在社群中給一元；在市場中取十元。如是，則施益者永遠是強者；受益者永遠是弱者。社群福利必須克服社會性距離，才能幫助弱者脫離弱勢族群。

社群福利有組織性的福利與非組織性的福利，前者如家庭、結社和地域等；後者如友情、愛情、親情、鄉情等。社群福利是建立在互信，互助與贈與的基本原理上。社群福利可以使受益者知道，是誰幫助了他，也會使施益者知道，他幫助了誰。社群福利可以使施益者和受益者相互憐憫，相互感激，共同提升福利的水準。

社群福利與市場福利不同。市場福利是由自由競爭與公平交易下的合理分配，是競爭關係，也是對價關係。目前正在推動的社會企業是社群福利與市場福利的整合。社會企業有兩種模式：第一是由企業提供福利商品（如保險、養老、托育）；第二是由福利團體提供市場商品

（如食品、日用品、老人商品）。社會企業有兩個意涵：第一是企業藉福利之名，擴展事業領域，獲取租稅與利率的優惠；第二是福利團體藉企業經營之名，賺取利潤，擴大規模。這兩種意涵都背離社群福利的本質。我們必須明確劃分社群福利與市場福利的界線，不能讓福利組織與企業組織結合成剝削社會資源的新怪獸。

社群福利與公共福利不同。公共福利是國家基於國民生存權的保障所提供的福利。國民有權利要求國家提供；國家也有義務提供。目前盛行的民營化、公辦民營，外包、委託等公私混合型福利也脫離了社群福利的本質。公私混合型福利有兩種意涵：第一是福利團體要利用政府的經費擴大服務領域，支撐脆弱的財務；第二是政府要利用民間的人力滿足國民的福利需求。易言之，民間想要政府的錢；政府想要民間的人。兩者結合的結果，使政府花費更多的錢；使民間浪費更多的人，而服務品質不僅沒有提升，反而降低。我呼籲：民間福利組織若無足夠的財力，就別從事社群福利的事業；政府若要提供服務，就必須靠自己的能力去提供。

外國人常稱讚臺灣人有人情味；我們也常自詡自己有人情味。易言之，臺灣就是一個有強烈社群意識與社群福利的社會，可是，我們捫心自問:這可是真實？在我們的社群中,是否相互認同、相互信賴、相互幫助？我們的慈善組織、互助組織、公益團體或社區發展協會是否發揮了社群福利的功能？或許是我們對外國人的自卑感使然；或許是我們善於隱藏自己的缺點；或許是我們沒有其他可以炫耀的東西。不管如何，我們必須檢視社群福利的事實；建構社群福利的原理；實踐社群福利的理想。

第 **3** 章
經濟正義

01　市場均衡

2018/11/23

市場 (market) 是以固定間隔進行商品買賣的公開聚集 (a public gathering held at regular intervals for buying and selling merchandise)。市場機制 (market mechanism) 是市場中達成均衡價格的手段或過程 (an instrument or process by which equilibrium price is done or come into being)。市場均衡 (market equilibrium) 是不受外力干擾所形成的穩定平衡或不改變的狀態 (any condition in which all action influences are cancelled by others resulting in a stable balanced, or unchanging)。

市場機制是在看不見的手的作用下，依供給與需求的自動調整，所形成的均衡價格與均衡交易量的過程。

市場機制有五個特徵：第一是各人依其獨立判斷，自由從事經濟活動。第二是形式市場，進行交易。第三是以價格機制維持市場秩序。第四是以貨幣作為交易工具。第五是以經濟理性作為行動規範。

市場均衡有五個基本命題：第一是以市場機制作為基礎；第二是以利己為前提；第三是以競爭為本質；第四是以交易為手段；第五是以分配為目的。

市場均衡有六個條件：第一是有眾多的供給者與需求者，而且無人可以影響或控制價格。第二是供給者和需求者都能自由進入或退出市場。第三是有同質產品。第四是有充分的市場資訊。第五是沒有人為或政府的干預。第六是資源具有充分的流動性。

市場失敗有八個因素：第一是不信賴的交易。第二是不公平的競爭。第三是不充分的資訊。第四是不公正的分配。第五是不平均的資源配置。第六是無效率的生產。第七是獨佔或寡佔。第八是外部不經濟的忽視。

為了糾正市場的失敗，政府才進行干預。政府對勞動市場進行勞動條件與勞動報酬的干預；對商品市場進行價格管制與產量調控；對資本市場進行公開操作與法規限制；對金融市場進行利率與匯率的干預。

政府對市場的干預，造成了政府的失敗。例如，官僚的自由裁量與行政的無效率；公共支出的增加與財政的危機；公共建設成本的極大化；公共資源的不當配置與浪費；外部不經濟的加速惡化等。

政府干預不僅無法挽救市場的失敗，更加速市場的失敗。稅賦的加重，增加了企業的經營成本，削弱企業競爭力，降低了企業的投資意願。失業給付的保障降低了勞工的工作意願，影響了勞工的工作倫理。

政府過度保護勞工或是偏袒企業，都是錯誤的政策。政府必須尊重市場機制，讓勞工資雙方以平等的地位，進行協商，達成共識；讓供給者與需求者自行決定價格與交易量；讓儲蓄者或貸款者與金融機構自行決定利率或匯率。總之，政府應該扮演市場仲裁者的角色，不應該以管理者的立場進行干預。

02 自由競爭

2018/11/26

所謂自由 (freedom) 是不受特殊的規則、限制或責任的約束 (not subject to special regulations, restrictions, duties,etc.)。所謂競爭 (competition) 是為利益、利潤或獎品，而與其他人奮鬥或爭鬥 (to strive or contend with others as for interest, profit, or prize)。

競爭是生命的動力。人若要得到獎賞，就必須參與競爭，勝利者獲得獎賞；失敗者鎩羽而歸。競爭是展現實力的比賽，也是爭取資源的手段。競爭是強者成功的機會，也是弱者翻身的機會。在自由競爭的市場裡，只有實力，沒有特權。

自由競爭只受一約定的規則約束，不受約定外規則的約束。自由競爭必須受一般道德的約束，不能夠從事不道德的行為。兩個或兩個以上的個人或團體，在彼此約定的規則下，以技巧、耐力或時機等方法，從事競爭的活動。

自由競爭必須有合理的競爭規則、健全監控制度以及違反規則的處罰。故意違反規則、不可抗力因素以及監控的失靈，都會造成自由競爭的失敗。

自由競爭的自由，有參與的自由、選擇的自由以及行動的自由。自由競爭的內涵，有規範性基準的自由競爭、習慣性經驗的自由競爭以及物理性行為的自由競爭。

遵守競爭規則就是正義；違反競爭規則就是不正義。沒有目標、沒有規則和沒有效率的自由競爭，就是因為經濟不正義。

在競爭過程中，因個人的才能、技巧、努力或機會的不同，而有輸贏；因企業的規模、策略、效率或景氣的差異，而有勝負。在自由競爭中，沒有一定的贏家，也沒有一定的輸家；沒有僥倖的贏家，也沒有不服氣的輸家。

自由競爭的結果，常會產生大欺小、強凌弱、大者恆大、強者恆強等現象，造成不公平競爭的市場失衡。自由競爭並非完美，只是自由競爭終究比不自由競爭好，如是而已。

獨佔、寡佔、內線交易、資訊與資源的壟斷以及其他人為的干預，都是自由競爭的破壞因素，政府必須以法律禁止或取締。

公營企業或事業都違反自由競爭的原理。除非民間企業無能力做、不願意做或無效率做的企業或事業之外，政府不宜以公企業或事業破壞或干擾自由競爭市場。

03　公平交易

2018/11/27

公平 (fairness) 是規則下的平等適用 (just to all under rule)。交易 (trade or transaction) 是與他人做買賣 (doing business with other)。

公平交易有三個原則：等價性、誠實性和互利性。所謂等價，就是依市場行情或是協商結果，所決定的相對價格。所謂誠實，就是不欺騙或隱瞞。所謂互利，就是交易對雙方都有利益。簡言之，相互利用就是公平交易。

人都有利己的基因 (selfish genes)；都想從交易中獲得利益。利益有有形利益、無形利益、直接利益、間接利益、正利益和負利益。每增加一次交易所獲得的利益，就是邊際利益。邊際利益的加總，就是總利益。

利得 (interest) 是合法取得的利益。利益 (advantage) 是由有利條件取得的利益。效益 (benefit) 是由成本或財源增加的利益。利潤 (profit) 是投資回報的利益。個人在追求利得與利益；企業在追求效益與利潤。

交易雙方以貨幣作為交換比率的依據。供給者以市場中大多數參與者的交易結果，訂定價格。需求者依市場價格決定交易比率。公平交易所形成的價格，就是公正價格 (just price)。

勞動市場的勞動報酬，是由勞動者與僱用者，依工資協商結果，達成交易；商品市場的商品價格，是由消費者與供給者，依價格協商的結果，達成交易。資本市場的股票價格，是由投資者與證券交易所依買賣行情的變動，達成交易；貨幣市場的利率水準，是由儲蓄者或貸款者與金融機構依利率的浮動，達成交易。貨幣市場的匯率水準，是由外匯的買賣行情的變動，達成交易。

公平交易下的任何交易都是合理的。如果雙方都知道，對方是不公平交易，仍然進行交易，也是公平交易；如果不在乎對方是不公平交易，而進行交易，也是公平交易。如果知道對方是不公平交易，卻無法拒絕交易，就是不公平交易；如果不知道對方是不公平交易，而進行交易，就是不公平交易。

用欺騙或是利用他人的無知，進行不等價的交易；利用他人緊急需求，而抬高價格；在物價波動時，囤積商品取利；利用企業或政府機密，進行內線交易；以獨佔或寡佔方式，進行商品或價格的壟斷，都是不公平的交易。

在一個可以議價的公平交易中，無法買到最低的價格，也無法買到最高的價格，只能買到最適的價格。買到低價不必高興，因為無法知道真正的最低價。買到高價也不必後悔，因為無法知道真正的最高價。凡是接受的價格，就是合理價格。

公平交易是一種理想。在現實的交易市場中，大都依照公正價格交易，而非依據自由協商的價格交易。如果個人缺乏道德；企業缺乏正義，交易就無法依市場機制進行；公平交易就難以達成。

04 合理分配

2018/11/28

所謂合理 (reasonableness) 就是可接受、有理由或健全的判斷 (agreeable to or in accord with reason or sound judgment)。所謂分配 (distribution) 就是所屬部分的分割或分發 (to divide and give out in share)。所謂剝削 (exploitation) 就是為自私的目的而利用他人 (the utilization of another person for selfish purpose)。

勞動報酬的合理分配有三個原則；第一是依市場機制的公平交易所產生的基礎分配；第二是依功績和年資所訂定的附加貢獻分配；第三是企業利潤的額外分配。

勞動報酬的不合理分配有三種情況：第一是僱主的恣意性分配；第二是僱主的偏好性分配；第三是無差別的平等分配。

國民所得的合理分配有兩個指標：第一是吉尼係數較低的分配；第二是最高和最低分位平均所得的倍數較低的分配。

國民所得的合理重分配有兩種方法：第一，租稅制度要縮小所得差距，但是，不能影響投資意願和工作意願；第二，社會保險和社會扶助的經濟保障制度要充分保障低所得者的生活，但是，不能影響其工作意願，也不能增加其依賴性。

剝削是不公平的取利，也是不合理的分配。剝削者會利用自己的優勢屬性（如知識、技能、資金、權力等）和他人的劣勢屬性（如無知、貧窮、依賴、不幸等），用控制、虛偽、欺騙、利誘或是違反他人心意的方法，進行剝削，獲取不當利益，造成不合理的分配。

不當利得會造成所得差距；所得差距會造成資產差距；資產差距會造成生活資源的差距；生活資源的差距會造成生命價值的不平等與社會地位的不平等。

如果市場沒有剝削，第一次分配就會合理，就不要政府的第二次重分配。如果政府放任市場剝削，就會產生不公平的交易和不合理的分配，任何政府的重分配措施都無法解決所得差距的問題。

因此，政府的經濟政策和勞動政策都必須禁止剝削和被剝削；都必須重視報酬與所得的合理分配。如果個人都有道德；企業都有正義，市場就沒有剝削，合理分配就可以達成，而政府也不必再花費鉅資，進行所得重分配。

強者可以利用弱者，但是，不能剝削弱者。弱者可以依賴強者，但是，不能被強者剝削。政府可以防止和禁止市場剝削，但是，不能把弱者對強者的依賴，轉移到對政府的依賴。

05 經濟正義與自由經濟

2019/9/24

經濟 (economy) 是關於財物的生產與分配以及所得，財富和商品的使用之制度 (a system pertaining to the production and distribution of goods and the use of income, wealth, and commodities)。

經濟系統 (economic system) 是私有市場、公共財政、國民所得以及國際貿易之整體 (the totality of private market, public finance, national income, and international trade)。

市場 (market) 是財物與勞務的交易場所 (a place of exchanging goods and services)。

市場機制 (market mechanism) 是達成均衡價格的手段或過程 (an instrument or process of which equilibrium price is done or coming to being)。

市場均衡 (market equilibrium) 是不受外力干擾所形成的穩定，平衡或不改變的條件或狀態 (any condition or state in which all action influences are cancelled by others resulting in stable ,balance, or unchanging)。

供給 (supply) 是提供財物或勞務給缺乏或需要的人或組織 (providing goods or services to persons or establishments with what is lacking or needed)。所謂供給者 (supplier) 就是提供財物或勞務的人或價格的給予者 (price giver)。

需求 (demand) 是因為有用，公平，正當或必要而要求 (to require as useful, just, proper, or necessary)。所謂需求者就是需要和購買的人，也就是價格的接受者 (price taker)。

利益 (interest) 是正當或合法取得的某物或某事 (a right or legal share in something)。

利潤 (profit) 是企業在運用經費後所獲得的回報 (the return received in a business under taking after all operating expenses have been met)。

所謂自由經濟 (free economy) 或市場經濟 (market economy)，是在沒有人為干預下，市場自由運作，並由供給與需求決定價格與交易量的經濟體制。所謂經濟正義 (economic justice)，就是在這種經濟體制下，維持市場均衡的原理原則。

第 **4** 章
政治正義

01 政治公正

2018/11/29

政治 (politics) 是政府、政黨或集團內部的政策、目標或事務 (the policies ,golds, or affairs of a government , or of parties , or groups within it)。公正 (equity) 是正當、中立與公平的事務 (something that is just, Impartial. and fair)。意志 (will) 是審慎選擇和決定行動的心智能力 (the mental faculty by which one deliberately chooses, or decides upon a course of action)。

國家是實踐公共意志 (public will) 的組織，也是政府執行公共意志的機關。政治系統有立法、行政和司法三個體系。參與立法活動者是為民意代表；參與行政活動者是為公務人員；參與司法活動者是為司法人員。

立法正義是民意。代表選區民意代表，在立法機關，與其他民意代表共同提案和協商，凝聚共識，並以公民的一般意志，制定法律和監督政府。

行政正義是中立。公務人員要依法行政，秉公處理公共事務。公務人員必須以不偏不倚的態度，執行公務，平等服務。公務人員官大責任大，不是官大權力大。愈高級的公務人員愈要承擔更大的責任，不是要要更大的威風。

司法正義是平等。司法人員要公正客觀，明察秋毫，勿枉勿縱。司法人員必須具備高度的個人道德與社會正義，用良知與法律做公正的審判。

立法的不正義是非民意。民意代表扭曲真民意，製造假民意。他們只代表個人的利益和政黨的利益，不代表選民的利益。他們把立法機關當成政黨惡鬥的場所；置選民的意志和利益於不顧。

行政不正義是不中立。公務人員以權力的傲慢刁難國民，優待特權人士，並以自由裁量擴大自己的權威，以繁文縟節逃避自己責任。公務人員的錯誤心態和惡劣態度，造成行政的無效率，侵犯了國民的權益。

司法不正義是不平等。檢察官亂調查，亂起訴；法官亂審查，亂判決。不良司法人員常以自己的偏好與偏見，從事不平等的調查和審判，不僅造成國民對司法的不信任，也影響國民對政府和國家的不歸屬。

選舉的不正義是政治正義的最大傷害。不道德的候選人以造神、造假、造謠、抹黑、中傷等手段，打擊對手，獲取支持。不理性的選民則是不分是非善惡，不重視政見政績，而以人際關係、利益關係、社群關係作為選舉的考量，甚至接受招待或賄賂，支持特定候選人。

政治正義是由公民的理性態度與政治人物的道德情操去實踐，不是靠政治體制或法律制度去達成。缺乏理性的個人道德與社會正義，所有人權的保障、民主的運作和法律的治理，都會失去正當性和效率性。

02　基本人權 I

2018/12/1

國民 (nation) 是指原生或歸化的國家成員 (a native or naturalized member of a state)。公民 (citizen) 是對國家具有忠誠責任，而受國家保護的國民 (a national who owes allegiance to the state and is entitled it's protection)。公民資格 (citizenship) 是國家賦予公民的權利和義務 (the state of being vested with the rights and obligations of a citizen)。

公民資格必須具備兩個基本條件：第一是忠誠的責任，也就是國家的義務；第二是基本資格，也就是符合國家法律的條件。不具備國家歸屬或是違反國家法律的公民，就沒有公民資格。

公民資格的權利有基本人權（適用所有國民）、政治權利（選舉、罷免、創制、複決、訴訟、服務公職等）、經濟權利（投資、交易、契約、消費、財產等）以及社會權利（婚姻、工作、教育、社會福利、社會運動、環境保護等）。公民資格的義務則有納稅、服兵役、受國民教育、守法、法庭作證等。

基本人權有生命權、生存權、自由權、平等權、尊嚴權以及隱私權等。這是每一個國民都能享有的權利,也是國家必須履行的義務。如果基本人權不受到保障,國家就沒有政治正義;就喪失統治的正當性。

國家必須保障國民的生命權。國民有生育的權利,也有不生育的權利。國民有死亡的權利,也有不死亡的權利。不生育的墮胎應該合法化;安樂死應該被尊重;死刑應該被廢除。

國家必須保障國民的生存權。每一個國民的健康必必須受到國家的保障;國民的經濟生活必須受到國家的保護。國家有責任充實國民的健康維護制度以及經濟保障制度。國民的生存受到威脅時,國家必須負起保衛的責任。

國家必須保障國民的自由權。每一個國民都可以依自己的意志與能力,選擇生活方式與生活品質,追求個人的幸福生活。國家不得以不正義的法律,限制或禁止國民的思想、言論、信仰、遷徙、報導、集會、通訊以及社會運動的自由。

國家必須保障國民的平等權。性別、種族、宗教、參與機會、法律適用以及社會地位都必須平等,不能有差別待遇或相互歧視。政治上的婦女保障名額、婦女免受軍訓練以及原住民老年年金給付年齡的優惠等都必須廢除。

國家必須保障國民的尊嚴權。國民的身體、人格、名譽、舉止、言論、行為等都必須受到尊重。網路霸凌、名嘴霸凌、媒體霸凌、國會霸凌等都是對尊嚴權的侵犯,都必須用法律禁止或處罰。

國家必須保障國民的隱私權。除非有犯罪調查的必要,國民的通訊、居家生活、社會行為、人際關係等隱私,都必須受到法律的保護。私人或政府的竊聽、跟蹤、監視或非法入侵居所,都必須被法律禁止和處罰。

03　基本人權 II

2019/12/9

基本人權是政治正義的核心，而自由則是基本人權的基石。沒有自由，就沒有人權；沒有人權，就沒有政治正義。自由是自我價值的實現，也是政治正義的實現。

自由有身體的自由與心靈的自由。前者是行動的自由，也是社會的自由；後者是思索的自由，也是個人自由。自由的內涵包括意志的自由、言論的自由、選擇的自由、行動的自由以及自我依賴的自由等。

自由有五種限制：第一不能逾越法律的規定；第二不能剝奪他人的權益；第三不能侵犯他人的自由；第四不能傷害他人的尊嚴；第五不能損及公共的利益。

自由必須建立在道德的基礎上。有道德的自由才是真正的自由；才會尊重他人的自由；才能被他人尊重。不道德的自由會惡用和濫用自由，會侵犯他人的自由，會被他人唾棄。

自由並非平等。有些人會利用自由；有些人會惡用自由；有些人不會利用自由；有些人會放棄自由；有些人會無奈地順從自由。每一個人都有平等的自由，可是，卻沒有平等的使用自由。

自由的人有意願、有自信、有能力參與各種社會活動，追求個人的更大福祉。不自由的人只會在自己劃定的世界裡，過著平凡無趣的人生。

國家必須保護不自由的人，使他們成了自由的人。國家不能限制自由的人，使他們成為不自由的人。國家更不能以權力侵犯國民的自由，使全體國民成為不自由的人。

個人可以放棄身體的自由，不能放棄心靈的自由。國家可以限制國民身體的自由，不能限制國民心靈的自由。如果你放棄心靈的自由，就是甘做奴隸。如果國家限制國民的心靈自由，就是獨裁專制。

獨裁者可以限制國民的身體自由，無法限制國民的心靈自由。獨裁者可以掌控國民的行動自由，無法掌控國民的思索自由。獨裁者可以禁止國民的言論自由，無法限制國民的思想自由。

你可以不要自由，但是，你不能反對別人或禁止別人自由。你可以忍受不自由，但是，你不能強制別人不自由。有些國家的獨裁者，不僅侵害自己國民的自由權，也侵犯其他國家國民的自由權。自由國家應該聯合起來，對抗獨裁者與獨裁國家。

04 民主政治

2018/12/18

民主 (democracy) 是由人民賦予最高權力，並由人民直接運作，或是透過自由的選舉制度所選出的代表間接運作的政治形態 (a form of government in which the supreme power is vested in the people and exercised directly by them or by their elected agents under a free electoral system)。

民主政治是公民意志的展現，不是個人意志、菁英意志或政黨意志的實踐。除了少數直接民主制度之外，大多數的民主都是由公民選出的民意代表，實施間接民主。

民主政治必須具備四個條件：第一是自由的選舉制度；第二是理性的選民；第三是以民意為依據的立法制度；第四是有效率的官僚體制。

沒有自由的選舉制度，就沒有真正的民主政治。有自由的選舉制度，卻無理性的選民，就不是成熟的民主政治。有自由的選舉制度，也有理性的選民，卻沒有有效率的官僚體制，就是進步的民主政治。

自由的選舉制度必須具備三個條件：第一要有自由和公正的競選、投票和計票制度；第二要有可行的政見和確實的政績（不能天馬行空，亂開競選支票）；第三候選人的道德正義必須接受嚴格的檢驗。

理性的選民必須具備三個條件：第一要有判斷真假、是非、善惡以及公益的能力；第二要以候選人的政見和政績作為投票的依據；第三要不受意識形態、人際關係或是威脅利誘影響投票行為。

民意的立法必須具備三個條件：第一立法者必須具備立法的知識與能力，也必須提出具體可行的法案；第二立法者必須代表選民意志，不能以個人意志或政黨意志，作為立法的依據；第三立法者必須以理性的態度問政、溝通協調，達成共識。

有效率的官僚體制必須具備三個條件：第一要依法行政，不能自由裁量；第二要有效率執行政務，不要繁文縟節；第三政務官必須承擔政策失敗的責任，不能下臺了之，或回學校教書。

現代的民主政治仍未成熟。例如，造謠、造假、抹黑、中傷、污蔑等層出不窮的選舉制度；依照意識形態、金錢利益或人際關係投票的不理性選民；以個人利益或政黨利益凌越公共利益的民意代表；自由裁量、敷衍塞責以及官商勾結的官僚體制等。這些都是民主政治的破壞者。

邪惡的政客和無知的選民把民主政治污名化；把政治活動低俗化；把政治人物小丑化。民主政治使賢者退卻，使惡人雀躍。人類經過漫長歲月的努力所建立的民主政治，已經淪為權力鬥爭與利益爭奪的競技場。人民作主，追求福祉的美夢似乎難有實現的一天。

05　法律治理

2018/1230

法律 (law) 是國家治理國民事務的一套規則 (the body of rules governing the affairs of men among the state)。治理 (governance) 是控制、引導或指導的行動、過程或權力 (act, process , or power of control, guide, or direction)。

國家用法律保護國民，禁止國家對國民權利的侵犯，也禁止國民對他人權益的侵犯。國家要保護守法的國民；要處罰違法的國民。國家要用法律維護社會、經濟和政治的正常運作。

法律在規範國民不應該做些什麼，不是在規範國民應該做些什麼。我們不希望他人加諸在我們身上的事，例如，被侵犯、被剝削、被剝奪、被霸凌、被傷害等，都必須用法律加以禁止。我們希望他人加諸在我們身上的事，例如，被尊重、被保護、被救助、被愛等，則用社會正義的力量加以鼓勵。

相同的法律規定，對不同的案件，有不同的適用；相同的法律條文，對不同的法官，有不同的詮釋；相同的司法案件，對不同的法官，有不同的判決。法律不在條文是否完備，而在法官是否公正。

法律是死的條文；司法是活的運用。法律是由思想家創造法源；由政治人物制定法條；由法官執行法律。只要法源基於社會正義；政治人物代表真正民意；法官秉公審判，法律治理就符合政治正義。

法律必須建立在民意的基礎上，不能依個人意志或政黨意志制定。問題是，由無知國民所形成的不正義民意以及由邪惡政客所操控和利用，而制定的法律，就喪失了政治正義的正當性。

法律必須適時修訂。法律必須隨著社會的變遷與環境的改變，而適時調整、修正、廢除或增訂。不合時代潮流或阻礙社會進步的法律，不僅會傷害國民，也會傷害社會。

法官必須具有高度的道德操守與社會正義，不可受到政治、政黨、政府、名嘴、私利或人情的影響。法官必須依照自己的良知與學養，作公正的審判。司法不公不僅會傷害受害者，也會助長犯罪者，對社會的傷害極為重大。

法官必須退出政黨，完全中立。法官若加入政黨，就無法公正審理政黨或政治人物的訴訟案件。法官必須具有堅持正義，無畏壓力的智慧與勇氣，以自己的道德良知，不偏不倚的審理每一個司法案件。

不道德和不正義的法官會做出不公正的判決；不公正的判決會助長社會的不正義；社會的不正義會傷害政府的威信；政府威信的喪失會造成社會的動盪。法官是社會正義的舵手，也是社會秩序的亂源。國家必須重視法官的考核；國民必須監督法官的審判。

06　政治正義與個人利益

2022/6/11

在不違反國家法律的前提下，當你面對道德正義與個人利益衝突時，會選擇道德正義，捨棄個人利益，還是會選擇個人利益，捨棄道德正義？譬如說，你在人煙稀少的地方，撿到一千元，而你當時的口袋是空空如也。此時，你是否會拿到附近的派出所交給警察？

同樣的道理，在不違反國家法律的前提下，當你面對政治正義與個人利益衝突時，會選擇政治正義，捨棄個人利益，還是會選擇個人利益，捨棄政治正義？譬如說，你是否會為了收取外國的金錢或利誘，而背叛自己的國家？

支持自由、民主與人權是政治正義；反對自由、民主與人權是政治不正義。公開，公平與合理的利益是正義的利益；不公開，不公平

與不合理的利益是不正義的利益。有人為政治正義而反抗政治不正義；有人為政治不正義而反抗政治正義。有人為正義的利益而反抗不正義的利益；有人為不正義的利益而反抗正義的利益。

政治正義是無形的；個人利益是有形的。政治正義不會影響生活，是可有可無的；個人利益與生活息息相關，是不能沒有的。一般人在面對選擇時，往往會採取個人利益，捨棄政治正義，因為兩者相較之下，個人利益當然凌駕政治正義。如果有強烈的政治正義，就不會為個人利益犧牲政治正義。如果會以個人利益犧牲政治正義，就是缺乏政治正義。

古今中外都有許多賣國求榮的人。他們為了個人的榮華富貴、權高位重或其他利益，而出賣自己的正義良知。有些人甚至為了微薄小利，而背叛政治正義。他們在接受個人利益之餘，就會製造族群對立和社會動亂，甚至鼓動政變，顛覆政府。

有些人為了個人利益，而傷害政治正義。譬如說，有些商人或藝人，為了拓展市場，而背叛自己的國家；有些文人或教授為了擴大自己影響力，而宣揚不正義的政治思想；有些失意政客或黑道份子為了增強反對勢力，而製造語言暴力或肢體暴力；有些不滿份子或無知者為了報復政府，而製造或轉傳假資訊，擾亂社會。

在一個自由民主的社會裡，只顧個人利益，不管政治正義的人，能夠在人身自由與言論自由的保障下，公然從事不正義的言論與行為，而不受任何約束或制裁。相反地，在一個獨裁專制的社會裡，無視個人利益，堅持政治正義的人，則會受到嚴格監控，甚至身陷囹圄。

有些既得利益者，心中只有不正義的政治思想，毫無正義的政治思想。他們沒有政治正義與個人利益的衝突，也無需在政治正義與個人利益之間做選擇，因為他們的個人利益就是政治正義，即便犯法的經濟利益，也是他們的政治正義。

如果有人說：中國比台灣更自由、更民主、更有人權的保障，你是否會相信？如果你會相信，你肯定不是有政治正義的人。如果你不相信，卻會為了個人的利益而接受，你就是為利益捨正義的人。如果你不僅不相信，還會抗拒或批判說這種話的人，你就是政治正義的人。

政治正義與個人利益沒有衝突，但是，為了個人利益捨棄政治正義，就是沒有政治正義；就是不當得利。如果沒有政治正義，權位再高、名氣再大、粉絲再多、他所說的話、所唱的歌、所演的戲、所寫的文、所賺的錢，都不值得被尊重，甚至應該被唾棄。

第5篇

社會評論

第1章
社群評論

01　平等對話

2021/5/19

在人與人之間的對話中，常會出現失衡的現象，尤其在雙方的知識水平或是社會地位不對等的情況下，這種失衡的現象更為嚴重。例如，在老闆與員工；上司與下屬；老師與學生的對話中，常有不平等的對話。

平等的對話的原則是雙方都有相同的時間述說自己想說的話。你必須留一半的時間給對方，不能把全部的時間都佔為己有。同樣的，對方也必須把一半的時間留給你，不能把全部時間都佔為己有。

平等對話除了時間的對等分配之外，還要相互尊重，不能盛氣凌人，也不必卑恭屈膝。一般人都有一種錯誤的觀念：尊重人就是聆聽人和順從人。即使不認同或是反對別人的想法或是做法，也不會據理力爭或是提出批判，避免引發衝突或是破壞雙方的關係。

在雙方處在不平等的關係下，一方為了取悅對方，常會把時間全部讓給對方，成為一個無聲的聆聽者。有時甚至會以貶低自己的方式，去抬高對方的優勢。相反的，對方為了顯示自己的優勢，會把大部分的時間或是全部的時間都佔為己有，不讓人有插話的機會。有時甚至會以高傲的態度教訓人，以抬高自己的身價。

師生之間的對話應該是平等的，但是，常常會有失衡的現象。尤其是德高望重或是知名權威的老師，更讓學生仰之彌高，鑽之彌堅，好像一座高山，無法攀爬，無路可走，無言以對。師生對話只有學生聽老師說，沒有老師聽學生說。老師和學生都不知道，那就是不平等的對話。

朋友之間的對話應該是平等的，但是，有些人就是自認高人一等，而採取不平等的對話。相反地，有些人則是自認低人一截，而自甘不平等的對話。在許多朋友聚會時，就會有某些人寡佔對話時間，不讓其他人有說話的機會，而其他人也大都甘願當個沉默的聽眾。

夫妻之間的對話應該是平等的，但是，常常會有失衡的情形。尤其是老公在外賺錢養家；老婆在家理家教子的夫妻，常有不平等的對話。老公會擺出一家之主的態勢獨攬說話權。老婆只能聆聽老公訓話和抱怨，而不能表達自己的意見。

親子之間的對話應該是平等的，但是，有許多父母都把子女視為永遠長不大的孩子，要聽其言、要順其意，而且不能回嘴、不能反駁，否則，就是不孝順。相反的，子女也為了孝順，而不敢以平等的立場，與父母對話。

政府官員與民意代表之間的對話應該是平等的，但是，後者常會挾民意以令官員，尤其是不具民意基礎的不分區民意代表更是囂張跋扈。這些民代會在質詢時，以極不對等的方式對話，甚至會以污辱的言語霸凌官員。

大家都知道，人與人的關係必須透過對話進行溝通；藉由良好的溝通達成和諧的連帶。可是，只有少數人懂得平等對話的道理，也只有少數人能夠實踐平等的對話，尤其是扮演強者角色的對話者，常不自覺有不平等的對話。當我們在與別人對話時，請務必遵守平等對話的原則，別讓自己成為不平等對話的加害者或是受害者。

02　理性溝通是溫柔的討論，不是氣壯的爭論

2020/3/1

所謂理性 (rationality) 就是邏輯的思考與合理的選擇。所謂溝通 (communication) 就是思想、觀念、主張、意見和對各種資訊的想法之交換。所謂理性溝通 (rational communication) 就是不同想法的雙方依合理的規則相互理解，獲取共識的互動。理性溝通是溫柔的討論，不是氣壯的爭論。溝通可以用話語互動，可以用文字互動，也可以兩者併用。用話語溝通必須迅速互動，比較容易誤解或情感用事。用文字溝通可以反覆思考，比較容易理解或依理論事。

理性溝通有六種工具可以使用：第一是用口頭去講；第二是用手指去寫；第三是用表情去演；第四是耳朵去聽；第五是用眼睛去讀或去看；第六是用大腦去想。每個人都擁有這六種工具，也能使用這六種工具。可是，當我們在與人溝通的時候，卻很少使用這些工具，尤其是大腦這個重要的工具。

理性溝通必須具備四個條件：第一是對等的地位；第二是相對的想法；第三是邏輯的思考；第四是理性的選擇。溝通的雙方是平行關係，不是上下關係，不能強欺弱或大欺小。溝通的雙方必須有對立或差異的想法，才有溝通的必要。相同的想法就不需要溝通。溝通的雙方都要有邏輯推理的概念，不能巔三倒四，有理說不清。溝通的雙方必須以理性做選擇，不能用感性或情性做選擇。

理性溝通必須依四個步驟進行：第一是相互表達；第二是相互理解；第三是相互說服；第四是化解衝突，達成共識。缺少任何一個步驟，就不是理性的溝通；不達成共識，就是溝通的失敗。我們常會在溝通的過程中停止溝通，也會在溝通結束時，未能達成共識。因此，理性溝通必須在雙方都有思考能力與溝通熱忱才能實現。

溝通的雙方都必須擁有自己的想法，且能表達自己的想法，才能理性溝通。有人用自己懂得的方式去表達；有人用對方懂得的方式去表達；有人用專業的知識去表達；有人用無厘頭的方式去表達。如果雙方或一方無法正確表達自己的想法，就會雞同鴨講，各說各話，彼此誤解。因此，必須依不同的溝通對象，採取不同的表達方式。

溝通的雙方必須專心傾聽對方的話語，或是細心閱讀對方的文章，才能正確理解對方的想法，才能進行理性的溝通。有人會無視對方的表達；有人會不耐煩對方的表達；有人會中斷對方的表達；有人會拒絕對方的表達；有人會不解對方的表達；有人會誤解對方的表達。這些都無法達成理性的溝通。

溝通的雙方必須以邏輯的推理，事實的歸納和利弊的分析相互說服，才能進行理性的溝通。有人會表達自己的想法，也能理解別人的想法，卻無法有效說服對方；有人懂得說服對方，卻不接受對方的說服；有人會中斷對方的表達和說服，卻不允許對方中斷自己的表達和說服。雙方都必須以自己想法的優點或利益去說服對方；以對方想法的缺點或弊端去反對對方。雙方都必須承認自己想法的缺點或弊端；必須接受對方想法的優點或利益。

溝通的雙方都必須依理性的選擇原理，接受合理的想法，拒絕不合理的想法。所謂理性的選擇就是 A 的利大於 B 就選擇 A；B 的利大於 A 就選擇 B。雙方都能接受的部分就是兩個等圓的交集。當交集超過半圓，就可以取得共識。

所謂共識並非完全同意，而是雖不滿意但能接受的同意。有人就是不肯承認自己的錯與弊，不肯接受別人的對與利；有人就是不服輸，以為接受別人的想法，就是承認自己的失敗；有人就是表面接受實則拒絕。這些都無法達成理性的溝通。

我們都知道，能夠溝通才能學習；能夠學習才能改變；能夠改變才能翻轉人生。但是，能在與人溝通中學習成長的人卻少之又少。雖

然許多人都懂得溝通的理論與技巧，也有許多溝通達人，但是，能從理性溝通中達成共識的事例卻不多見。在現實的世界裡，理性溝通很難實現，所以人類文明才無法快速成長，世界和平才難以長久維持。

理性溝通是知識份子和教育工作者必須具備的資格條件。他們必須主動與許多人溝通，也必須被動與許多人溝通。他們必須在溝通中教導人和學習人。他們必須樹立理性溝通的典範。如果你不想溝通，不能溝通，不屑溝通或無法理性溝通，你有什麼資格稱自己是知識份子，或是教育工作者？當你振振有詞教導學生時；當你苦口婆心勸導家長時，請想想自己對別人的溝通請求是熱心回應，還是置之不理？

03 溝通與談心：理性與情性的矛盾

2020/3/13

理性是依理論、原理、道理、推理、數理等去思考和行動的合理性。情性是以同理心、同情心、包容心、慈悲心、偏愛心等去思考和行動的情感。100% 理性的人就是純粹理性的人；50-99% 理性的人就是較理性的人。100% 情性的人就是純粹情性的人；50-99% 情性的人就是較情性的人。

人生而感性，隨著社會化逐漸趨向理性或情性。在真實的世界裡，幾乎沒有純粹理性的人，也沒有純粹情性的人。大部的人都是較理性的人或是較情性的人以及調和理性和情性的最適性的人。

溝通是差異想法的互換與選擇。談心是接近想法慰藉與鼓勵。溝通必須有主題，邏輯，比較和結論。談心則要有同理，同情，換位思考和將心比心。溝通是在建立普世的價值。談心是在建立深厚的情誼。

理論上，溝通是理性的的雙方依理性的方式互動，不能有絲毫情性的存在，否則，就無法建立絕對的價值。相反地，談心是情性的雙方依

情性的方式互動，不能有點滴理性的存在，否則，就無法建立連帶的情感。

實際上，我們常會帶著部分的情性去溝通；帶著部分的理性去談心。帶著情性去溝通，常會扭曲想法的合理性；接受想法的不合理性。帶著理性去談心，常會以理逼人，而遭反彈。因此，理性的人很難與情性的人溝通或談心；情性的人也很難與理性的人溝通或談心。這就是理性與情性的矛盾；這就是溝通與談心的差異。

知識是用來溝通的；愛情是用來談心的。你必須用理性去溝通知識；用情性去談愛情。你若用情性去溝通知識，會一無所獲；若用理性去談愛情，會嚇跑情人。

兒子與女兒是用來溝通的；老公與老婆是用來談心的。你必須用理性與兒子女兒溝通；你必須用情性與老公老婆談心。你若用情性與兒子女兒溝通，他／她會爬到你的頭上；你若用理性與老公老婆談心，他／她會把你逐出家門。

人在快樂時，要與人溝通；在痛苦時，要找人談心。快樂時，不要找人談心；痛苦時，不要與人溝通。快樂能幫助你溝通；談心能減輕你痛苦。

不管是溝通還是談心，請務必把握一個原則：想法要堅定，態度要柔和。你會傷害人，不是你的想法太偏激，而是你的態度太激烈。你會被傷害，不是對方的想法太偏激，而是對方的態度太激烈。雙方若能採取溫柔的態度去溝通或談心，就不會彼此傷害。

我用理性與你們溝通；用情性與你們談心。我用溫和的文字與你們溝通；用溫柔的態度與你們談心。希望你們在與我溝通時，能多一些些的理性；在與我談心時，能多一點點的情性。若能如此，我們就可以獲得更大的進步和更多的溫馨。

04 情緒同理

2021/5/20

最近，坊間流傳一個名詞「共情傷害」。其實，比較正確的名稱應該是「情緒同理」(affective empathy)。這個意思是因同理某個人或是某件事，而引發的情緒傷害。

有些人因天生的人格特質或是後天的成長環境，而有強烈的同理心。這種人會很容易，而且很強烈的同理別人或是事件。由於過度投入，而引發情緒上的壓力，造成心理上和生理上的傷害。

社會工作者常會強調同理心的重要性。他們要人們同理社會弱者；同理社會事件。一般人也認為，同理心就是慈善、就是道德、就是正義。

這次的疫情引發了一些人的情緒同理或共情傷害，因而引起了人們對同理心的質疑。對人同理與對事同理是同種性質。會同理人的人也會同理事；會同理事的人也會同理人。會強烈同理人的人，也會強烈同理事。會強烈同理事的人，也會強烈同理人。

同理心是人的天性。惻隱之心人皆有之，即使是冷酷殘暴的人，也都有少許的同理心。如何運用同理心，有兩個重點：第一是要判斷什麼樣的人或是什麼樣的事值得同理；第二是要決定採取什麼樣的態度或是什麼樣的行動。

所謂思想，就是價值標準的原理與正當行為的準則。有思想的人就會知道什麼樣的人或是什麼樣的事值得同理，也會懂得要採取什麼樣的同理態度與同理行動。沒有思想的人則只會隨別人起舞，隨社會起鬨。

疫情的嚴峻是事實；社會的騷動也是真實。有些人會因過度同理這件事，而產生情緒傷害。於是，有人憂心；有人焦慮；有人憤怒；有人精神崩潰。這些人都是缺乏思想的人；這些人都是沒有主見的人；這些人都是隨波逐流的人。

如果你是有思想的人，就會利用這個期間，思索過去未曾想過的事；閱讀過去未曾讀過的書；撰寫過去未曾寫過的文。在思索、閱讀和寫作的過程中，你就會懂得如何同理人；如何同理事。

如果你是有思想的人，就會知道媒體是靠製造社會議題賺錢的；名嘴是靠炒熱社會新聞出名的；謠言是要掀起社會混亂的。你的心胸平靜；你的意志篤定；你的行動堅定。你不會受到任何影響；你不會喘不過氣來；你不會有情緒的傷害。

同理不應該是情緒同理；同理不應該是共情傷害。同理必須是理性同理；同理必須是有益成長。如果你會因同理而沮喪；會因同理而受傷害，你就不是一個有思想的人。

05　不要用別人的觀點當武器

2021/6/6

在各種媒體、網路或是群組裏，常常有人會引用或是轉傳別人的觀點，當做批評別人或是攻擊別人的工具。他們都會強調，那些資訊或是觀點，都來自某位或某些知名人士，專家學者或是權威刊物。他們都會強調，那些資訊或是觀點的專業性和權威性。他們都會強調，你必須相信或是支持；否則，就是無知；就是背叛。

大家都知道，任何事情都有正反兩面；都有相對立場；都有人贊成，有人反對。即使是純科學的問題，也會有人同意，有人質疑。

做為一個旁觀者，我們必須懂得正反雙方的事實依據與理論基礎。我們不能只依單方面的觀點，就判定事情的對或錯。我們更不能不理解別人的立論或是觀點，就信以為真或指以為誤。

有人不懂病毒，卻亂傳病毒的資訊；有人不懂疫苗，卻亂傳疫苗的資訊；有人不懂別人的想法，卻亂傳別人的觀點；有人只讀到一篇文章，就亂傳；有人只知道單方面的觀點，就亂播。在這個社會裡，就是有人喜歡糊理糊塗地亂傳話；亂傳文。

用別人的觀點當做武器的人，不是懂得別人觀點的內容與原理，只是這些觀點符合自己的政治企圖，適合做為攻擊別人的利器。他們會一傳再傳，永無止境；永不厭倦。

這些資訊或觀點一旦被轉傳，就會得到同溫層的熱烈反應與支援，還會加上一句更激烈的狠話。於是，愈傳越廣；愈說越狠。

抱持相反想法的人通常都不會反擊，只會不讀不理，封鎖或是退出群組。一般人都認為，既然觀點沒有絕對的對錯，何必與人爭辯？何必與人結怨？於是，群組就成了同溫層的群組；一言堂的觀點就獨佔版面。

我曾經在群組上，力戰這些轉傳別人資訊與觀點的人。雖然是以不歡收場，卻也壓制這些人的氣焰。這個經驗告訴我一個原理：任何人都可以表達自己的想法；任何人都可以反制別人的想法。唯有在正反意見與立場的辯論中，才能了解真相；才能建構原理。

任何人都可以用自己的話和自己的文表達自己的想法；任何人都必須對自己的話和自己的文負責。如果要轉傳別人的資訊或是觀點；如果要利用別人的資訊或是觀點做為攻擊別人的武器，就要負起應該承擔的法律責任。

我寫文章表達自己的想法；我為自己的文章負責任。你可以反對我的想法；你可以批判我的想法。你不能用別人的想法反對我；你不能用別人的想法批判我。任何人都不能用別人的資訊或觀點，當做攻擊別人的武器。

06　不要用自己的價值觀評論別人的作為

2021/10/25

每一個人都有自己獨特的價值觀；都有自認合理的作為。沒有一種價值觀絕對正確；沒有一種作為絕對合理（犯法的作為除外）。任何人都不能用自己的價值觀，去評論別人的作為。

有些人（尤其是文化人士）總喜歡用自己的價值觀，去評論別人的作為。例如，有錢不一定幸福；有錢不花是笨蛋；不懂享受就是糟蹋人生等。但是，這些人大都不會從別人的價值觀，去思考別人的作為。

一個人捨不得花錢，一定有自己的想法。他也許是錢不足夠；也許要把錢留作他用；也許認為花這些錢不值得；也許不知道如何使用；也許根本就不想使用。

大家都知道，要多吃美食；要多外出旅遊；要多學習新知；要多體會生活。但是，每個人的經濟條件和個人嗜好不盡相同。有人偏好美食；有人偏好旅遊；有人偏好學習；有人偏好挑戰。喜歡美食的人不一定喜歡旅遊；喜歡旅遊的人不一定喜歡學習；喜歡學習的人不一定喜歡挑戰。

搭乘豪華遊輪，有人喜歡吃喝玩樂；有人喜歡交際應酬；有人喜歡觀賞海上風光；有人喜歡使用遊樂設施；有人喜歡靜靜寫作；有人喜歡搭船的感覺。你可以搭頭等艙，可以搭經濟艙；你可以吃大餐，也可以吃泡麵。

上帝不會賜給所有的人頭等艙的船票。有人拿到頭等艙船票；有人拿到商務艙船票；有人拿到經濟艙船票；有人拿到下等艙船票；有人連船票都拿不到。

頭等艙、商務艙、經濟艙、下等艙各有不同的待遇與服務。坐頭等艙的人一定懂得頭等艙的待遇與服務。如果是別人贈送的船票，也應該會告訴他，有什麼特別的待遇與服務，否則，他自己也應該問服務人員有什麼待遇與服務。

如果別人不告訴他，就是別人的錯；如果自己不問清楚，就是自己的錯。不管是別人的錯，還是自己錯，都是享受不到的錯。錯了就錯了，沒有什麼好可惜，也沒有什麼好後悔。別人更沒有資格為他可惜，或是為他後悔。

沒有任何人可以真正了解人生的真諦；沒有任何人可以確定什麼樣的人生最有意義或最有價值；沒有任何人能夠肯定自己的人生比別人好或是比別人壞；沒有任何人可以為別人的人生說三道四，也無權置喙。每一個人都在為自己的人生打拼；都在追求自己的理想人生；都在享受自己的幸福生活。

「一張頭等船票」在 2018/8/3 發表後，立即引發社會的共鳴，甚至被指定為深度好文，相互轉傳，也讓許多老人感到慚愧。我不禁要問：這篇文章可是真實；可有邏輯；可有勵志的作用？親愛的讀者，當你在閱讀別人文章的時候，可有深入思索；可有充分理解；可有深切領悟？你可是人云亦云；可是信手拈來；可是博君一笑？

07　控制與受控制

2021/3/16

控制 (control) 是對人的約束或指引 (to exercise strains or direction over someone)。控制就是對人施壓，去做某件（些）事或不做某件（些）事。受控制就是依照控制者的約束或指引，去做某件（些）事或不做某件（些）事。如果受控者不知被控制或是心甘情願接受控制，就不是受控制。

有人喜歡控制人；有人喜歡受控制；有人不喜歡控制人；有人不喜歡受控制。喜歡控制人的人與喜歡受控制的人在一起，就會相安無事。喜歡控制人的人與不喜歡受控制的人在一起，就會爆發衝突。有些控制者懂得安撫受控者，使其接受控制，而不知受控制。有些控制者則不分青紅皂白，就是要強行控制人，而有脫序的失控行為。

控制者常將控制正當化。他們視受控者為低能力或不成熟的弱者，需要依賴別人的約束或引導。他們認為，自己是在幫助或保護受控者，都是在為受控者著想，而不是在霸凌受控者。另一方面，受控者也會將受控制合理化。他們會認為，受控制是在被保護或被疼愛，是為了自己的好，所以甘願或樂於受控制。

家計主（家庭經濟的支柱）常會以經濟力和社會力控制家庭成員。他認為這個家是由他支撐，當然由他支配與控制。此外，基於一家之主有權力管理家人的社會倫理，家人的言行與生活必須由他控制。有些家計主對於不受控的家庭成員，會施以各種暴力行為。家人無力反抗，只能默默忍受。

企業主（企業擁有者或經營者）常會以勞動報酬和職位升遷控制勞動者。他視員工為依賴企業生活的勞力 (labor force)，而非人力 (human being power)，必須受到控制與管理。有些企業主則會提供

不良的勞動環境，要求不當的勞動條件或以職場霸凌剝削勞動者。勞動者除非離職，否則，無法擺脫企業主的控制。

社會菁英常會以行政權力，學術專業或媒體操縱控制社會大眾。政府高官會以公共利益為由控制國民；專家學者會以學術專業控制政府的公共政策；媒體名嘴會以揭露弊端為由控制民意。為了提高知名度，名嘴常以不實的資訊和極端的言論，製造社會問題，乘機加以控制。

獨裁國家常會以法律和警力控制國民。獨裁政府會嚴厲控制國民的言論與行動，以鞏固政權和獨裁者的權位。在這種國家裡，國民的基本人權被剝奪；人民的生活福祉被踐踏。若有反對者或反抗者，就會被法律懲罰或被警方拘禁。國民只能順從或支持，不能有異議。

有些強國常會以經濟力與軍事力控制弱小國家。他們會用經濟利益收買弱國政治人，企業家，社會菁英或相關人士，而加以控制。如果這些人士不受控制或是無法控制政情，就會以軍事行動，加以威脅或控制。在強國的控制下，國民沒有選擇領袖的自由，也沒有從事政治活動的自由。

當我們身處被控制的環境，而無法反抗或逃避時，常會產生心理的壓力，形成心理的障礙或異常。此時，心理諮商就成為解除困擾的救星。但是，心理諮商也同樣以控制的方法，引導或約束受控者，讓受控者在不知不覺中，再度陷入被控制的泥淖中。受控者會從被控制的實境，走進另一個被控制的情境。

從家庭、職場、社會、國家到國際，處處都有控制與受控的現象；到處都有控制的人與被控制的人。面對控制，我們可以順從；我們可以反抗。如果我們想反抗，就必須靠自己的力量，去克服或排除。我們無法期待控制者會改變；我們不能相信諮商師有助益。控制者只會控制弱者，不會控制強者。我們若不想當一個受控者，就要把自己變成一個強者。

08　在有與沒有之間

2019/1030

有是肯定；沒有是否定。有與沒有是絕對的事實，只有一個明確的答案。

在有與沒有之間是尺度的衡量，有 0, 0.1, 0.2, ……到 1 的 11 個未確定的答案。

你可以說有或沒有，表示肯定或否定；你可以說 0, 0.1, 0.2, ……或 1，表示尺度有多少。兩種答案都只有一個。

如果你說在有與沒有之間，就是沒有明確的答案，而任由人去想像或猜測。

老師問學生：功課做了沒？如果學生回答：在有與沒有之間，肯定會被責備。老闆問員工：工作做了沒？如果員工回答：在有與沒有之間，肯定會被解僱。老婆問老公：有沒有外遇？如果老公回答：在有與沒有之間，肯定會被離婚。法官問罪犯：有沒有殺人？如果罪犯回答：在有與沒有之間，肯定會被判重刑。議員問官員：有沒有調查結果？如果官員回答：在有與沒有之間，肯定會被撤換。

能是肯定；不能是否定。能與不能是絕對的事實，只有一個明確的答案。

在能與不能之間是機率的衡量，有 0, 0.1, 0.2, ……到 1 的 11 個不明確的答案。

你可以說能或不能，表示肯定或否定；你可以說 0, 0.1, 0.2, ……或 1，表示機率有多高。

如果你說在能與不能之間，就是沒有明確的答案，而任由人去想像或猜測。

女友問男友：能不能跟她結婚？如果男友回答：在能與不能之間，肯定會被分手。買房者問建商：能不能蓋好房子？如果建商回答：在能與不能之間，肯定無人購買。官員問包商：能不能如期完工？如果包商回答：在能與不能之間，肯定會被終止合約。選民問候選人：能不能兌現政見或承諾？如果候選人回答：在能與不能之間，肯定會落選。戰場指揮官問士兵：能不能完成任務？如果士兵回答：在能與不能之間，肯定會被槍斃。

如果一個人可以接受「在有與沒有之間」或「在能與不能之間」，不是天才就是傻子。如果一個社會可以接受「在有與沒有之間」或「在能與不能之間」，不是麻痺就是瘋了。

如果你要人相信，就必須給人明確的答案。如果你不給人明確的答案，就別期待人會相信你。如果你會相信不明確的答案，就是自甘受騙的人！

09　雞與鳳

2019/8/30

生為雞；生為鳳，都是神意，不是鳥意。

神要雞是雞，要鳳是鳳。兩者一樣可愛，同等重要。

是人要雞供人食用；要鳳供人觀賞。

雞不會自認低賤；鳳不會自覺高貴。雞不會取悅鳳；鳳不會歧視雞。

雞犧牲生命幫助人，卻無人感謝；鳳隨意展翅耍威風，卻人人稱讚。

雞是雪中送炭；鳳是錦上添花。沒有雞生活會難過；沒有鳳生活能照過。

是人的眼睛出現差錯，還是人的心靈產生邪惡，才把雞當低賤，才把鳳當高貴。

你若喜歡雞，不必討厭鳳；你若喜歡鳳，不必討厭雞。你若喜歡吃雞肉，不必說鳳凰難看；你若喜歡看鳳凰，不必說雞肉難吃。

若把平民比喻雞，把總統比喻鳳，兩者角色不同，價值相等。

你若把雞當低賤，把鳳當高貴；把總統當高貴，把平民當低賤，就是無知的草包。

生為男人；生為女人，都是神意，不是人意。

男人與女人各具特色，同等重要，一律平等。

男人與女人是互補關係，不是獨立關係，也不是替代關係。

你若喜歡男人，不必討厭女人；你若喜歡女人，不必討厭男人。

你若是把男人當高貴；把女人當低賤，或是把男人當低賤；把女人當高貴，就是無知的草包。

10　義賊

2021/11/10

所謂義賊就是有正義的盜賊。大多數的人都認為，雖然竊盜是不正義，但是，若竊取不正義者的財物，就是正義，就是義賊。此外，先做竊取別人財物的壞事，再做提供別人財物的善事，也被稱為義賊。

義賊是一個充滿矛盾和謬誤的名詞。第一,雖然不正義者的財物是取之不義,但是,竊取不正義者的財物也是不正義。不管竊取的財物是正義之財或是不義之財,都是不正義。不管殺的人是好人還是壞人,殺人就是不正義。

第二,先做壞事,再做好事,就是不正義。尤其是拿做壞事取得的財物,去救濟別人或是幫助別人,就是不正義。有些人右手做壞事,左手做好事;右手竊取富人的財物,左手提供窮人財物,就是不正義。

義賊就是盜賊,就是不正義。劫富濟貧就是竊盜,就是不正義。天下只有不義的盜賊,沒有正義的盜賊。廖添丁是道地的盜賊,不是義賊。我們不能因盜賊做了好事或善事,就說他是好人或善人。我們必須檢視做好事或做善事的財源是否符合正義。

在我們的社會裏,有些人做盡壞事或惡事,偶爾做了一件或幾件好事或善事,人們就認為他們是好人或善人,不覺得他們是壞人或惡人。尤其是人們直接受惠或受助於盜賊時,更會肯定他們的好或善。即便有人公開他們的壞事惡行,人們也會以義賊之名,將他們的壞事惡行合理化。

一般人所稱的義賊有三種:第一是將盜取的財物加碼行善的人;第二是將盜取的財物全數行善的人;第三是將盜取的財物部分行善的人。第一顆和第二顆的人雖說不義,仍有一點良心。第三類的人則是道地不正義的人。有一種人對別人做好事或善事,卻強迫別人必須回饋,或是聽從指示。還有一種人則是利用權勢,強迫第三者提供財物給自己指定的人,作為自己的善行。這兩種人都是邪惡的盜賊。

如果用政治權勢去影響司法,就是違反政治正義;如果用法律漏洞去獲取金錢利益,就是違反經濟正義;如果用幫派暴力去恐嚇或威脅人,就是違反社群正義。如果這三種正義都違反,就是天地不容的不正義。

有一種人會利用宗教組織去獲取政治，經濟和社會的利益。他們把宗教視為幫派；把信眾當成成員；把捐款作為私人財產。此外，還會利用宗教，推銷商品，賺取暴利。這種人比偽義賊更邪惡，更令人不齒。

還有一種人會用黑金綁架當地社區，操控選區選民，達成政治目的。他會利用政治的特權和宗教的支助，帶給居民或選民好處，收買人心，鞏固地盤。他們標榜有情有義；努力深耕；為民服務，其實，是包藏禍心，充滿私心和野心。

行惡是秘密的；行善是公開的。一般人只能看到行善的事，看不到行惡的事；只在意自己的利益，不在乎別人的損失；只會報恩，不會抗惡。因此，邪惡之人往往受到鼓舞與支持，不會受到反對或制裁。

吾愛恩人，吾更愛正義。如果恩人是一個不義之人或是邪惡之徒，就應該拒絕他的善，制裁他的惡。如果錯將邪惡當善良；把惡人當善人；把偽善當正義；把盜賊當義賊，那麼，惡賊將會更加猖獗；更加狂妄。邪惡止於智者。只有智者懂得正義；只有智者能夠遏止邪惡。請不要再相信，世間有義賊；請不要支持邪惡的盜賊。請守護正義；請抗拒邪惡。

11 貪利容暴

2021/11/23

貪取不當之財是不道德；縱容黑幫暴力是不正義。貪利容暴就是邪惡；貪利容暴的人就是邪惡的人；貪利容暴的社會就是邪惡的社會。

若說台灣最美的是人情味，那麼，台灣最醜的就是貪利容暴。在我們的社會裏，存在著太多貪利容暴的事例。多少人因貪利而傷害了自己

和別人；多少人因容暴而傷害了別人和社會。我們正處在一個不安而恐懼社會裏。

台灣人愛貪小便宜。買東西時要殺價；結婚、生日、生孩子、過年、告別式時要紅白包；借錢不還錢；撿到錢佔為己有；選舉時會在選前或選後買票或是交換利益。至於詐騙事件則是層出不窮，幾乎每天都有人受害。尤有甚者，政府竟然帶頭賭博，還用盈餘充當社會福利經費。

台灣人貪生怕死，對事不關己的暴力行為，充耳不聞。台灣每一天都有暴力事件發生，受害者從輕傷、重傷到死亡都有。加害者從單獨犯案到集體犯案都有。此外，黑幫充斥，暴力橫行。尤其在鄉下地區，更是黑道治理。黑道一方面給予金錢利益；另一方面則施以暴力威脅。黑道更以這種手法控制選票，獲得政治權力，再以政治權勢獲取經濟利益。

台灣人因貪利而容暴。明知對方是邪惡之人，卻收受其經濟利益，支持其邪惡行為。社會對於貪利和暴力的行為，不會強烈譴責，也不會給予嚴厲的社會制裁。政府對於不當得利和黑道暴力的行為，取締不力，處罰不重。甚至有白黑掛鉤，魚肉鄉民，取利政府的事件。

台灣人的貪利容暴，在國家認同上展露無遺。有許多在中國經營事業的人或是收受中國經濟利益的人，為了自己的私利而不認同自己的國家，甚至破壞自己的社會。有許多人因害怕中國對台動武，而主張屈服投降，支持中國統一台灣。

一般的台灣人有兩個特質：第一是只顧自己的私利，不顧社會的公益；第二是貪生怕死，沒有骨氣。即將舉行的四大公投就凸顯了台灣人只顧自己，不顧社會的特質。要核電，不要核廢料；要進國際組織，不要進口外國食品；要有天然氣，不要破壞藻礁；要有公正的大選，卻要用公投亂大選。

一般的台灣人缺乏社會正義的思想，即便有這種思想，也會屈服於壓力，暴力或武力之下。明知犯法，卻在人情壓力下，幫助別人犯法；明知候選人是黑道，卻在暴力威脅下，支持黑道當選；明知中國是獨裁，卻在武力威嚇下，毀滅台灣的民主。

一般的台灣人都缺乏反省的能力，凡事都是自己的對，不會承認自己的錯；凡事都是別人的錯，不會認同別人的對。自己明明是沒有思想或是沒有能力，卻不承認自己沒有思想，也不承認自己沒有能力。自己明明是貪利容暴，卻收受賄選和支持暴力。自己明明是中國代理人，卻口口聲聲愛台灣。

人因有思想而有勇氣；因有勇氣而能抗拒貪利與暴力。在利益的誘惑之前；在暴力的威脅之下，是否能夠拒貪抗暴，就證明自己是否是一個有思想的人。我們無法從法制上或執法上，去改變國人貪利容暴的國民性。我們只能從思想教育上，去培養個人道德與社會正義的思想。只要國人有強烈的道德感和堅定的正義感，自然可以化解貪利容暴的現象。

_12_　教育與教師

2022/2/2

幼兒教育在教導人如何學習；初等教育在教導人如何做人：中等教育在教導人如何做事；高等教育在教導人如何思考：成人教育在教導人如何領悟人生。

學校教育是在教導學生必備的知識與思考的邏輯。課本的知識是用來理解的；教師的解釋是用來思考的；學生的學習是用來創造的。考試成績是用來測驗學生的思考能力，不用來測驗學生的記憶能力。教師

是用來教人的，不是用來管人的；學生是用來受教的，不是用來被管的。教師的成就是在培養有思想的學生，不是在造就能成功的學生。

懂得原理，就知道如何實踐。教育學生懂得知識的原理，學生就知道如何運用知識。教育學生懂得金錢的原理，學生就知道如何運用金錢。教育學生懂得人生的原理，學生就知道如何追求幸福。

沒有思想就不懂原理；不懂原理就會無法教人。教師如果沒有思想，就是失格的教師。失敗的教育是失格的教師造成的，不是學校造成的，也不是家長造成的。教師必對學校教育的成敗負完全責任。

我們常常聽到學校教師抱怨：現在的老師不好當；現在的學生不好教；現在的家長不好惹。可是，卻很少學校教師會檢測自己是否有思想；是否懂原理；是否能教導？

依我看來，大部分學校教師都缺乏思想，只懂得知識與技術；只會教導學生知識與技術。尤其是在升學主義掛帥的教育體制下，大多數的教師都只著力於知識與技術的教導，鮮少能著重思想原理的教導。

試問有多少教師懂得生命與人生；試問有多少教師懂得快樂與幸福；試問有多少教師懂得愛情與婚姻；試問有多少教師懂得道德與正義；試問有多少教師懂得自由與民主；試問有多少教師懂得公平與平等？

從幼兒教育到成人教育是一貫的。從幼教老師到大學教授是一體的。幼兒教育是教育的基礎；幼教老師是幼兒教育的主導者。如果沒有良好的幼教老師就沒有良好的幼兒教育；如果沒有良好的幼兒教育，就沒有良好的初等教育。如果沒有良好的初等教育，就沒有良好的中等教育。如果沒有良好的中等教育，就沒有良好的高等教育。如果沒有良好的高等教育，就沒有良好的成人教育。

任何學校教師都要負起教育成敗的責任。真正的好教師，除了會充實自己的知識和技術外，也會充實自己的思索與思想。好教師會用思想詮譯知識和技術；用愛心和耐心教導學生。好教師不會抱怨學生太難教；家長太難纏；學校太難搞。

理論上，能教好自己孩子的人，就能教好自己的學生；能教好自己學生的人，就能教好自己的孩子。如果能教好自己的孩子，卻不能教好自己的學生，就不是好教師。如果能教好自己的學生，卻不能教好自己喜歡孩子，就不是好父母。如果不能教好自己的孩子，也不能教好自己的學，就是失敗的父母和失格的教師。

是自己喜歡教育這個工作；是自己選擇教育這條道路，就應該盡心盡力扮演好教師的角色；全心全力做好教學的工作。當你開始抱怨教育體制或學生素質的時候，你就不適合教育這個行業；你就失去教師這個資格；你就必須離開教育這個工作。你不能一邊抱怨，一邊賴著不走。這樣只會害了學生，也傷了自己。

教育的失敗，不是教育政策或是教育制度的問題，而是失格教師的氾濫。就好像司法的失敗，不是法律條文或是司法制度的問題，而是失格法官的氾濫。如果大多數的學校教師都缺乏思想，就無法期待會有良好的教育成果。請學校的教師們捫心自問：自己是否有思想；自己是否適任；自己是否是一個好教師？

13　我對幼兒教育的幾點看法

2020/8/20

幼教品質除了設施設備與教育方式之外，最重要的是教師的品質。

幼教制度分三種：公幼，準公幼與私幼。公幼依政府規定辦理；準公幼由政府與經營者共同協商辦理；私幼由經營者自行辦理。

公幼免收費，招收貧窮人。準公幼一般收費，招收一般人。私幼高收費，招收有錢人。

私幼收費標準與教師薪資應由業者自訂，政府不宜干涉。

公幼和準公幼的園長必須專業化，不可兼任教師。私幼的園長則由業者自主決定。

解決幼教人力不足的方法不是要園長兼任教師或保育員，而是要提高教師或保育員的專業品質與薪資水準。重賞之下必有勇夫，高薪之下必有高手。

目前幼教的問題只有兩個：第一是政府干預太多；第二是幼教教師品質太差。

私幼制度必須自由化；幼教教師必須專業化；教師薪資必須高薪化。

如果幼教教師沒有思想，只懂得照顧，如何成為一個好教師呢？請幼教教師們好好思考，自己是否有思想，是否好教師？

弱者要求別人；強者要求自己。幼教教師們，當你們在要求政府之前，是否曾經要求過自己？

14 幼教教師的薪資

2020/12/29

高薪資不一定有高品質。提高勞動報酬，不一定能提高勞動生產力。

你是接受這個薪資，才接受這個工作。你若不接受這個薪資，就不會接受這個工作。如果你抱怨薪資低，就應該辭去這個工作。

優秀的人材就是會努力工作的人，不是要加薪才會努力工作的人。要加薪才會努力的人，就不是一個優秀的人材。

幼教教師的薪資低是事實，但是，優秀的教師不會因為薪資低，而不努力教學。你若要加薪，才要努力教學，就不是一個好教師。

如果要調高幼教師的薪資，就必須同時調高中教師和高教教師的薪資，否則，就會產生被減薪的相對剝奪感。

勞動報酬是依勞動生產力決定的。你有多少生產力，就會有多少勞動報酬，否則，就會跳槽或被挖角。

沒有一個工作非你不可，也沒有人會強迫你非做某一個工作不可。如果你抱怨薪水低，大可離職不幹，自然會有人替代你。

教育是良心的工作，也是因為喜歡才去從事的工作。在進入教育界之前，你已經明知這個行業的工作內容與薪資水準。你喜歡這個工作；你接受這個薪資，所以心甘情願的投入。

不努力教學，整天抱怨薪水低，工作煩，孩子難管教，家長太囉嗦的教師一定不是一個好教師。

幼教學者在替幼教教師爭取高薪之前，還是要先反省幼教的專業知識和教師的教學品質。你必須用專業知識和教學品質去爭取高薪；你不能用工作辛勞和薪水偏低去博取同情。

15　尊師與重道

2020/3/7

教師 (teacher) 是教授專業知識或技術的人 (aperson who teaches orinstructs)。導師 (adviser) 是在專業技能或私人事務上提供建言的人 (a person who offers advice in professional capacity or personal matters) 良　師

(mentor) 是有智慧且值得信賴的教師或導師 (a wise and trusted teacher or adviser)。教師和導師都在教人如何想以及如何做 (how to think and how to do) 良師是在教人應該怎麼想以及應該怎麼做 (what ought to think and what ought to do)。

良師不僅要有卓越的專業知識,也要有高深的品德思想。良師必須具備受人尊重的知能和受人尊敬的品德。只有知識沒有思想或是只有思想沒有知識,都不是良師。有成就的教師不一定是良師;無成就的教師絕對不是良師。

尊師是尊敬良師的人;重道是尊重良師的道;尊師重道是尊敬良師和尊重良師的道。尊師重道不僅要尊敬其師,也要尊重其道;不僅要尊重其道,也要尊敬其師。你不能只尊重其道,不尊敬其師。

尊師重道是個人發自內心的敬愛,與教育原理或社會規範無關。尊師重道是用行動表達,不是用口頭訴說。強迫性的尊師重道是表面的虛假;口頭的尊師重道是偽裝的奉承。強迫人尊師重道和把尊師重道掛在嘴邊的人,鮮少有尊師重道的心。

有人說,尊師與重道是兩件不同的事。你可以尊重他的道,不必尊敬他的人;你也可以尊敬他的人,不必尊重他的道。有人說:一個不道德(如陷害忠良)的優秀科學家可以被原諒,也可以被接受。是的,你可以重道,也可以尊師,但是,你不能說:因為重其道,所以尊其師。你也不能說:一個有成就的教師一定值得被尊敬。

知力,財力,權力、名氣或成就,可與人格,道德,正義或思想切割,也可以不切割。有人有豐富的知識,卻沒有高尚的品德;有人有高尚的品德,卻沒有豐富的知識。如果我們只重視成就,忽視人格;如果我們只尊重其道,不尊敬其人,那麼,這個世界將會變成什麼模樣?

國人都有「一日為師 ,終身為父」的傳統觀念,將對教師的恩情視同對父親的恩情。其實,這是古時候的社會經濟環境所造成。那個時代,

若要當官，就要靠教師教導和提拔；若要謀生，就要靠師傅的訓練和栽培。教師或師傅也會傾力照顧自己的學生或學徒，所以師生關係或師徒關係十分緊密，尊師重道就成為社會潮流。

現代的教師有些是良師；有些是劣師，而大部分則是教師。教師已經成為一種販售專業知識和技術的商人；專業知識和技術已經成為一種販售的商品。師生之間只在現場成交，不准退貨，也不必售後服務。

現代的師生關係只在授課時產生，不授課就沒有師生關係。學生畢業之後，有些人會經常與教師聯絡；有些人會偶爾與教師聯絡；大多數人則不會與教師聯絡。可是，一般人還會把尊師重道掛在嘴邊，一幅感念師恩的模樣。其實，這只是表面之詞，心中根本沒有師情的存在。

有些教師也會有「一日為師，終身為父」的觀念，把指導過的學生，當成永遠的學生，要他們尊師重道，聽其教訓。殊不知學生只是當面奉承，耍弄嘴皮子而已。有一天，教師發覺被騙了，才知道原來尊師重道都是假。

尊師是尊敬師的人；重道是尊重師的道。你可以尊師也重道；你可以尊師不重道；你可以重道不尊師；你可以不尊師也不重道。由於知識技術的道較能理解，而人格思想較難理解，所以重道要比尊師容易；尊師比重道困難。

世上不是沒有良師，只是太少教師能夠懂得專業的知識技術，又具有高尚的品德思想。世上不是沒有尊師重道的學生，只是太少學生真能了悟良師的道；真能懂得良師的人。尊師重道若是一個名詞，就要尊師也要重道；要重道也要尊師，尊師重道必須是同一件事。

16　尊師重道與偶像崇拜

2019/4/24

所謂尊敬 (esteem) 是對高等級者的敬愛 (to regard as of high order)。所謂尊重 (respect) 是對專業知識的順從 (to treat with deference)。所謂崇拜 (worship) 是對神，偶像或不可侵犯者的敬愛與虔誠 (the reverent love and allegiance accorded a deity, idol, or sacred object)。

尊師重道與偶像崇拜在本質上是相似的。我們因良師的專業值得信賴而尊敬其師；因神的道理值得信仰而崇拜其神。如果師道不值得信賴，就不會尊敬他；如果神道不值得信仰，就不會崇拜祂。不是每一個教師或導師的專業都值得信賴，也不是每一個神的道理都值得信仰，所以不是每一個教師或導師都值得尊敬，也不是每一個神都值得崇拜。但是，良師之道必能被尊重，良師之人必能被尊敬；良神之道必能被信仰，良神之主必能被崇拜。

我們是因尊重師之道，才尊敬師之人；因信仰神之道，才崇拜神之主。我們是重道尊師，不是尊師重道；是重道敬神，不是敬神重道。如果不尊重師之道，就不會尊敬師之人；如果不信仰神之道，就不會崇拜神之主。

古今中外均以尊師做為教育的基礎，以敬神做為宗教的依據。先尊師再重道；先敬神再信道。依此傳統觀念，教師或導師的專業不管是否值得信賴，都必須被尊敬；神的道理不管是否值得信仰，都必須被崇拜。如果不尊師或不拜神，就是社會規範的背叛。因此，我們可以不重道，不可以不尊師；可以不信道，不可以不拜神。我們可以一面尊敬師之人，一面反對師之道；可以一面崇拜神之主，一面違反神之道。所謂重道不尊師的論說，就是要我們重道

不必尊師，只要師的專業值得尊重，就不必在乎師的人格是否值得尊敬。例如，一個有卓越成就的科學家，即使不道德也不正義，也可以被接受。同樣地，我們可以信仰神道，不必崇拜神。

尊師重道一元論有兩種論法：第一是先尊師再重道；第二是先重道再尊師。尊師重道二元論也有兩種論法：第一是尊師不重道；第二是重道不尊師。本文認為，良師才有資格被尊師重道，也就是既可被尊敬，也可被尊重。良師必須是人道合一，尊師重道必須合為一體。

我們口口聲聲要尊師重道，但是，有多少人懂得良師的思想，人格，道理與專業？目前，社會上充滿偶像崇拜的風潮。有人崇拜媽祖；有人崇拜韓流；有人崇拜辣臺妹。但是，有多少人懂得媽祖的精神？有多少人懂得韓流的意義？有多少人懂得辣臺妹的思想？如果我們只是不知所以然的尊師重道，良師不會羞愧嗎？如果我們只是不知所以然的崇拜偶像，偶像不是會憤怒嗎？

你是否曾經因愛一個人的思想而愛他的人？你是否曾經因愛一個人而愛他的思想？你是否曾經愛一個人但不愛他的思想？你是否曾經愛一個人的思想但不愛他的人？如果你懂得尊師重道和偶像崇拜的道理，當你在愛上一個人之前，就會先愛他的思想。如果不愛他的思想，就不會愛他的人。

你可以尊師重道；你可以崇拜偶像；你可以愛一個人。但是，你必須知道為什麼尊敬他；為什麼崇拜他；為什麼愛他。你不能尊敬老師，卻不認同老師的專業；你不能崇拜上帝，卻不認同上帝的道理；你不能愛上一個人，卻不認同他的思想。如果你不認同老師的專業，就別說你尊敬他；如果你不認同上帝的道理，就別說你崇拜祂；如果你不認同愛人的思想，就別說你愛他。

17 母語與英語

2021/5/29

母語是部落的語言；國語是國家的語言；英語是國際的語言。

生活在部落，要懂得母語；生活在社會，要懂得國語；生活在世界，要懂得英語。

在我們的社會裏，懂得母語，不會有助學習；不會有助溝通；不會有助購物；不會有助生活。不懂母語，不會影響學習；不會影響溝通；不會影響購物；不會影響生活。

在我們的社會裏，絕大多數的人都懂得國語；有很多人都懂得母語；有不少人都懂得英語。我們都用這三種語言生活，沒有障礙，也沒有不方便。

懂得母語不一定有族群認同；懂得國語不一定有國家認同；懂得英語不一定有世界認同。不懂母語不一定沒有族群認同；不懂國語不一定沒有國家認同；不懂英文不一定沒有世界認同。

有人主張要獎勵母語；要學生學習母語；要學生說母語。這種主張到底是什麼目的？到底有什麼效益？

母語是要自己學習，不是要由政府獎勵。如果生活有需要，就會主動學母語；如果生活沒需要，被動學母語也沒有用。

這是一個全球化的時代。英語是最主要的國際語言。人人都應該學習英語；人人都必須懂得英語。

政府應該把公共資源用在有用的事情上，不要用在無用的事情上。政府應該加強英語的教育，不應該浪費公共資源在母語的教育上。

如果我們要與文明世界接軌，就必須學習國際共通的語言與普世共同的價值。我們不能走回原始的道路；我們不必學習原始的母語。

18　冠狀病毒的考驗

2020/4/10

地球上自有生物以來，就有病毒的存在。有些生物有強烈的病毒；有些生物有微弱的病毒；有些生物可以抵擋病毒；有些生物無法抗拒病毒。自然的均衡力量讓有毒無毒的生物相互調和，彼此共生。

是人類破壞了自然的均衡。是人類挑戰了病毒，病毒才會入侵人類。是人類招惹了毒蛇，毒蛇才會噴射毒液。是人類食用了帶毒的動物，病毒才會傳染人類。是人類製造了病毒，病毒才會擴散世界。

人與自然之間的均衡一旦被破壞，自然的災害和病毒的禍害就會降臨。人與人之間的均衡一旦被破壞，對立和衝突就會產生。國與國之間的均衡一旦被破壞，各種戰爭就會爆發。

每隔一段期間，災害，瘟疫和戰爭就會發生，因為自然的均衡之理不被重視，反被破壞。如果人類再不反省這個道理；如果人類繼續破壞自然的均衡，災害永遠不會止息；瘟疫永遠不會消滅；戰爭永遠無法避免。

這次的冠狀病毒再度考驗人類的良知與智慧，要人類重新調整人與自然的關係，人與自己的關係，人與人的關係，城與城的關係以及國與國的關係。人類必須深思，到底要維持自然的均衡，還是要製造人為的失衡。

冠狀病毒正在考驗善良與邪惡的選擇。我們是要選擇誠實還是隱匿自己的病情？我們是要選擇自我隔離還是到處趴趴走？我們是否會利用疫情剝削經濟的利益？我們是否會藉著疫情製造社會的對立？

冠狀病毒正在考驗人與人之間的信賴關係。我們是否會冷漠對待被隔離的人？我們是否會歧視或仇視確診的人？我們是否會強制健康的人要彼此隔離？我們是否會拒絕與康復的人繼續做朋友？

冠狀病毒正在考驗城與城之間的和諧關係。我們的城市是否禁止本市居民走上自己的街頭？我們的城市是否禁止本市居民離開自己的城市？我們的城市是否禁止他市居民進入我們的城市？我們的居民和外市的居民是否相互排斥，相互仇視，相互衝突？

冠狀病毒正在考驗國與國之間的交流關係。我們的國家是否封鎖了國境，不讓本國人出境，也不讓外國人入境？別的國家是否封鎖了國境，不讓自己的國人出境，也不讓外國的人入境？國家與國家之間是否相互指責病毒來源與責任歸屬？國家與國家之間是否引發政治口水戰，彼此相傷害？

當一切都失衡時，邪惡將取代善良；人與人之間將不再和諧；城與城之間將不再和睦；國與國之間將不再和平。人們將不再勤勞；經濟將不再繁榮；國際貿易將日趨萎縮；國際關係將日益緊張。值此全球抗疫之時，重新思考自然的均衡之理；重新調整人類的生活模式，應是值得關注的課題。

19　病毒與疫情

2021/9/5

凡事都有因果關係。有因才有果；有果必有因。凡事都要知道原因，才能解決結果的問題。若無法知道原因，就只能以頭痛醫頭；腳痛醫腳的方式，解決部分的問題，也難以防止類似結果的重復發生。

病毒是因；染疫和死亡是果。要知道病毒的起源，才能知道病毒的成因，才能研發有效的疫苗；才能阻止疫情的蔓延；才能防止疫情的再發生。若不知道病毒的起源，就無法知道病毒的真正成因，就無法研發有效的疫苗；就無法解決疫情的問題。

目前，由於無法追查 covid-19 病毒的起源，無法得知病毒的成因，只能研發對抗病毒的疫苗，而且只能用嘗試錯誤的方式，進行人體的試驗。由一劑、二劑、三劑到 N 劑；由 AZ、BNT、Moderna，到高端等。由於沒有一種疫苗可以真正防止 covid-19 病毒，所以只能用多劑量的疫苗去對抗。但是，人體注入太多疫苗，勢必產生負面效應，對人類的健康造成嚴重的傷害。

不管是病毒或是疫苗，對人體都會有傷害。尤其是用以毒攻毒的方法，試圖戰勝病毒的疫苗，對人體的傷害更大。在人體內，病毒與疫苗的戰爭雖有勝負，對人體都會造成嚴重的損傷。疫苗不是營養品，而是抗毒品；打疫苗不是讓人不染疫，只是減低死亡的機率。

病毒所造成的傷害，不僅是染疫和死亡的人數，也包括對健康的人和施打疫苗者的傷害以及對經濟和社會的影響。目前，全球約有二億人染疫；約有 450 萬人死亡；疫苗的寡佔與爭奪；施打疫苗順序的爭議；藉疫情進行的政治鬥爭；世界經濟的巨大損失；個人生活的不便以及人際關係的惡化等都是疫情對人類的傷害。

對人類造成如此重大傷害的病毒，竟然無法追查起源，是對文明的諷刺，也是對政治的無奈。追究病毒起源是政治力量的角力，不是國際正義的展現。在武力與利益掛帥的當今世界，國際上已經無法追究問題的真相，也無法追究病毒的起源。

由於無法得知病毒的起源，也無法追究病毒的製造者，人類只能靠自己的力量抵抗疫病；個人只能自我防護，做好防疫措施；國家只能研發國產疫苗或是進口外國疫苗，也要採行有效的預防和隔離措施，更要充實醫療的設施與設備。總之，面對疫情的挑戰，個人和國家都必須扛起自己應負的責任。

在無法追查病毒起源的情況下，我們只能將 covid-19 的疫情解釋成自然的現象或是自然的災害。在無人可以負責的前提下，任何人都無法怪罪別的人；任何國家都無法譴責別的國家。個人只能盡力做好個人的防護措施；國家只能做好國家的防疫對策。

防疫不夠完善；疫苗不夠施打；疫苗不夠有效，醫療設施，設備和人員不夠充實都是全世界普遍存在的現象，不是單一國家的問題。在全世界都在努力抗疫之際，政治人物實在不應該火上加油或提油救火，把疫情當成政治鬥爭的工具或是顛覆政府的手段。

任何病毒都有起源，covid-19 的病毒也不例外。病毒的起源不外來自自然、動物或人類。如果病毒不是來自自然或動物，肯定就是來自人類。如果病毒來自人類，必定就是有人隱瞞。如果有人隱瞞病毒，就必須追究其責任。如果人類還有良知;國際還有正義，就要以舉世之力，繼續追查 covid-19 病毒的起源與真相，否則，這一波的疫情過去了，還有另一波更兇猛疫情將會出現。

20　成熟社會的抗疫作戰

2020/2/26

人具有感性與理性的本質。所謂感性就是直接的知覺反應。所謂理性就是間接的邏輯思考。人生而感性，隨後的教化而漸趨理性。當理性超越感性時，就是成熟的人。

社會若由多數理性的人構成，就會形成理性的社會。社會若由多數感性的人構成，就會形成感性的社會。當社會理性超越社會感性時，就是成熟的社會。

成熟的人懂得維護自己的健康；懂得追求合理的財富；懂得提升精神的生活。成熟的人會充實知能，保護自己，追求幸福。成熟的社會會有公開透明的社會資訊；會有公平合理的自由市場；會有平等連帶的社群關係；會有保障人權的民主政治。成熟社會的國民會信賴政府，貢獻社會，並以國家為榮。

當疫情發生時，國民有三種狀況：第一是感染且確診的人；第二是接觸過感染者的人；第三是未接觸過感染者的人。成熟的人若得知自己感染，就會到醫院接受治療；若得知自己接觸感染者，就會自主隔離，接受檢控；若未接觸感染者，就會如常工作，正常活動。成熟的人會冷靜面對疫情，不會害怕，不會恐慌，不會自己嚇自己。

當疫情發生時，政府有三種措施：第一是成立疫情指揮中心，統一指揮命令，調度醫療資源；第二是增設增產醫療的設施設備與器材用品；第三是研發有效的抗毒疫苗和防毒藥品。成熟的政府會公開疫情資訊，充實醫療資源，積極對抗病毒，不會封鎖資訊，不會封家，不會封院，不會封城。

如果確診者都能得到良好的收容與治療；如果接觸者都能得到妥善的隔離與檢控；如果防疫用品和抗疫藥品都能得到足夠的供應；如果疫情資訊都能正確掌握與公佈；如果政府已全力抗疫，企業也盡力配合；如果檢調單位都能有效遏止違規者，犯法者和造謠者，那麼，我們有什麼理由恐慌？有什麼理由搶購？有什麼理由抱怨政府？有什麼理由噴發口水戰？

如果你會隱匿自己的病情，不去醫院醫治；如果你該隔離卻到處趴趴走；如果你身體不舒服卻不戴口罩外出；如果你會囤積過多口罩；如果你會搶購衛生紙或其他商品；如果你會哄抬物價大發災難財，那麼，你就是不成熟的人，甚至是邪惡的人。

如果社會有人藉疫情大打政治牌：用不實資訊造謠生事；用口罩不足攻擊政府；用媽祖遶境製造不安；用社區感染阻止罷韓；用人道人權資助敵人；用包機問題進行統戰；如果社會允許這些政治陰謀，那麼，這個社會就是不成熟的社會，甚至是邪惡的社會。

每一個國家的國民和政府對疫情都有不同的重視程度，因應態度與抗疫對策。我們不能以自己的觀念去批評他國的抗疫措施；我們不能對他國的抗疫措施說三道四；我們不能滅他人的志氣長自己的威風；我

們不能對他國的疫情幸災樂禍。我們必須關注自己的疫情，提供抗疫的策略，克服病毒的挑戰。

冠狀病毒雖然可怕，不是不能消滅。身體抗力雖然脆弱，不是無法致勝。只要國人有衛生保健的良好習慣，社會有優質的醫療水準和醫療資源，我們就可以戰勝病毒。做為一個理性的國民和成熟的社會，在面對疫情惡化之際，我們必須上下一心，共同抗疫，不能因敵人的強大而棄械投降，也不可因私人的利益或野心而自毀戰力。病毒是對人類是一種試探，也是一種挑戰。它在試探人類的智慧的上限，也在挑戰人類良知的底線。藉著這次的抗疫戰爭，重新思考自己的道德良知與社會的正義規範，應是知識份子必須思考的課題。

21　做好自己，維護社會體制：抗疫戰爭的省思

2020/4/13

相信人人都想把這個地球塑造成一個美麗的樂園；人人都能在這個美麗的樂園中享受幸福的生活。在這個樂園裡，每一個人都能依照自己的意志生活；人與人之間都有感情的連帶；市場的經濟活動都能自然均衡，沒有剝削；國家政治都能由人民做主；國際關係和諧，國際秩序穩定，整個地球就是四海一家的共同體社會。

這一次的冠狀病毒不僅傷害了人類的健康與生命，也破壞了社會的體制與國際的秩序，使人類締造世界樂園的美夢難以實現。許多國家在這次的抗疫戰爭中，侵犯，監控和限制國民的行動與生活；強制隔離人與人之間的情感連帶；限制或禁止自由的經濟活動；強力支配與掌控國民的意志，威脅民主的政治體制；執行鎖國政策，斷絕國際交流。

每一個有尊嚴的國民都具有衛生保健的知識；都能保護自己的健康；都能做自己身體的主人。當疫病發生時，他們懂得如何自我隔離；懂得如何請求醫治。他們不需要國家教他們如何戴口罩；如何勤洗手；如何接受檢疫。但是，許多國家在這次的抗疫戰爭中，卻剝奪了國民做自己的權利和保護自己的義務。許多國家的國民都必須遵從政府的指示行動，而且必須接受監控；否則，就會被譴責，被罰款，被逮捕。他們完全喪失了人的尊嚴；他們無法做好自己。

人類的生活因有社群的情感連帶而豐富，和快樂。作為一個健康的國民，他有權利可與親朋好友相聚聯誼；他有自由可以互相拜訪或交流。但是，有許多國家卻以抗疫戰爭為由，將絕大多數健康的人強制隔離，要他們不要外出；要他們保持距離；要他們不要聚會聚餐；要他們不要與外界交流。當親人過世了，也不能見最後一面；不能舉行喪禮；不能即時領取骨灰。國家的魔掌伸入了每一個家庭，每一個社群，每一個地域。人與人之間開始相互猜疑，相互仇視，相互衝突。國民完全喪失了社群的情感連帶。

市場經濟體制讓人人都能自由進出各種市場(勞動市場，商品市場，資本市場與貨幣市場)；人人都能從事經濟活動；人人都能進行公平交易；人人都能獲得合理分配。市場經濟使人類可以充分發揮潛能，追求幸福生活。但是，在這次的抗疫戰爭中，許多勞動者卻被限制外出工作；許多經營者被強制歇業；許多消費者被限制購買數量；許多遊客被禁止旅遊。國民的生產力和消費力因而遽減；經濟成長率因而下降；世界經濟因而蕭條。

民主政治是人類歷經長期的奮鬥才建立的政治體制。國家是由人民當家作主；政府受人民監督；是人民命令政府應該怎麼做，不是政府命令人民應該怎麼做。但是，有些國家卻藉著抗疫戰爭破壞民主政治，用封城封省的方式，強制人民順從政府的意志與命令；用軍隊警察控制人民的行動；用司法迫害揭發真相的人。這些國家利用疫情加強獨裁統治，破壞民主體制。

地球村是一個人人皆自由，國國皆平等的共同體社會。本國與外國彼此幫助，一起成長。外國人的健康會幫助本國人健康；外國的繁榮也會帶動本國的繁榮。但是，有些國家卻在這次的抗疫戰爭中，採取本國優先的政策，封閉國境，禁止國際交流，拒絕國際合作。國與國之間相互指責；相互貶損；相互攻擊。有些國家甚至把抗疫戰爭作為奪取經濟利益，實現政治野心的手段。國際關係因而緊張；國際秩序因而崩壞。

國家必須重視健康教育。政府必須培育國民衛生保健與防毒抗疫的知識與技能，讓國民落實在日常的生活中；讓人人都能保護自己的健康，抵擋病毒的入侵。人類隨時隨地都有可能遭受病毒的攻擊，必須時時刻刻做好預防和準備。一旦疫病發生，就能從容應付，不會恐慌。在這次的抗疫戰爭中，重視衛生保健和健康維護的國家就有較好的抗疫成果。

國家必須重視生命產業。凡與人類生命有關的科技與產業都必須加以獎勵與扶植。除了生物科技，醫療科技，藥物科技與食品科技等產業之外，有關水，土壤與空氣等的淨化科技以及其他各種環保科技等產業都必須大力推動。如果生命科技與產業都很發達，一旦疫情發生，就可以迅速而有放的加以控制，阻止病毒的蔓延。

國家必須重視疫情資訊，並誠實公佈疫情資訊。除了本國的相關資訊之外，也必須廣泛收集，分析和研究外國的疫情資訊以及世界衛生組織 (WHO) 所公佈的所有資訊。一旦發現蛛絲馬跡，就要迅速採取對策，不能延誤。如果有國家隱匿疫情或公佈不實疫情，不僅會傷害本國旳的人，也會傷害全世界的人。這不僅是病毒的共犯，也是人類的公敵。

為了防止疫情對經濟的不良影響，有人建議政府要紓困企業，補助國民。其實這並非有效的措施，反會產生外部不經濟的逆效果。一

個優良的企業應具有因應經濟不景氣的能力；一個優質的國民應有克服生活風險的能力。這些企業和國民都能靠自己的能力存活，不需政府的援助。任何紓困或補助都只是杯水車薪，助益不大，反會造成劣幣逐良幣以及道德危害的逆效果。

為什麼許多富裕的先進國家都經不起病毒的打擊，而造成重大的傷亡？因為它們只重視尖端科技或武器的研發；它們只重視財物的生產與財富的累積；它們忽略了國民的健康教育與健康維護；它們忽略了醫療資源的整備與充實。個人無法用財富抵抗病毒；國家無法用武力擊敗病毒。個人和國家都只能用良知與智慧戰勝病毒。

人類必須在這次的抗疫戰爭中深切反省：個人的自我防衛能力是否足夠？國家的強制作為是否妥當？封城鎖國的措施是否有效？人人都希望做好自己，但是，如果你連自己的健康都無法自我保護，你憑什麼說你做好了自己？人人都反對國家獨裁，但是，如果你贊成國家的強制作為與封城鎖國，你怎能排拒國家把人民帶向奴役之路？

我希望每一個人都能在一個連帶，自由和民主的社會體制下做好自己。我希望國家不要以抗疫戰爭為名，侵犯人民的自我，破壞社會的體制。值此國人全力支持與讚美政府的抗疫措施與成果之際，我提出這些反潮流的想法，可能會招致社會的非議。但是，作為一個主張相對論的最適主義者 (optimalist)，我有義務表達我的一些想法。這些想法或許不成熟；或許有偏悖；或許不符常理，但是，如果有人願意與我一起思考，或許可以為抗疫戰爭找到一個新的方向。

22　疫情下的失與得

2021/7/4

疫情下，有人有失；有人有得。大部分的人或多或少都有所失。但是，名嘴，政客和政治偏激者都有所得。

疫情下，有人失去生命；有人失去健康；有人失去工作；有人失去金錢；有人失去自由；有人失去友情；有人失去愛情；有人失去親情；有人失去情緒的穩定；有人失去生活的樂趣。

疫情下，有人在家上班；有人不必上班；有人視訊教學；有人在家上課；有人得到紓困；有人得到振興券；有人學會閱讀；有人學會烹飪；有人不必外出交際應酬；有人在家與家人親密互動。

每一天，名嘴都有新的題材，評人事論是非，而且會在不同的節目，說不同立場的話，賺取通告費，以獲得金錢的利益。

每一天，失權的政客和失意的政客都會見縫插針，藉題攻擊政府和官員，而且還會製造議題擾亂社會，以獲得政治的利益。

每一天，政治偏激者都會不分真假對錯，不斷地轉傳訊息，而且還會刻意加油添醋，火上加油，以紓解心理的仇恨壓力和打發無聊的時間，以獲得心理的利益。

疫情下，每個人都有自己的立場；自己的處境；自己的盤算；自己的言行。有人不顧道義正義，傷害別人或社會，取得個人利益；有人不管個人利益，堅持道德正義，護衛國家社會。

一樣的疫情兩樣的心情。你可以拉大人與人之間的距離；你可以縮小人與人之間的距離。距離是自己設定，不是疫情造成。一樣的疫情兩樣的抉擇。你可以有所失；你可以有所得。得與失由自己決定，不是由疫情決定。

病毒不長眼睛，人人都有確診的可能。我們除了要戰戰兢兢面對
病毒的挑釁之外，也要利用疫情期間，充實自己的生活能力，把
危機變成轉機。疫情是一種挑戰，你要戰勝它，不要屈服它；你
要成為一個得利者，不要成為一個損失者。

疫情愈嚴峻，愈能考驗人性的正義與勇氣。如果你會抱怨自己疫
情的損失；如果你會抱怨政府的防疫措施；如果你會成為疫情下
的失敗者，那麼，你就一個容易被擊敗的弱者。疫情下的得與失，
就掌握在自己的手中。你可以取得正義的利益；你可以取得不正
義的利益；你可以取得正義的損失；你可以取得不正義的損失。

23　防疫與抗疫

2021/1/6

大家都知道健康的重要。平時要保健；病時要治療。

保健除了要注意飲食衛生，生活作息，居家環境以及規律運動之
外，還要每天量血壓，血糖與心跳以及定期健康檢查。

一旦罹病時，輕症要居家服藥休息；中症要住院接受治療；重症
要專業醫師的照護。

面對新冠肺炎的侵襲，平時要注意防範。在家勤洗手；外出戴口罩；
避免頻接觸；減少團聚餐。

一旦被確診為陽性，不必驚慌，要沉著應對。簡單的說，重症者
當然要隔離治療；中症者要住院治療；輕症者只要在家休養即可。

年紀大，有三高和身體弱的人必須特別注意自己的健康，也要特別防範病毒的入侵，絕對不能掉以輕心。

媒體經常報導外國疫情有多嚴重；確診人數和死亡人數不斷飆高；封城鎖國的國家日益增多。我們也常常批評外國政府的防疫措施不夠嚴謹；醫療設施不夠完備；人民防疫觀念不夠充實。好像全世界都處在崩潰狀態；似乎全人類都即將滅絕一樣。

其實，每一個國家及其人民都有自己的防疫思想和抗疫措施，不是外國人可以置喙的。我們只要依照自己的防疫思想，做好抗疫措施就可以了，不必為外國擔心，更不必用外國的嚴重性凸顯我們自己的優越性。

我深信，人類的智慧必能戰勝病毒的肆虐。新冠病毒一定會被消滅，不會永遠存在。你不必擔心，也不必害怕。你只要做好平時的保健和病毒的防範。一旦確診，就按照一定的程序接受治療。如果因病毒而死亡，就是自己的天命，怨不得人。

我曾經寫過幾篇防疫和抗疫的文章，都在標榜一個理念：盡人事聽天命。我始終相信，只要做好防範，就可以抵抗疫病。

每一個人都只有一個生命，都必須好好珍惜。任何後天性的疾病，大都是因人的疏忽所致。我們常在不知不覺中，糟蹋自己的身體，弱化自己的身體，才讓病毒有可乘之機。

做為一個生命的主人，我有權利為生命發聲。不管寫得有沒有道理；不管符不符合醫學原理，我做如是觀，且願與你分享。

24　抗疫的日子

2021/7/10

這段艱辛的日子，
有人失去了生命；
有人失去了健康；
有人失去了財富

失去的健康可以回復；
失去的財富可以賺回；
失去的痛苦可以忘記，
抗疫的日子可以度過

請擦乾你的眼淚，
請終止你的抱怨；
請收回你的氣憤，
一切都會成過去

請堅持你的信念；
請勇敢面對困難；
請你展現正能量，
你必能獲得勝利

當一切恢復正常生活後，
你將有許多難忘的回憶；
你將有訴說不盡的故事；
你將有驕傲的人生記錄

人生的路上有高有低，
有樂有苦；有得有失
今日的災難將成明日的強壯；
今日的犧牲將成明日的成就

你依然有家人的關愛；
你依然有朋友的同理
你依然有社會的支持；
你絕對不是孤單無助

讓我們一起努力奮鬥；
讓我們一起度過難關
大雨過後會出現彩虹；
一定會有美麗的人生

25　請改名鮭魚者永遠保留這個名字

2021/3/22

法律的核心價值是個人道德與社會正義。但是，有些人卻會惡用和濫用法律的合法性，破壞道德與正義。

有些人認為：只要不違法，沒有什麼不可以。有人利用法律的合法性，踐踏自己的尊嚴；有人利用法律的自由權，侵犯別人的權利，剝削別人的利益。

有商家提出，名字叫鮭魚者可以免費吃鮭魚。商家是一片好意，是要獎勵有這個名字的人，就像要慶祝當天生日的壽星一樣。有道德的人應該感謝商家的善意；有正義的人應該誠實以對，不會欺騙。

沒有人會因為要得到幾份免費鮭魚，而更改自己的名字，欺騙商家；沒有人會為了一個免費蛋糕，而更改自己的生日，欺騙商家。

不管欺騙自己，還是欺騙別人，欺騙都是不道德，也是不正義。為了一點小小的利益，而更改自己的名字或謊報自己的生日，就是不道德，也是不正義。

如果自己喜歡鮭魚這個名字，而去更改成鮭魚的名字，沒有人會有意見。如果為了幾份免費鮭魚，而去更改自己的名字，就是不道德，就是不正義。

為了利益，而出賣自己的靈魂，或是欺騙別人的善意者，肯定也會為了利益，而欺騙或是背叛自己的親友，社群或國家。

請改名鮭魚者永遠保留鮭魚這個名字。如果有人在吃完鮭魚後，再改回自己的名字或是其他名字，就是道地不道德和不正義的無恥者和社會的敗類。

如果這 332 個鮭魚者不是窮到要用欺騙去吃免費鮭魚，那麼，就應該受到良心的譴責。如果這 332 個鮭魚者不是只吃飽鮭魚，而是刻意浪費食材，造成商家損失，就更加需要受到社會的制裁。

如果你把這件事當成一般的社會現象；把這些人視為正常人格，或是年少輕狂，那麼，你就是不道德；就是不正義。

沒有道德正義的人不會知道自己沒有道德正義，必須仰賴有道德正義的人站出來，一起譴責和制裁。

如果政府允許這些人再度改名，這個政府就是沒有社會正義的政府。我會鄙棄它，如同我鄙視這 332 個鮭魚族！

26　守住自己的心：再論鮭魚之亂

2021/3/23

這次的「鮭魚之亂」引發了社會正反的評論。有人批評商家的廣告噱頭；有人批評鮭魚族的無知行為。評論者各有不同的觀點，各有相異的論述。

政大前教授陳蒼多先生在今天（3/23）的自由廣場中，撰文批判商家的誇大廣告，認為是一種毫無誠意的噱頭；沒有進取心的厚顏；是一種心智的墮落。

如果一位穿著清涼的女孩走在街上，而引來一陣騷動，擾亂秩序，甚至造成該女孩的傷害。若依陳先生的說法，社會該譴責的那位穿著清涼的女孩，而不是引發騷動的男生。這樣的想法合理嗎？公道嗎？

姑且不論鮭魚之亂的是與非。若從思想的有無去看這件事，我認為一個有思想的人一定懂得道德正義的原理；肯定知道是非善惡的曲別。他不會因為別人的利誘或是社會的誘惑，而做出非理性的行為。

有思想的人會出淤泥而不染，濯清漣而不妖。不管外界多麼混亂，環境多麼惡劣，誘惑多麼強烈，他都不會受影響；都不會同流合污。有思想的人不會接受別人的利誘；不會順應社會的誘惑。他只會做有道德和有正義的事，不會做不道德和不正義的事。

即便千錯萬錯都是商家的錯，我們也不能因為商家的錯，而合理化自己的錯誤行為，更不能因為是商家的錯，而採取報復商家的行為。我們無法理解商家的心意；我們無法阻止廣告的噱頭，我們只能相信自己的判斷；我們只能約束自己的行為。

如果有商家說：誰搬得動200公斤的巨石，就可以享受一餐精緻的美食。你會認為這個廣告是厚顏的欺騙嗎？如果有商家說：誰的名字叫鮭魚，

就可以享受吃到飽的免費鮭魚。你會認為這個廣告是厚顏的欺騙嗎？面對這樣的廣告，你難道會在自己的身上裝上千斤頂，去搬動巨石嗎？你難道會跑到區公所，去更改自己的名字嗎？

謠言或是噱頭都止於智者。你若知道是謠言，就不會相信；你若知道是噱頭，就不會理睬。不管廣告多誇大不實；不管廣告多令人遐思，有思想的人是不會受影響的。相反的，會受廣告影響的人，不是沒有思想，就是容易受騙的人。

這次的鮭魚之亂，反映了這個社會的思想水平。你可以支持鮭魚族的行為；你可以譴責鮭魚族的行為；你可以怪罪商家的噱頭。不管你如何反應，都必須要有思想的支撐；都要有自己的主見。

在這一個混亂的社會裡；在這個利益的誘惑裡，請你要堅信自己的思想；請你要約束自己的行為；請你要守住自己的心。

27　危機就是轉機

2021/6/14

凡事都有正反兩面。壞事結束後必有好事；好事終了後必有壞事。人常因禍得福，把危機化作轉機；常因福釀禍，把好運變成危機。

在過去的一年多裡，新冠病毒肆虐全球，造成巨大災難。我國由於防範得宜，而以零確診名揚世界。就在這個時候，國人仍是聚餐照辦；茶室照開；人群照聚，忽略了病毒的危險性，終於引爆疫情的蔓延。

一時之間，政府頓失因應對策；社會陷入愁雲慘霧；人們感受焦慮不安。學生停課；餐廳關閉；賣場限制人數；街頭乏人外出；人人自危宅在家。整個社會充滿了恐慌，暴言暴語充斥媒體；家人失和頻頻發生。

在疫情危機之時，人們開始學會自我防護。除了戴口罩，勤洗手，常消毒之外，也知道少外出，少接觸，更懂得多溝通，多學習。許多人因此學習了以前未曾學過的事；了解了以前未曾理解的人；使用了以前未曾用過的物。

在疫情危機之時，社會出現了一些以前未曾表態的人。這些人開始揭露真實的面貌；開始說出不理性和不文明的言論；開始做出違反倫理和法規的行徑；開始攻擊認真做事的政府官員；開始製造社會對立的資訊；開始轉傳破壞社會秩序的訊息。

乍看之下，這種混亂現象是一種社會的危機。但是，仔細想想，這才是社會的轉機。以前，人們總是躲在社會的角落，不表明自己的想法與立場。現在，則冠冕堂皇的表露無遺，讓別人知道他的想法與立場。於是，不同想法與立場的人，就可以互相辯論，使道理愈辯愈明。

疫情危機之時，政府才知道，過去政策與對策的缺失與疏忽；才了解醫療設施與設備的不足；才懂得如何採取更有效的方法克服危機。

在疫情危機之時，各個地方政府才能展現施政的能力與抗疫的績效；才能看出誰是真正為民服務的縣市長，誰是謀求私利的縣市長，誰是耍嘴皮和打嘴炮的縣市長，誰是不會做事的縣市長。

在疫情危機之時，我們聽到了國際正義的呼聲；我們看到了國際支援的行動；我們感受了國際溫馨的力量。我們提高了國際的知名度；我們開展了國際的友好關係；我們獲得了國際的安全保障。

這次的疫情危機，造成了生命的恐懼與生活的不便，卻提高了人們的危機意識，增進自我防護的能力。這次的疫情危機，拉大了人與人之間的距離，卻拉近了國與國之間的關係。塞翁失馬，焉知非福；危機就是挑戰；危機就是轉機。我們必須記取這次疫情的教訓，為未來開拓更幸福的生活。

28　中介變項

2021/6/21

所謂中介變項（mediator），就是在自變項（因）與依變項（果）之間的中間變項或第三變項。中介變項是促成因果關係的變項，不是直接的因果關係。

有一對感情惡劣的夫妻，有一天，老婆打破了老公心愛的杯子。兩人大吵一架的結果，夫妻終於離婚了。於是，有人就說，打破杯子會造成夫妻離婚。

有一個慢性病纏身的老人，有一天，被家人帶去施打疫苗。施打疫苗之後，竟然死亡了。於是，有人就說，施打疫苗會造成老人的死亡。

他們的理由是：打破杯子之前，夫妻還未離婚，若不打破杯子，夫妻就不會離婚；施打疫苗之前，老人還未死亡，若不施打疫苗，老人就不會死亡。

其實，感情惡劣是夫妻離婚的因；夫妻離婚是感情惡劣的果，打破杯子只是中介變項。慢性病纏身是老人死亡的因；老人死亡是慢性病纏身的果；施打疫苗只是中介變項。即使不施打疫苗，遲早都會死亡。

感情良好的夫妻，即使打破多少杯子也不會離婚。身體健康的老人，即使施打多少劑量的疫苗也不會死亡。因此，打破杯子不是夫妻離婚的因；施打疫苗不是老人死亡的因。我們不能把中介變項當做因果關係；不能把因果關係當成中介變項。

在我們的社會裡，常常會有人把中介變項當成因果關係。例如，在美中對抗中，中國擾台是因；美國抗中是果；台灣是中介變項。但是，有許多人卻認為，台灣挑釁是因；中國擾台是果；美國抗中是中介變項。於是，要求政府不能激怒中國。

又如不久前疫苗不足的問題，中國作梗是因；疫苗不足是果；政府政策是中介變項。但是，有許多人卻認為，是政府的錯誤政策造成了疫苗的不足。於是，大力攻擊政府的無能。

在我們日常的生活中，常會把中介變項當作成因，而忽略了真正的成因。最近的物價膨脹是由成本推動所造成。成本推動是因；物價膨脹是果；業者是中介變項。可是，有許多消費者卻認為是業者在抬高物價，而責怪業者。

當我們在思考因果關係的時候，千萬不要把中介變項當成自變項，而加以批評或撻伐。尤其是知識份子，更不應該把中介變項，當成造成結果的直接因素。

29　災難見真心

2021/5/26

大多數的人都說：自己是台灣人；自己愛台灣。大多數的人都相信，這是真心話。要有台灣的認同與歸屬，才是真正的台灣人；要做有益和有助台灣社會的行為，才是真心愛台灣。

真實的心有善良的心，也有邪惡的心。有善良的心才是愛；有邪惡的心就是恨。有愛心才能做有益的事；有恨意就會做有害的事。

最近，病毒入侵了，疫情嚴峻了；災難來臨了；社會不安了。人心的真與假；人心的善與惡也一一浮現了。

就在這個時刻，有人惶恐不安；有人幸災樂禍；有人渲染疫情；有人危言聳聽；有人編造謠言；有人製造混亂；有人把罵官員和政府當樂趣。這些人口口聲聲愛台灣，事事作為害台灣。

若有善良的心；若有真心的愛，會提出理論性的想法；會提出建設性的建議；會遵守政府的規定；會保護自己和家人；會幫助社會克服疫情。

若有邪惡的心和虛假的愛，所言所行都會傷害別人；都會傷害社會。對於這些人，竟然有人主張不要公開打臉，以免惹怒對方，產生反效果。

邪惡的人不會反省；不會因別人的悶不吭聲而收斂，反而會變本加厲，更加囂張跋扈。有善心和愛心的人必須以事證反駁；以理論批判；以實踐護衛。

人的一言一行都在揭露自己的真心。神看得到你的真心；智者看得到你的真心；你也看得到自己的真心。災難會讓我們看清楚誰是真心愛台灣；誰是假心害台灣。

夫妻本是同林鳥，大難臨頭相扶持；國人本是共同體，大難臨頭共生死。災難見真心；災難見真愛。此時此刻，每一個人都必須以自己的良知和具體的行動，幫助自己與社會度過難關，讓災難早日離去；讓幸福早日到來。

30　醫護的辛勞是職責不是犧牲

2022/5/28

如果餐廳的從業人員（含工作人員和經營者）因為工作太忙，壓力太大，就可以抱怨客人太多，生意太好，甚至指責餐廳政策太濫，管理太差嗎？

同樣的道理，如果醫院的醫護人員（含醫師、護理師及其他工作人員）因為工作太忙，壓力太大，就可以抱怨病患太多，業績太好，甚至指責醫院政策太濫，管理太差嗎？

在一個自由的勞動市場裏，任何人都有選擇職業與工作的自由。沒有人能強迫別人必須從事哪一種行業，或是不能從事哪一種行業。自己選擇的行業都是自己明智的選擇，都應該快快樂樂地去工作。如果不滿意或是受不了，就應該轉行做別的工作，不應該留在職場，整天抱怨，怨老闆、怨客戶、怨社會、怨政府。

醫護是高級的職業，尤其是醫生，更是人人稱羨的職業。醫護人員的職責就是救人，不管多辛苦多勞累，都必須以救人為己任，不應該因工作太忙或是壓力太大而厭煩，而抱怨，甚至責怪病患、社會或政府。

如果醫護人員覺得自己的工作無法負荷，就應該辭職，轉換其他行業或是在家休息。醫院如果缺少人力，就會提高薪資，招聘人員。不要認為，醫院沒有你就無法服務病患，甚至無法繼續經營。要知道，沒有你的存在，社會依然會照常運作。

我對醫護人員一向都十分尊敬和感謝。我在醫護人員面前，都會以感恩的心，接受治療與指導。如果病情稍有改善，我就會稱讚醫師的高明醫術。醫護人員是病患的救命恩人，也是病患的紓壓救星。醫護人員都具有專業的醫療技術；都值得病患的信賴。

最近，疫情突然升溫，確診人數突然暴增，醫院人滿為患，醫護人員疲於奔命。於是，有些醫護人員開始抱怨，要求醫院增加人手，甚至要求政府伸出援手。社會大眾也都同情和感謝醫護人員的辛勞，甚至送便當給予打氣和支援。

目前的主要問題，是醫護人力的短缺以及醫院醫護人員的不足。這兩個問題息息相關，由於醫護人力短缺，使得醫院無法招聘足夠的醫護人員。因此，在急需大量醫護人員的時候，無法有效僱用。如果醫護人力充足，醫院就可以彈性運用需要的醫護人員，就能克服工作過度辛勞的問題。

因此，要解決醫護人員過度辛勞的問題，有兩種對策：第一就是大學要廣設醫護科系，大量培訓醫護人才，讓醫療市場無慮人力短缺。第二就是醫療機構必須彈性運用醫護人力，業務量少就減少僱用；業務

量多就增加僱用。此外，公立醫院應該只服務重症病患；基層醫療機構和私人診所則提供傳染病和公共衛生的服務。

醫護工作有神聖的使命；醫護人員必須具有捨己救人的偉大情操。但是，現在的醫護人員大都把醫護工作，視為高雅和高薪的工作。有些醫師還會自視非凡，把病患當笨蛋，不僅沒有同理心，也沒有同情心，有時還會霸凌病患。

任何工作都有辛勞的時候，都必須耐心克服，不能一有壓力，就抱怨東抱怨西。醫護人員的辛勞是職責，不是犧牲。醫護人員不能把壓力當折磨；不能把付出當犧牲。這是自己選擇的職業；這是自己喜愛的工作。你不能因一時的辛勞而抱怨；不能因一時的壓力而屈服。

這篇文章不是在指責醫護人員不盡職責，反而是在感謝醫護人員善盡職責，因為畢竟只有極少數的醫護人員會抱怨，絕大多數的醫護人員都能堅守崗位，努力助人與救人；都值得我們的敬佩與感謝。如果醫護人員能夠把犧牲當職責，那麼再多的辛苦和勞累都不會構成自己的壓力；都能成為自己的驕傲。

31 　**畫家，廚師與作家**

2019/7/20

在一個高文化的社會裡，畫家、廚師與作家都會受到尊重。在一個低文化的社會裡，畫家、廚師與作家才會受到冷落。

如果一個畫家畫了兩百幅作品，卻無人願意欣賞，就是對藝術的無知與對畫家的賤踏；如果一個廚師做了兩百道料理，卻無人願意品嚐，就是對美食的無知與對廚師的蔑視；如果一個作家寫了兩百篇文章，卻無人願意閱讀，就是對知識的無知與對作家的不尊重。

這個畫家將不再是大家的畫家；這個廚師將不再是大家的廚師；這個作家將不再是大家的作家。這個社會將不再有畫家；這個社會將不再有廚師；這個社會將不再有作家。

這裡的人將不再享有藝術；這裡的人將不再享有美食；這裡的人將不再享有知識。

或許你會說，不被尊重的畫家、廚師或作家都不是真正的畫家、廚師或作家；都不值得尊重。但是，在一個有文化的社會裡，不僅有出名的畫家、廚師或作家，也有不出名的畫家、廚師和作家。不管出名或不出名，都會受到尊重。

畫家、廚師和作家都是經過長期的努力和煎熬，才能劃出一幅畫、做一道菜或寫出一篇文，一定有其獨特的優點，應該受到一些關心和評價，不應該被忽視和冷落。

在一個低文化的社會裡，除了出名的畫家、廚師和作家會受到重視外，不出名的畫家、廚師和作家都會被忽視。一般人不會特別去欣賞、品嚐或閱讀默默無聞的畫家、廚師或作家的作品。

畫家、廚師和作家的作品是別人認定，不是自己認定。他們無法自我推銷，只能默默耕耘，期待有被認同的一天。畫家、廚師和作家不能因社會的冷漠而自我放棄，否則，就會前功盡棄。

作為一個知識份子，必須了解畫家、廚師和作家的孤獨。不管是否懂得他們的作品，都應該給予關心和尊重，不要對他們冷漠和唾棄。

第 **2** 章

經濟評論

01　市場與市場依賴

2019/12/19

市場類似一座山林，每棵樹都依自己的生存條件在樹林中生活；每棵樹都在爭取陽光與水份，讓自己成長得更好。在山林中，有些樹長得很高大；有些樹長得很矮小；有些樹長得很茂盛；有些樹長得很枯萎。在人類的市場中，每個人都依自己的生活技能生活；每個人都在爭取生活資源，讓自己生存得更好。依賴市場生存的結果，有人累積很多的生活資源；有人擁有很少的生活資源。人與市場息息相關，人人都必須依賴市場，不能脫離市場，否則，就無法維生。

人是經濟的動物。為了生存，每個人都會致力於經濟活動，尋求經濟資源。每個人都會以自己的知識技能在市場活動中取勝。擁有較多的經濟資源，就能擁有較高的社會地位和較大的政治權力。經濟力，社會力和政治力的結合，就構成了社會的強者，也造成了社會的不平等，更會形成代間的不公平。社會強者的子女利用其父母的資源，取得較好的教育，較佳的職業，較強的競爭力以及較高的所得。同時，可以獲得較多的投資機會，取得較多的運用資金，提高成功致富的機率。因此，如果你不能在市場中取勝，不僅會影響自己的生活，也會影響子女的成就。

市場基本上有勞動市場（智力勞動和體力勞動），商品市場（生產財和消費財）以及金融市場（貨幣市場和資本市場）。在勞動市場中，雇用者在追求經營的效率；勞動者在追求勞動的報酬。在商品市場中，供給者在追求收益的極大化；需求者在追求效用的極大化。在貨幣市場中，金融機構在追求金融的利益；儲蓄者在追求存款的利息或匯率的利益。在資本市場中，經營者在追求企業的盈餘；投資者在追求股利的分配。

每個市場參與者都會本著利己之心與有效的方法從事市場活動。勞動者會充實自己的知識技能，提升自己的勞動生產力，以爭取較高的勞動報酬。企業會不斷改進生產技術與管理策略，提高商品品質與生產數量，以獲取更高的經營利潤。消費者會增加自己的商品知識，廣泛收集市場資訊，進行有利的消費。儲蓄者會選擇較有利的金融商品，增加利息的收入。投資者則會選擇較有利的投資標的，獲取較高的投資收益。

在市場活動中，每個人都有平等參與的機會；每個人都必須遵守相同的市場規則；每個人都必須盡己之力參與競爭。在市場活動中，強者多得，弱者少得；良品價高，劣品價低；投入多收益多，投入少收益少；優良企業利潤多，劣質企業利潤少。市場是優勝劣敗，強者生存弱者淘汰的競技場，勝者得到應得的獎品，敗者則是空手而歸。在市場活動中，你不能期待不勞而獲；你不能要求強者的同情；你不能分享勝者的獎品。你若想在市場競爭中得勝，就必須用自己的智力，實力和努力去爭取。

雖然每個人都有平等參與市場競爭的機會，但是，並非人人都能如願以償。例如，個人在參與勞動市場時，常會遭受個人因素或市場因素的阻礙。個人可能因為不健康，身心的障礙，技能的欠缺，家人的照護或居所的限制等因素，而無法進入勞動市場。另一方面，勞動市場也常因不景氣，生產技術的改變或外籍勞力的移入，而無法僱用大量的人力或大幅提高工資水準，甚至有人會被迫退出勞動市場。在此情況下，國家就必須介入勞動市場，幫助失業人力就業或協助企業提高工勞動報酬。

個人在參與商品市場，尤其是消費財市場時，常因購買能力的不足，商品知識的不夠或市場資訊的不充分，而未能從事有利的消費。在相同的商品市場中，有高級/高價的商品；有中級/中價的商品；有低級/低價的商品。消費者依自己的經濟能力與效用程度，也就是貨幣損失效用減去商品使用效用的實值效用，從事有利的

消費。例如，你用 10 個單位的貨幣損失去購買大於 10 個單位效用的商品，就是有利的消費。有錢人用 500 萬元 (假設有 100 個單位的貨幣損失) 去購買一部高級汽車 (假設有 200 個單位的使用效用)，可以獲得 100 個單位的實值利益。貧窮人花 50 萬元 (假設有 200 個單位的貨幣損失) 去購一部二手汽車 (假設有 100 個單位的使用效用)，會有 -100 個單位的損失。因此，商品市場中消費利益或消費損失並非價格的問題，而是實值效用的問題。

個人在參與貨幣市場時，常因財力的不充裕，而無法獲得高額的存款利息，保險的利益或外匯的利得。人云：錢滾錢更有錢，就是這個道理。但是，金融機構也會有經營不善，投資錯誤，鉅額呆帳或金融風暴的風險，有時儲蓄者也會蒙受損失。至於買賣外匯的風險，在浮動匯率與買賣價差的規則下，也不一定能獲利，甚至會有損失。在高度經濟成長期，由於資金需求殷切，而提高了利率水準。在此情況下，大額的存款者就能獲得高額的利息收入。相反地，大額的貸款者就必須負擔高額的利息支出。從事投資的貸款者常能獲得較高的投資收益，所以比較有利。但是一般的貸款者就必須增加利息的負擔。因此，在高度經濟成長期，常會造成富者愈富貧者愈貧的現象。

個人在參與資本市場時，常因資訊的不足，分析的錯誤或其他不確定的風險 (如貿易戰或各種國際政治與經濟的變動)，而無法獲得有利或穩定的收益，有時還會血本無歸。在資本市場中，有參與證券（股票，債券等）的交易；有人參與期貨的買賣；有人參與私人的投資；有人購買基金，由金融機構或專業代理人代為操作。不管用什麼方式投資，總有風險伴隨，而且獲利越高，風險也越大。有人利用內線資訊進行非法交易；有人利用虛假的財務報表欺騙投資人。因此，有人在資本市場中賺取暴利；有人則跳樓輕生。政府必須嚴格管控資本市場的交易活動，加強違法行為的取締，把資本市場導入正軌，此外，政府也應該課徵證券交易所得稅（非股利所得稅），以防止短線操作的不當利益。

人人都依賴市場，但是，不是人人都能在市場活動中獲得應得的利益。現代市場仍有許多不合理的法制，不對稱的關係，不公平的交易，不合法的操作，不確定的風險。市場似可依賴，卻不能依賴；似可保障，卻不能保障。如果自由競爭，公平交易和合理分配的經濟正義無法在現代市場中被遵守，被貫徹，被落實，那麼，為市場哭泣的人們將會源源不絕的湧現。

02　價格機制

2022/6/15

所謂自由市場 (free market)，就是由供給者和需求者，或是生產者和消費者共決定價格和交易量的市場機制。自由市場必須具備六個基本條件：第一是要有眾多的供給者與需求者，沒有任何供給者或需求者可以單獨決定價或交易量；第二要有多樣的同質性商品，供需求者選擇；第三供給者能夠自由加入，需求者能夠自由購買，沒有任何限制；第四生產資源和商品銷售要有充分的流動性，沒有區域的限制或不流通；第五要有充分的市場資訊，商品的品質和價格都必須透明化，不能標示不清或是隱藏價格；第六市場不能有人為的干預，尤其是政府的干預。

在自由市場中，供給者是以利潤極大化的原理，從事生產和銷售；需求者是以效用極大化的原理，進行選擇和購買。自由市場是競爭性，不是利他性或贈與性；是理性，不是感性或情性。在公平競爭的條件下，市場交易都會各盡所能，爭取優勢，獲取利益。

供給者在推銷商品時，會訂定商品價格。如果需求者認為價格合理就會購買；如果認為價格偏低，就會增加購買，而形成需求大於供

給的現象，價格就會上升。相反地，如果需求者認為價格不合理或是偏高，就不會購買或是減少購買，而造成供給大於需求的現象，價格就會下跌。當供給等於需求時，就達成均衡的狀態。這就是市場的價格機制 (price mechanism) 或是自動調整制。

商品生產者會以生產因素的最低成本組合和生產物的最大收益組合，決定生產數量。依生產的平均成本和邊際成本，決定商品價格。另一方面，消費者會依自己的預算與效用，決定購買數量。如果有兩種商品要選擇時，則會依預算線（在一定預算以下，購買兩種財物的組合）與無異曲線（在一定效用下購買兩種財物的組合），決定購買的數量。

在自由市場中，供給者如果沒有利潤，就會停止供給；需求者如果沒有淨效用（正效用減去負效用），就不會再購買。供給如果減少，價格就會上漲，利潤就會提高，供給就會增加。需求如果減少，價格就會下降，需求就會增加。最後，終會達成均衡的最適狀態。

在市場機制下，供給者與需求者所達成的交易，就是均衡；就是合理；就是公平；就是有效。如果供給者抱怨沒有利潤，就應該停止生產或是結束營業。如果需求者抱怨物價太貴，就應該停止購買或是減少購買。供給者不能因沒有利潤，而要求提高價格。需求者不能因價格太高，而要求降低價格。

自由市場的競爭是有規則和有秩序的競爭，不是無規則或無秩序競爭。由於每一個生產者或供給者的條件不同（如資金、技術和規模等），所以會有不平等的競爭，強者獲得較多，弱者獲得較少，甚至會遭到淘汰。至於需求者或消費者，也因條件不同（如效用、預算和資訊等），而有不平等的待遇，富者享有較多，貧者享有較少，甚至無法享有。這種不平等是絕對的公平，也符合經濟的正義。

自由市場的價格機制是建立在理性的基礎上，可是大部分的市場參與者大都採取非理性的經濟行為。譬如說，生產者在成本上漲時，應該調高價格，可是，很多供給者會採取偷工減料、或是削價競爭的方式，

破壞價格機制。消費者在物價上漲時，應該減少購買，可是，很多消費者反會增加購買，甚至囤積，破壞價格機制。

破壞價格機制的元凶就是政府。政府為了穩定物價，而採取干預價格機制的種種措施。例如，行政勸導、補貼業者、調整利率、減免租稅甚至物價管制等措施。政府干預的結果，使價格機制無法充分發揮功能，導致生產減少，物價上漲，經濟衰退。不管政府採取什麼措施，都只是治標不治本，有利就有弊。最後，只會讓物價不斷上升，不會下降。

自由市場的價格機制若要正常運作，必須具備兩個條件：第一是市場參與者要有高度的理性；第二是政府要採取自由放任的市場政策。這兩個條件在現實環境下，都不容易達成，只能慢慢培養和逐步調整。自由市場的價格機制或許是遙不可及的理想，但是，既然是市場經濟的理想體制，就值得自由經濟學者努力倡導；就值得自由經濟國家努力追求。

03　市場應由人民作主

2022/5/17

大家都知道，民主政治就是人民作主的政治。易言之，政府的政策是由代表人民意志的代議士所決定。如果政府政策不符合民意，代議士就必須為民喉舌，糾正政府的作為，甚至以倒閣的方式，更迭執政者。

政府只要能夠保衛國家、穩定社會、健全司法、充實公共財以及提供社會福利，就已承擔了應負的責任。其他都必須由人民自行負責。尤其是市場活動，更應由人民作主，政府不應該干預。

可是，現代的民主政治卻走了味，變了調。人民一方面要求作國家的主人，另方面卻要求政府保障人民生活的一切。沒有工作要找政府；沒有所得要找政府；沒有自用住宅要找政府；生兒育女要找政府；物價上漲要找政府；景氣不好要找政府；作物收成不好要找政府；買不到口罩或篩劑要找政府；慢性病過世要找政府，真是罄竹難書。

一個人如果無法做自己的主人，如何能做國家的主人？一個人如果不能獨立自主，如何能要求人民做主？一個人如果把成功歸功自己；把失敗歸咎別人或政府，如何做一個有尊嚴的人？一個人如果事事都要別人或政府幫助，如何履行自己的責任？一個人如果不如意，就要怪罪別人或政府，你可以接受嗎？

人民必須知道，政府的任何一毛錢都來自人民的納稅錢；政府的任何支出都是人民的血汗錢。我們要求政府多做事和多支出，就意味著人民必須多繳稅和多罰款。我們不能要求政府多管事和多做事，卻不願多繳稅和多罰款。羊毛出在羊身上，人民不可不知。

我們是一個自由經濟市場的社會。所謂自由經濟市場，就是人民作主，政府不管的市場。除非市場嚴重失衡，才需要政府的介入。在自由經濟市場中，人人都是主人；人人都有自由。市場的供需、價格和交易都是人民決定，不是由政府決定。供給不足了；需求不高了；物價上漲了，你能怪誰？自己買不起；自己不賺錢；自己虧了錢，你能怪誰？

不久前，疫情十分嚴重，幼兒園和補習班要不要解封，就成為大家關注的社會議題。如果政府決定解封，家長會批評政府草管人命，不考慮幼童的安全。如果政府決定不解封，則業者會批評政府不顧業者生計，不考量國民的死活。

其實，要解決這個問題的辦法，就是讓家長和業者協商，共同擬定解決方案。家長和業者在不滿意但能接受的共識下，決定是否開放。如果決定開放，家長和業者都必須承擔幼童染疫的風險與責任。如果決定不開放，家長就必須有照顧幼童的覺悟；業者就必須有財務損失的

準備。不管開放或是不開放，家長和業者都必須作決策的主人；都必須承擔可能產生的風險。

有許多非營利機構或團體，常以社會企業的方式，從事純粹的市場活動，甚至享受免稅的優惠，從事不公平的競爭。他們以公益事業、教育事業、福利事業或宗教團體的美名，從事利益的追求以及事業版圖的擴張。他們的企圖心比一般企業有過而無不及。這些所謂的社會企業，一面追求利益；一面要求政府的優惠、補助與協助。這些社會企業應該回歸市場，採取市場機制，由業者自主經營；自負盈虧。

在一個民主的社會裏，每一位公民都必須學習作自己的主人，不能依賴政府的保護。在一個自由經濟的市場裏，人民必須學習做自己的主人，不能要求政府干預。人民必須自己作決定；自己負責任，不要要求政府；不要依賴政府。市場應由人民做主，這是未來社會的趨勢，也是國人必須面對的挑戰。

04　消費者決定市場價格

2021/12/9

最近，台南某家知名鹹粥店調高鹹粥價格，最貴的鹹粥一碗 200 元。因而引發了社會的譁然和撻伐。業者辯稱是原物料價格上漲的緣故，希望消費者體諒。另方面，消費者則揚言抵制，逼商家降價。

根據行政院主計總處公佈的資料，今年 11 月份消費者物價指數 (CPI) 的年增率達 2.84%，創 8 年 9 個月新高。物價膨脹已成為未來商品市場難以避免的趨勢。

在物價上漲壓力下，消費者抱怨商家，也抱怨政府；商家抱怨大盤商，也抱怨政府；大盤商抱怨生產者，也抱怨政府；生產者抱怨氣候，也

抱怨政府；國內進口商抱怨國外出口商，也抱怨政府。總之，每一個人都有抱怨的對象，只有政府必須承受一切的抱怨。

在計劃經濟制度下，政府可以管制物價，也可以實施配給措施。物價一旦被管制，民間供給者因無利潤，而不願供給，只能由政府或公營事業單位提供。如此一來，物價穩定，卻買不到商品，而產生商品不足的現象。在此現象下，人民的生活物資就會缺乏，生活水準就會降低。

在自由經濟制度下，物價由供給和需求決定。物價偏高，供給大於需求，物價就會下跌；物價偏低，需要大於供給，物價就會上漲。當供給等於需求時，就會達成均衡的價格和交易量。市場價格完全由供需雙方決定，不受政府的干預，也不受外力的影響。均衡價格就是最適當和最合理的價格，人人都必須接受。

如果要採行計劃經濟，而政府卻不負起物資供給的責任，就會引發搶購的恐慌。如果要採行自由經濟，而消費者卻要求政府介入，就會破壞市場的均衡。因此，如果政府沒有把握控制物資的充足供應，就不該採取計劃經濟制度；如果消費者要依賴政府管制物價，就不該採取自由經濟制度。

我們是一個自由經濟體制的社會。消費者必須充分體認，自己是決定物價的主人。供給者可以恣意的調高物價；消費者可以有效抵制不合理的物價。如果大多數的消費者都認為，商品的價格不合理，就會減少購買的數量；就能逼迫供給者調低價格。易言之，消費者可以用需求量，做為調整物價的手段。

每當物價上漲時，就會有人出來抗議，同時，也會有人默默接受。物價的波動不是靠聲量，也不是靠版面，而是靠行動，靠購買的數量。如果鹹粥店的營業額下降了，店家自然會調降價格。如果店家的生意不減，價格就會維持。如果店家的來客增加了，那麼，店家可能會再度調高價格。

如果消費者要求政府干預價格，不僅違反自由經濟的精神，也會使供給減少，造成物資的不足或缺乏，而引起搶購。政府除了可以管制公共事業的價格之外，不需要也不應該干預市場價格。市場歸市場；價格歸供需。市場價格是由消費者決定，不是由供給者或政府決定。

物價上漲，窮人遭殃。這是一個殘酷的事實。但是，窮人的問題應以社會扶助政策加以保障，不能將貧窮問題與市場問題混為一談。買不起是貧窮的問題；拒絕買是市場的問題。買不起的人由國家保障；拒絕買的人由自己承擔。在自由市場中，人人都是價格機制的主角；人人都有能力影響價格。如果你嫌貴，就別買；如果大多數的人都嫌貴，都不買，價格自然就會下跌。你不能說：我要買，而你不能賣貴。你更不能說：物價貴就是政府的責任。你就是市場的主人；價格由你決定。

05 市場與剝削

2020/10/30

剝削 (exploitation) 是為了自私的目的，利用他人取利的行為 (the utilization of another person for selfish purpose)。 剝削是以不尋常手段 (unusual use) 獲取不尋常利益 (unusual advantage) 的經濟行為。所謂不尋常的手段，是指稀少的，不普遍的或特殊的的手段，例如，隱瞞，欺騙，偽造，詐欺或獨佔。所謂不尋常的利益，是指金錢，財物，等經濟性利益或權力，名譽，或情感等非經濟性利益。剝削是在不對等的條件下，剝削者利用被剝削者的無知，疏忽，情感或無奈進行交易，獲取利益。

在市場活動中，有人會利用自己的優勢屬性（如才能，技術，資金，資訊等）或利用他人的劣勢屬性（如無知，貧窮，脆弱，感情等），進行不對等的交易，獲取不尋常的利益。在不對等的關係，不公平的

競爭，不等價的交換以及不合理的分配下，剝削者以取得多給得少 (take more than they give) 的交易，剝削被剝削者。被剝削者常在無意識或有意識但無奈的情況下被剝削。剝削者的剝削對象通常是不適當的交易者；不匹配的交易者；不幸的遭遇者或溫情的親友等。有時候，我們會在無意識中剝削他人或被人剝削，而自己並沒有剝削他人的企圖，也沒有被他人剝削的感覺。

被剝削者常在不得已的，緊急的，無法抗拒的或溫情的情況下被剝削。勞動者常在無法選擇的情下，被僱用者剝削。消費者常在無法抗拒的條件下，被供給者剝削。被保險人常在溫情的勸誘下，被保險人剝削。病患常在緊急的需求下，被醫療機構剝削。剝削者也會開發自然資源，污染自然環境，破壞人文景觀，對無法抗拒的對象進行剝削。此外，獨佔者也會強制交易者依其訂定的條件交易，進行剝削。這些都是剝削者以不尋常的手段去剝削被剝削者。

所謂不尋常的利益，除了金錢，物質或機會成本之外，也包括經濟地位或經濟條件。剝削者不僅剝削直接利益，也會將直接利益轉換成間接利益，再將直接利益和間接利益的總和運用，進行另一波的剝削。如此循環剝削的結果，使剝削者愈具剝削的能力，而使被剝削者更具被剝削的條件。終於造成了弱肉強食，富者愈富，貧者愈貧的資本主義社會。剝削破壞了市場的自然均衡，製造了市場的假性均衡；扭曲了資本主義的本質，造成了資本主義的種種缺失。

在勞動市場中，資本家會利用資本的優勢和勞動力的劣勢進行剝削。資本家除了資本之外，還擁有機器、工具、設備、土地、廠房、倉庫等生產工具，而勞動者除了體力與智力之外，沒有任何的生產手段。勞資雙方處在不對等的條件下，當然無法進行公平的交易。資本家利用廉價的勞力從事生產，而以高價出售生產品，進行剩餘價值的剝削。資本家以剝削的手段累積資本，再以累積的資本進行更大規模的剝削。勞動者為了賺取工資，不得不出售勞力，而資本家畢竟少數，所以勞動市場都是供過於求。企業可以選擇勞動者，而勞動者卻無法選擇企業。企業可以訂定勞動條件，而勞動者卻無法選擇勞動條件。

在商品市場中，供給者會以低成本高售價的方式賺取利潤。有些供給者也會以欺騙性（違背需求者的認知或期待）或違法性（違反法律規定或利用法律露洞）的手段去剝削需求者。商品需求者常在不了解商品品質，缺乏市場資訊或法律規定的情況下被剝削。需求者往往不知道自己被剝削，即使知道，也無法抗拒，因為他們需要這個商品。雖然在商品市場中的價格是由供給與需求的均衡所形成，無人可以操控，但是，事實上價格是由供給者訂定，再由需求者決定。需求者只有選擇要或不要購買，無法決定價格的高低。尤其是新的科技產品，更是由供給者完全掌控。

在金融市場中，金融機構或資本家會利用資本的屬性和運用技巧，進行不對等的金錢遊戲，獲取剝削的利益。在貨幣市場中，金融機構會利用儲蓄者對利息的渴望和對投資的困難進行剝削。金融機構會以較低的利率吸收存款，進行投資或放款，創造高利的利潤。金融機構右手接受存款，左手放出貸款，賺取利差。金融機構既會剝削儲蓄者，也會剝削投資者和貸款者，以買空賣空的手段進行剝削。在資本市場中，資本家透過公開的市場操作，募集資金進行投資。如果經營得好，會將部分盈餘分配給投資人；如果經營不善，則由投資人認賠。此外，資本家也會以假帳或內線交易的方式，欺騙投資人，賺取暴利。金融機構和資本家利用不對等的金錢遊戲，剝削儲蓄者，貸款者和投資人，獲取不尋常的利益。

我們似乎習慣了市場經濟的剝削與不公平交易。我們可以接受勞動報酬的低薪；我們可以接受商品價格的高價；我們可以接受存款的低利率；我們可以接受貸款的高利率；我們可以接受股市的投機；我們可以接受股票的損失。我們似乎認同市場的均衡；我們似乎承認市場的剝削；我們似乎允許資本家的不尋常利益。剝削者不是不給利，只是取得多給得少。被剝削者不是沒得利，只是給得多取得少。如果剝削者沒有強制被剝削者；如果被剝削者同意被剝削，剝削就不是不公平的交易；剝削就不是破壞市場均衡的元兇。

市場經濟的基本原則是在沒有人為干預下，透過看不見的手 (invisible hand)，讓供給與需求決定價格與交易量，達成均衡的市場機制。理論上，在自由市場中，沒有剝削者，也沒有被剝削者；無人可影響供需，也無人可操控價格。自由市場是由一種自然的力量所形成的均衡狀態。這才是市場機制的基本條件，也是資本主義市場經濟的基本原理。然而，資本家卻破壞了這個市場機制的條件與資本主義的原理，冠冕堂皇地進行剝削，並振振有詞地將剝削合理化與正當化。於是，資本主義市場經濟對人類社會的傷害逐漸浮現，貧富懸殊，階級對立，貿易衝突日益惡化。如果不將剝削的事實徹底清除，市場經濟的危機就難以解除。

許多人都知道 Adam Smith 的「國富論」，卻鮮少人懂得亞當史密斯的「道德情操論」。其實，Smith 的國富論是建構在道德情操論的基礎上。沒有道德情操的前提，就沒有均衡與國富的理論。今天，我們必須重新重視 Smith 的道德情操論，充分理解道德情操的真諦與重要性。經濟活動者的道德情操是維護市場均衡，穩定市場秩序，達成公平交易，獲得合理分配的必要條件。人的天性除了利己因子之外，也有利他因子；除了追求自己的利益之外，也會追求他人的利益。在交易雙方都有利己與利人的前提下，市場運作才能達成均衡。因此，重回經濟思想的領域，重構市場經濟的規範，切實維護自由市場的運作，應是經濟學家與政府決策者必須重視的課題。

06 生存與生態

2021/3/9

生存是人類的生命；生態是自然的生命。人類要與自然共存共榮，才能維持生命的延續。

人類為了生存，常會破壞自然。有些自然可以再生，例如，山中的樹或海中的魚。有些自然無法再生，例如，陸上的動物或地下的礦物。

可以再生的自然可以砍伐，捕撈或開採。不能再生的自然，則需要保護，不能傷害。

人類常在破壞自然之後，再去尋找自然；再去破壞自然。人類常用低廉的成本破壞自然，獲取暴利。一而再再而三，不斷的破壞；不斷的剝削。

地球是人類共同的家。沒有人會破壞自己的家，也應該沒有人會破壞地球的環境。但是，人類無止盡的貪婪與自私自利，卻肆無忌憚地破壞這個地球的家。

在經濟成長與環境保護的矛盾下，人類必須思考的是：人類若無這種開發，就無法生存嗎？如果為了人類的生存才去開發，是情有可原；如果為了經濟的成長而去開發，就有待商榷。

自然的開發是整個地球的問題，不是個別地區的問題；不是居民說的算，也不是政府說的算，而是需要由全人類共同決定。國際間應該成立一個機構，由各國代表一起討論，共同決定。每一個國家的重大開發案，都必須經過這個機構的批准才能進行。這個提議或許是痴人說夢，但是，如果人類有愛地球的心意，有保護地球的行動，就應該慎重考慮可行的方案。

電力很重要，而且不能缺乏；藻礁很珍貴，而且無法再生。這的確是一個困擾的難題。政府應該做好嚴緊的環境評估，再經過專家學者的慎重討論之後，再進行開發。至於以公投方式決定是否開發，則是不智之舉，因為問道於盲，只會扭曲真理；盲人騎瞎馬，只會墜落山谷。

人類的生存與自然的生態息息相關。人類不能只顧自己的生存，不管自然的生態。在這個地球上，你的家就是我的家；你的國就是我的國；你對你的環境破壞，就是對我的環境破壞。讓我們一起來思考這個問題；讓我們一起來解決這個問題。

07　與敵謀利

2021/9/20

昨日，中國海關總署突然通報，自 9/20 起禁止台灣釋迦和蓮霧輸入。此舉與今年 3/1 禁止台灣鳳梨進口如出一轍，而再度引發政府和國人的反彈。蔡總統也嚴厲譴責中國違反國際貿易規範，要求政府循各種管道，幫農民討回公道。

除了中國的代理人及其支持者外，大多數的人都知道，中國是政治掛帥的政權。人民沒有參政權、經濟權、文化權，也沒有基本人權。對於國際事務，則不尊重普世價值；不遵守國際公約；不履行國際義務，也不依循自由貿易的規範。

幾十年來，台灣深受中國的威脅和霸凌。為了達成統一的目標，中國對台灣採取以農逼政；以商促統；以文擾民；以黨亂台，甚至以飛彈對準台灣；以戰機侵擾台灣等文攻武嚇的策略。大部分的台灣人都深知中國的野心和策略，但是，在面臨自身利益的選擇時，卻常把這種認知拋諸腦後，一味以經濟利益為優先考量。

自從兩岸開啟人民和經貿往來的大門之後，中國為了獲得台灣的企業、人材、資金、技術、知識，而以十分優惠的獎勵措施，吸引許多台灣人前往投資，就業或是定居。這些人的確在中國賺了大錢，也得了權力。一時之間，台商成了富裕和有勢的族群，令人羨慕和追隨，所以國人才一窩蜂地往中國發展。

除了工商企業如旋風般地前行大陸投資設廠之外，農業界也掀起一陣西進熱潮。有些農民前往大陸，教導大陸農民耕種農作物；養殖漁產品。有些農民在大陸買地種植農作物或是養殖漁產品。有些農民則以出口大陸為導向，種植農產品和漁產品。政府也採取各種措施，積極幫助農產品和漁產品銷往大陸。

中國口口聲聲說，台灣是同胞，卻對我們進行認知作戰；天天派戰機侵擾領空;用外交戰孤立我們的國際空間;用貿易戰傷害我們的農產品。另一方面，我們口口聲聲說，中國是敵人，卻將人材往大陸送；將企業往大陸移；將資金往大陸匯；將技術往大陸轉。中國和台灣都在相互欺騙，作弄對方。

如果你認為中國是一個不講理，不講情，不守信，不守法的國家，當你要在中國投資或是與中國貿易時，就應該要有冒風險的覺悟和遇危險的策略。你不能期待中國會保障你投資的事業；你不能預期中國會信守貿易的承諾。如果你沒有遇到阻礙或是受到傷害，就算是你的幸運，否則，就是你預料中的事。

《禮記・檀弓下》有文曰：不食嗟來食。有骨氣的人對於帶有污辱性或是不懷好意的施捨，是不會接受的。中國一向把進口台灣的農產品視為對台灣農民的施捨，而且帶有污辱性和不懷好意，所以想進就進；想禁就禁，完全無視國際貿易規範，也不顧及台灣農民的感受。有骨氣的台灣人實在不應該接受。如果要接受，就要自行承擔責任，不能要求政府援助，也無權要求國人幫助。

只要我們的農產品品質夠好，就不怕沒有外銷的管道，一定有許多國家願意進口我們農產品。我們曾經採取鳳梨外銷策略的轉向與轉型，成功地擺脫對中的依賴。因此，台灣的農產品不輸中，可以出口到其他國家，大可不必依賴中國市場；大可不必受其污辱。

中國可以隨時禁止我們的農產品輸中，為什麼我們不能禁止高科技產品輸中？為什麼台積電不敢拒絕晶片輸中？在思考與中國貿易之前，我們必須再度確認，中國到底是我們的同胞，友人，還是敵人。如果中國是我們的敵人，我們有什麼理由與中國貿易？我們有什麼藉口獲取中國的經濟利益？我們無法約束別人，但是，我們可以控制自己。如果自己都分不清敵友；都要依賴別人的市場；都要舔跪別人的施捨，那麼，自作踐不可活，台灣遲早會被併吞；國人早晚會成為奴隸。

08　鳳梨與自由

2021/3/2

最近，鳳梨事件引發了軒然大波。有人抗議對岸的不是；有人要求政府補助；有人發起全民吃鳳梨運動。

鳳梨是水果。有人喜歡；有人不喜歡。喜歡的人可以多吃；不喜歡的人可以少吃。愛吃鳳梨的國家若生產不足，就要從外國進口。生產過剩的國家就要尋求出口的市場。

國際貿易是自由的世界市場。供給者與需求者，在自由意志下進行交易，不能強制，也不可禁止。國民若有需求，政府就不該禁止進口；國民若無需求，政府也不該強制進口。

基於自由主義的原理，個人有選擇商品的自由；市場有供需均衡的價格。個人不該要求政府的輔導與補助；政府不該干預市場的供需與價格。

如同企業依照自己的判斷，選擇生產的工業產品一樣，農民也是依照自己的判斷，選擇種植的農作物。任何生產事業都有風險，都必須由生產者自行承擔。

好像孩子長大了，就必須自立更生，國民成熟了，就必須自我負責。孩子不能永遠依靠父母，否則，就是永遠長不大的孩子。國民不能永遠依賴國家，否則，就是永遠不成熟的國民。

在自由市場裡，供給者都必須睜大眼睛，思考清楚才去投資生產；需求者都必須以最大效用和最適價格去購買消費。市場必須由供需雙方決定，不該有任何政治力的介入，否則，就違反自由主義的原則。

如果政府不顧國民的需求，強制干預市場，操控進出口，不僅違反自由主義的原則，也違背國民福祉的基本保障。

如果政府採取計劃經濟的政策，輔導農民生產，協助農民外銷，補助農民損失，不僅違反自由主義的原則，也傷害國民的勞動生產力。

鳳梨與自由；農民與政府；計劃經濟與自由經濟之間的矛盾與糾葛，必須釐清，不能混淆。我們無法左右外國的貿易政策，但是，必須明訂本國的農業政策。如果政府能夠讓鳳梨貿易自由，我們的農民就能獲得真正的自由。

09　農產品的外銷風險

2021/3/4

做任何事都有風險。有些風險可以預期；有些風險無法預期。有些風險會困擾身心；有些風險會損失財物；有些風險會身陷囹圄；有些風險會喪失生命。

從事任何投資和貿易都有風險。投資愈小風險愈低；投資愈大風險愈高。利潤愈小風險愈低；利潤愈大風險愈高。短期交易風險低；長期交易風險高。這是一般的常理。

國際貿易雖然訂有契約，但是，天有不測風雲；人有旦夕禍福。加上政治的干預和市場的變化，交易契約常有無法依約履行，甚至有中途解約的突發狀況。交易雙方都懂得這個道理，所以常有市場的分散，庫存的調度或是呆帳的準備，以因應風險的發生。

農產品不像工業產品，可以隨時調整產量，所以產量的控制比較困難。農產品也不像工業產品，可以長期保留，必須在短期內販售完畢，所以有行銷的壓力。此外，農產品外銷有特定的對象，不是每一個國家都需要進口，所以行銷通路特別困難。

農產品外銷的風險特別高，所以需要專業的知識與細膩的規劃以及政府的配合與協助。因此，農產品的外銷必須從生產，販賣與外銷三個層次去規劃，也需要農民，貿易商與政府的密切配合。

農產品外銷的成本很高。除了農民的辛勞，農產品生產的高風險（自然災害），土地資源的外部成本之外，農產品的儲存與包裝以及行銷通路的開拓，都需要很高的成本。另一方面，農產品的價格則常會受到不合理的剝削。就長期交易而言，農產品外銷的實質利益並不大。

高利潤高風險是可行的；低利潤高風險是不可行的。既然農產品的外銷是低利潤高風險，為什麼還要採行這種政策？因此，以外銷導向的農業政策是否可行，頗值商榷。

我認為農產品的產業化應是可採行的途徑。農產品除了供應國內需求之外，宜將過剩農產品製成工業產品，例如，水果罐頭，水果酒，水果乾等，再以工業產品尋求外銷市場。此外，政府必須教導農民，投資風險與盈虧自負的原理。政府不宜過度保護農民，讓農民認為，有錢自己賺；有虧政府扛。

求人不如求己；怪人不如怪己。國人若不想受制於人，就必須自立更生；若不想冒農產品外銷的風險，就必須調整農產品的外銷政策。我們明知出口對象是政治掛帥的國家。我們也明知出口對象是用完即丟的國家。為什麼我們還會期待出口對象會信守承諾；會保證履約？

這次鳳梨事件的始作俑者無他，就是少數只顧私利，罔顧公益的政客和農民。是買辦政客與自私農民傷害了絕大多數的農民。然而卻很少人譴責那些傷害農民的政客和農民，反而要求政府和全民買單，這是什麼道理？希望政府和國人都能重新評估農產品外銷的風險；重新釐訂農產品外銷的策略。

10　牛肉與豬肉

2021/1/10

人類需要食物才能生存。每一種食物都有有益健康的養分；都有有害健康的毒素。如果適當攝取，就有益健康；如果超量食用，就會有害健康。如果堅持要吃零風險的食物，就沒有食物可以食用，就要有餓死的覺悟。

有人說喝酒有益健康；有人說喝酒有害健康；其實，適量喝酒才有益健康；才不會有害健康。酒是可以喝的飲料，但是，要喝多少量才有益健康，則由個人依自己的身體功能（尤其是肝功能）決定。一個理性的人會懂得自己的身體狀況，也知道要喝多少酒，才不會傷害健康。

同樣的道理，肉品是人類重要的食物。但是，吃多了也會傷害健康，必須適量攝取才有益健康。為了自己的健康，每個人都該知道每次要吃多少肉才適當。如果不自我約束，任性吃肉，就是不懂得照護自己的健康。

提供肉品的家畜，大多吃有人工添加物的飼料，有些飼料含有傷害人體健康的毒素。家畜即便吃人類的廚餘，也多少會有傷害人體的毒素。如果肉品毒素的含量沒有超過人體可以接受的標準（WHO或先進國家所訂定的標準），就可以接受；就可以進口；就可以食用。

以前的政府就是根據這個原理，開放美國牛肉的進口。現在的政府也想依此原則進口美國豬肉，卻遭到反對黨的杯葛與阻擾，甚至嘲諷美國豬肉為瘋豬肉。當然，國內的養豬戶也群起反對，深怕本土豬肉會受到傷害。此外，許多民眾也受到輿情的影響，而反對政府批准進口美國豬肉。

其實，在每個人的人生中，不知吃了多少牛肉和豬肉；不知吃了多少美國牛肉和美國豬肉，並沒有遭遇什麼風險，也沒有得到什麼疾病。如果可以吃台灣牛肉和豬肉，就可以吃美國牛肉和豬肉。你可以吃美國牛肉，就可以吃美國豬肉。你可以拒絕吃美國牛肉，也可以拒絕吃美國豬肉，但是，不能反對別人吃美國牛肉，也不能反對別人吃美國豬肉。

理性的人是能夠做正確判斷和正確選擇的人。你可以選擇吃本土牛肉或豬肉；你可以選擇吃美國牛肉或豬肉。政府可以准許美國牛肉和豬肉的進口，提供國人自由選擇。如果國人基於健康的考量，對進口肉品的購買意願不高，就不會大量進口，甚至不會進口，就不會影響本土的肉品。

有些政治人物會把民眾當弱者；把政府當萬能；把自己當神的代言人。他們為了政治目的，贊成進口美牛，反對進口美豬，要國人只能吃台豬，不能吃美豬。這不僅違反食物法則，也侵害人民自由選擇的權利。

牛肉與豬肉的養分或毒素是食品衛生的問題；美牛與美豬的進口是國際貿易的問題，兩者皆與政治問題無關。你要用食品科學的專業去看牛肉與豬肉的衛生；要用國際貿易的觀點去看美牛美豬的進口。如果將牛肉豬肉當政治議題來炒作，不僅不尊重科學，也傷害經濟的發展。

在是否進口美豬的公投中，有近半數的投票者投反對票。我懷疑，這些人是否懂得肉品衛生的科學；是否知道國際貿易的原理，還是只是憑著個人的政治立場，或是道聽塗說而做選擇？如果國人在做社會選擇時，能夠充分理解議題的本質和關聯的原理，就能夠做出正確的選擇；才能夠反映正確的民意。

11　共同富裕

2021/9/23

中國國家主席習近平為了達成「共同富裕」的理想目標,而提出「三次分配」的政策綱領,希望有能力的人幫助無能力的人;有財富的人幫助無財富的人,共同創造一個富裕的社會。

習主席的理念與福利國家的理論如出一轍。這是人類社會共同追求的理想,也是國家領導人必須承擔的責任。1970 年代所盛行的福利國家風潮,因全球經濟的停滯而轉型成福利社會。由國家主導的福利國家轉型成由民間主導的福利社會,儼然成為當代福利思想的主流。

國民所得的分配有三種形式:第一是由市場決定的所得分配 (income distribution);第二是由國家制定的所得重分配 (income redistribution);第三是由民間提供的所得移轉 (income transfer)。市場的所得分配是依勞動生產力決定;國家的所得重分配是要縮小所得分配的差距;民間的所得移轉是在達成均富的理想目標。

國家要透過各種社會保障措施,對弱者提供社會服務;對窮人提供經濟援助。國家要幫助弱者享有基本的福利需求,例如,教育,養護,社會參與等服務。國家也要提供窮人擁有基本的經濟保障,例如,社會扶助,社會保險,家庭津貼等補助。

民間企業,宗教組織,各種社會福利團體以及眾多善心人士則提供各式各樣的社會服務與現金援助。凡舉兒童,青少年,婦女,老人,身心障礙者,弱勢家庭,破碎家庭,家暴家庭等族群,都有特殊的民間組織,團體或是個人提供各種服務與援助。

由民間自願性提供的所得移轉,可以彌補國家所得重分配的欠缺或不足,是福利社會不可或缺的重要福利。民間的所得移轉不會影響

企業的經營與發展，也不會影響富人的財富創造與累積。企業或是富人都在不受影響的條件下，從事所得移轉。民間的所得移轉可以提高窮人的所得，而不會減少富人的所得，這樣才能造就均富的社會。

要邁向一個福利的社會，必須由市場，國家和民間三者共同合作與努力，才能達成理想的目標。市場，國家和民間各有不同的立場與功能，不能由國家一手包辦。如果由國家統籌重分配，就只需要一次重分配即可，不必再進行第二次重分配，也不需要民間的所得移轉。

目前，在中國所推動的三次分配，並非民間主導的所得移轉，而是由企業和富人捐獻給國家，再由國家主導的第二次重分配。國家可將捐款作為公共支出，可能用於社會福利或是公共建設，甚至軍事費用。對於提升窮人的所得水準，不會產生有效的效果。

在國進民退的政策下，企業經營者不是放棄經營，就是將資金移作捐款，造成企業的虧損。另一方面，富人被迫捐款給國家，當會造成私人財富的損失，無法利用財富再造財富。因此，三次分配對個人來說，財富只會減少，而不滿情緒也會增加；對社會而言，所得分配不均的現象難以改善，也無法達成均富的目標。

中國三次分配的政治鬥爭意涵可能高於所得重分配的意義。政治家以削弱資本家以及富人的勢力，作為鞏固政權的手段，可能是推動三次分配的真正目的。如果習主席真心希望，中國要均富，就必須大幅增加社會福利支出，徹底消弭貧窮，達成小康社會，再由企業和富人從事所得移轉，達成均富社會。

共同富裕是要讓富人能富裕，窮人不貧窮，不是要富人不再富，窮人依然窮。國家有責任讓富人更加富；讓窮人不再窮。真正的中國夢是要締造一個名副其實的富裕社會，而不是一個擁有強大軍事力和廣大領土的社會。領導人必須努力的方向，應該是把小康的社會轉變成富裕的社會，而富人就是推動富裕社會最重要的舵手。

共同富裕和共享生活，不僅是單一國家的理想，也是人類的共同願景。有遠見的國家領導人應該摒棄狹隘的國家主義或民族主義，而以大愛的心，共同塑造一個共同富裕的人類社會，讓人人都能享有富裕的幸福生活。如果這個理想可以實現，人類將不再有飢餓；不再有恐懼；不再有剝削；不再有鬥爭；不再有戰爭；不再有死亡。

12 劫富濟貧

2021/5/24

最近，美國政府為了挽救經濟的衰退，而大灑錢幣，提供每位國民高額的金錢補助。拜登政府希望藉由這種補助，維護國民的消費水準，間接促進經濟的復甦。

政府財政的來源是國民繳納的稅款，尤其是富人的稅款。政府對國民的補助，嚴格說來就是劫富濟貧。這種劫富濟貧的政策是凱恩斯主義的理論核心，也是福利國家的政策依據。但是，這種政策是否能夠縮小所得差距，解決貧窮問題，令人質疑。

富人得到一塊錢，會創造更多的錢；窮人得到一塊錢，會花掉一塊錢。富人失去一塊錢，會再賺回更多錢；窮人失去一塊錢，會少掉一塊錢。政府從富人手中拿取一塊錢，富人就會從窮人手中賺取更多錢；政府贈與窮人一塊錢，窮人就會轉給富人更多錢。

政府採取劫富濟貧的政策，只會讓富人更加剝削窮人；只會讓窮人更加依賴富人。到頭來，富人更加富裕；窮人更加貧窮，而政府則浪費了社會的成本。

從經濟正義的觀點而言，富人的錢是窮人給的；窮人的錢是富人給的。社會若要縮小所得差距，就必須由富人移轉給窮人。富人與窮人之間的所得移轉，要比政府與國民之間的所得重分配，更有成效。

如果富人有道德良知和社會正義的思想，就會對窮人進行所得移轉，幫助窮人脫貧。如果窮人有自我依賴和追求幸福的思想，就會有效利用富人的移轉，幫助自己脫離貧窮。

民間可以設置「社會基金」，接受富人移轉的資金；同時可以成立「創業協會」，協助窮人自行創業。在社會基金與創業協會統合運用下，富人與窮人之間的互助功能就能有效發揮。

社會互助勝過劫富濟貧；民間力量大於政府強制。我們要依賴民間的力量，克服所得分配不公的問題；我們不能靠著政府的干預，解決社會貧窮的問題。

個人如果有幸福人生的思想，即使身處惡劣的環境，也會力爭上遊，追求幸福。相反地，如果只想依賴別人的幫助或是政府的補助，就是沒有思想的人。個人思想是決定個人幸福的關鍵因素；社會思想是決定政府政策的重要依據。

劫富濟貧的思想是落伍的；劫富濟貧的政策是失敗的。自我依賴的思想才是主流；社會互助的政策才是正道。我們要用個人思想克服個人的貧窮；我們要用社會思想解決社會的貧窮。

13　浮動水費

2021/4/6

最近，台灣面臨缺水的危機，甚至引發產業的恐慌。有人歸咎久旱不雨；有人責怪水庫不足；有人譴責用水浪費。於是，有人提議增建水庫；有人建議開鑿水井；有人提案循環處理；有人主張海水淡化。

水資源之於國家，有如水之於人體。水資源的重要不言可喻。從經濟學的供需原理而論，水資源的均衡，只有兩種方法：第一是增加水的供給量；第二是減少水的使用量。如果水的供給無法增加，就要減少水的需求；如果水的需求無法減少，就要增加水的供給。

增建水庫會破壞自然環境；增鑿水井會造成地層下陷。這兩種方法都會產生外部不經濟。只有水的再生使用和海水淡化是較為可行的方法。雖然這兩種方法都會增加水資源的開發成本，但是，沒有外部不經濟，而且能夠穩定供給，仍不失為有效的供給對策。

農業用水和工業用水的需求只會增加，無法減少。只有民生用水可以有效調控。從需求理論的角度來說，調控水需求的方式只有一種，就是以價制量。在市場中，價格愈高需求愈少；價格愈低需求愈多。當價格等於需求時，就達成均衡。

如果水資源的供需能夠導入市場機制，當水的供應量增加時，就可以調降價格；當水的供給量減少時，就必須調高價格。調降價格時，需求量就會增加；調高價格時，需求量就會減少。在供需均衡的狀態下，水資源就可以維持一定的庫存量。

我們可以設定，水資源的庫存量為 50% 時，每度或每公升的價格為 X 元。如果庫存量增至 60% 時，價格可以降低 20%；庫存增至 70% 時，價格可以降低 40%；庫存增至 80% 時，價格可以降低 60%；庫存增至 90% 時，價格可以降低 80%；庫存增至 100%，價

格則可免費。相反地,如果庫存減至 40% 時,價格可以提高 20%;庫存減至 30% 時,價格可以提高 40%;庫存減至 20% 時,價格可以提高 60%;庫存減至 10% 時,價格可以提高 80%;庫存減至 10% 以下時,價格可以提高 100%。

台灣是一個水資源豐富的地方,很少發生用水不足的現象。近年來,由於氣候變遷,降雨量開始呈現不穩定的趨勢。另一方面,由於產業的高度發展以及生活水準的提升,水的需求量大幅增加。於是,水資源的供需逐漸失衡,水資源的不足開始惡化。

台灣的民眾大都不太珍惜水資源,甚至有浪費水資源的情形。台灣的水資源一向採取低價政策,更助長民眾的浪費習慣。因此,重新思考水資源的價格問題,應是刻不容緩。水資源的供給者應該採取浮動價格;水資源的需求者必須適應浮動價格。

高成長高物價;高品質高價格;愈稀少愈珍貴;愈珍貴愈高價,這是普世價值觀。但是,台灣的民眾卻要求量要足,質要高,價要低。民眾對於公共事業的要求更是嚴苛,要馬兒好,卻要馬兒少吃草。對於公共自來水,則要求不缺水和不漲價。一旦缺水或是漲價,就罵聲連連,要政府負責;要官員下台。

我建議:自來水要民營化;價格要浮動化。我們必須遏止廉價水費;我們必須防止水資源的浪費。政府不應該再扮演大有為政府的角色;民眾不應該再享受廉價的水費。在政府與民眾的共同努力下,相信我們會有足夠的水資源;相信我們會有合理的水價格。

14　用愛生產製造商品；用愛購買使用商品

2021/4/5

有愛心的人最可愛，也最值得被愛。用愛生產製造的商品才是好商品，才最值得被購買。事實上，有很多人在生產製造無愛的商品，甚至是有恨的商品。有很多人在購買使用無愛的商品，甚至是有恨的商品。

有人使用大量農藥生產農產物；有人使用萊克多巴胺養育家禽牲畜；有人使用動物毛皮製造服飾品和配戴品；有人製造污染環境的工業產品；有人用奴工生產農產品或是工業產品。這些都是缺乏愛心的邪惡商品。

如果生產者或是製造者沒有愛心，生產製造的商品就不是好商品，而是壞商品，甚至是邪惡的商品。如果消費者或是使用者沒有愛心，就會購買和使用沒有愛心的商品，而在不知不覺間，助長了邪惡商品的生產和製造。

如果生產者或是製造者只追求商業利益，不考量商品的生產或製造方式與過程，就會以不道德或不合法的手段生產或製造商品。他們會隱瞞事實的真相，也會欺騙消費者或使用者，使其誤認是好商品。

如果消費者或是使用者只看到商品表象的美好，不思索商品背後的邪惡，就會大量購買邪惡的商品，助長生產者或製造者的不道德或不合法的行為。

有些人喜歡購買或使用動物的毛皮商品，視為高貴的象徵。他們只知道商品表面的華麗，不知道動物臨死前的掙扎與哀嚎。動物毛皮的商品是用動物的生命製造的邪惡商品。穿戴動物毛皮商品的人就是邪惡的人。

我們有權利知道，生產或製造商品的真相。我們有權利拒買邪惡的商品。商品生產者或製造者必須誠實告知，商品是由誰生產製造？用什麼方式生產製造？原料的來源是什麼？商品的成分是什麼？如果生產者或是製造者不誠實公佈，就是邪惡的商品。

在計畫經濟的市場裡，一切的經濟活動均由政府掌控；生產製造的手段與生產製造的過程，均由國家支配；市場資訊完全被操縱。在此種經濟制度下，消費者或是使用者很難得知事實的真相。如果有人懷疑，就會被糾正，甚至被制裁。消費者只有買與不買的選擇，沒有追究真相的權利。

關於這次的新疆棉花事件，不管多少名牌廠商拒買；不管多少消費者譴責，真相永遠不會揭露。你可以認定新疆棉花是愛心棉花；你可以肯定新疆棉花是血汗棉花。你可以基於經濟利益購買新疆棉花；你可以基於政治正義拒買新疆棉花。不管你是肯定還是否定；不管你是購買還是拒買，新疆棉花永遠都會是一個迷團。

大家都知道，要用愛生產製造商品；要用愛購買使用商品。可是，這世間到底有多少商品是用愛生產製造的？有多少商品是用恨生產製造的？我們到底購買使用了多少有愛的商品？多少有恨的商品？我們都在不知不覺中，生產製造了邪惡的商品；我們都在不知不覺中，購買使用了邪惡的商品。我們必須再度檢視，自己生產製造的商品是否有愛；我們必須檢討，自己購買使用的商品是否有愛。人類必須取回自己的良知，用愛生產製造商品；用愛購買使用商品。

15　快篩劑的價格

2022/5/7

人人都知道「一分錢 一分貨」的道理。這就是說，高品質的商品一定是高價格。可是，有許多人偏偏要求，高品質低價格，也就是商品要好價格要低。商品差要抱怨；價格貴也要抱怨；買不到也要抱怨。

自由經濟體制的市場，有勞動市場、商品市場、貨幣市場與資本市場。每一個市場都是依供需法則，決定價格和交易量。供給高於需求，價格就會下跌，交易量就會增加；需求高於供給，價格就會上漲，交易量就會減少。這種經濟法則是大家必須遵守的，也是大家都可以接受的。

當物價上漲時，需求就會減少，供給就高於需求，價格就會下跌。當物價下跌時，需求就會增加，供給就低於需求，價格就會上漲。在這樣的調節下，市場價格會逐漸趨於穩定，亦即均衡價格。因此，價格的波動是短期的，最後都會趨於穩定。

在商品市場中，有高價的商品；有平價的商品；有廉價的商品。例如，有數萬元的服裝；有數千元的服裝；有數百元的服裝。在消費群中，有富裕群、小康群與貧窮群。富裕群會購買高價品，也會購買平價品；小康群會購買平價品，也會購買廉價品；貧窮群只會購買廉價品。

富裕群對物價的變動是無感的，只有小康群和貧窮群才會敏感。尤其是民生必需品的價格，對小康群和貧窮群的影響更大，更具調和物價的功能。易言之，廣大的消費群若減少購買或拒絕購買，物價

就會下跌，至少不會上漲。如果需求者繼續購買，物價當然不會下跌，甚至會持續上漲。此時，上漲的物價也是均衡價格，必須接受。總之，物價是由消費者決定的；高物價也是消費者造成的。

或許有人會說，人人都需要食品，不能不買，也不能少買，所以無法調節物價。這種說法就好像不管有錢沒錢，都要維持一定生活水準一樣的無道理。錢少買少，無錢不買；價貴少買，買不起就不買。不管物價多高，總有較廉價的替代品，沒有非買不可的東西。消費者不能堅持一定要買什麼，而要求不能提高物價。

不理性的消費者一聽到物價上揚，不僅不減少購買，反而搶購囤積，推動物價上升，造成供給不足，讓一般消費者難以購買。因此，造成物價上漲的元兇就是搶購囤積的人，不是商家抬價，更不是政府無能。如果你會因物價上漲，而怪商家或是怪政府，就是不理性的消費者。

最近，快篩劑的價格問題引發爭議，有人抱怨價格太貴；有人抱怨等太久；有人抱怨買不到。其實，超商都還能買得到，只是價格貴一些。實名制快篩劑雖然要排隊等候，但是，價格較便宜。

快篩劑屬於準公共財，有市場性、社會性和福利性。富裕群要在市場中購買；小康群要靠政府補貼；貧窮群要由政府免費提供。小康群要購買有政府補貼的快篩劑，當然要限定人數和數量，就需要排隊等候，甚至會有買不到的現象。這是理性的國民可以理解，也必須接受的事。

目前的小缺失是政府未對貧窮群提供免費快篩劑，未能讓經濟弱勢者得到基本的健康保障。政府的責任是在保護弱者，不是在保護強者；是在雪中送炭，不是在錦上添花。政府對買得起高價快篩劑的富裕群和部分小康群，並無提供廉價快篩劑的必要。

每個人都希望物美價廉；每個人都希望無限供應；每個人都希望政府補助。但是，一分錢 一分貨；搶購就缺貨；政府的錢就是人民的錢。如果你夠理性，就不會要求物價不能上漲；商品不能短缺；政府不能不管。你要做一個自我依賴的強者，不要做一個依賴別人或政府的弱者。

經濟成長與物價膨脹息息相關。追求經濟成長，就要忍受物價膨脹。若要物價穩定，就要接受經濟不成長。你不能要求經濟成長，又要求物價穩定。如果你是一個強者，就不會害怕物價的波動；如果你會害怕物價的波動，就是一個弱者。不管自己的條件多不足；不管外在的環境多艱難，都要努力克服；都要做個強者；都要做個不怕物價膨脹的人。

第 3 章
政治評論

01　政治與經濟

2021/1/13

依最簡單的定義來說，政治 (politics) 的政是國家公共事務體制；政治的治是參與和管理公共事務的活動；政治是參與和管理國家公共事務的體制與活動。

依最簡單的定義來說，經濟 (economy) 是財物與勞務的供給與需求的市場體制與活動，包括生產、流通、交易、消費以及分配等的體制與活動。

依最簡單的定義來說，政治經濟 (political economy) 是政治與經濟體制與活動交叉作用與相互影響的混合體制與活動。

政治系統的基本原理是：民主的政治，人權的保障和法律的治理。經濟系統的基本原理是：自由的競爭，公平的交易和合理的分配。政治與經濟本屬不同的本質與領域，必須加以區別，不能混淆。

政治歸政治；經濟歸經濟。除非市場失衡，否則，政治不可干預經濟。除非財政危機，否則，經濟不可干涉政治。政治與經濟必須明確劃分，不能以政治干預經濟；不能以經濟干涉政治。

有人以政治手段獲取經濟利益；有人以經濟手段獲取政治權力。政治的權力會讓人腐化；經濟的財富會讓人墮落；政治與經濟的結合會讓社會沉淪。

有些國家政治凌駕經濟（如中國）；有些國家經濟凌駕政治（如美國）。前者造成社會主義的專制獨裁；後者造成資本主義的金錢治國。

政治與經濟的混合與混亂，使政經體制遭受破壞；使世界秩序產生不穩；使人類文明往後倒退。我們必須重歸政治與經濟的倫理；重建政治與經濟的秩序，讓世界重回政治的穩定與經濟的繁榮；讓人類重享人格的尊嚴與幸福的生活。

在國際關係上，有些國家試圖以政治去左右他國的經濟（如美國）有些國家則以經濟去影響他國的政治（如中國）。不管是用政治去干預經濟，或是用經濟去干涉政治，都是製造國際糾紛的亂源。政治的問題應該用政治的方式去解決；經濟的問題必須用經濟的手段去解決。我們不能用政治的手段去解決經濟問題；不能用經濟手段去解決政治問題。

政治人物必須以政治倫理的初心，踏進政治的世界，不要以獲取經濟利益的邪心，走政治的道路。經濟人物必須以經濟倫理的初心，踏進經濟的世界，不要以奪取政治權力的邪心，走經濟的道路。

02　公共事務

2022/3/24

最近，我們的社區發生了一件爭議。管委會要在中庭栽種杜鵑花，而反對者則要中庭維持草地。雙方互不相讓，也不妥協。在群組上，雙方甚至用情緒性的文字，將私人事務提出來互相攻擊。整個社區逐漸形成管委會派與反對派兩個集團。管委會的決定必有人反對；反對派的意見必遭管委會否決。

這個現象也出現在我們的社會裡。關於中華民國的存在，有人主張維持現狀；有人堅持必須統一。關於外交政策，有人要親美抗中；有人要親中反美。關於中共犯台，有人要抗戰到底；有人要舉手投降。整個社會逐漸分裂成綠派與藍派。藍綠只管惡鬥，不問是非對錯。

如果社區規約有明文規定，管委會有權決定社區的大小事，居民就不可以反對，只能在下次改選時，改選他人，或是依罷免程序罷免主委或是其他委員。如果社區規約沒有明文規定，遇到重大爭議事件，就

可以採取投票方式決定。屆時，少數必須服從多數的決定。如此一來，社區就不會有非理性的爭議，居民也不會有不和諧的現象。

如果中華民國憲法有明文規定，執政者可以決定國家定位、外交政策和戰爭對策，公民就必須服從政府的決策，否則，就要以罷免或倒閣的方式，撤換執政者，改變國家政策。如果憲法沒有明文規定，遇到重大爭議事件，就必須採用公投的方式決定。屆時，少數必須服從多數的決議，不能批評公投的結果，更不能說公投的精神已死。

其實，解決社區或是國家的爭議事件，都可採取相同的方式處理，不必引發社區的對立或社會的動盪。事實上，非理性的居民或公民卻不遵循這個模式處理爭議。即便法律有規定，也不遵從；法律無規定，也不採取投票方式；即使投票有結果，少數也不服從多數。

小自社區，大至國家的事務都是公共事務。公共事務是眾人的事；公共事務的決策是眾人透過溝通協調，達成共識之後，才能決定的事。公共事務不是個人的事；公共事務的決策不是個人或是少數人就能決定的事。

公共事務不是個人訴苦或是抱怨的事。成員若有意見，可以提供建議，不能要求決策。每一個人對於公共事務都有不同的想法和做法。自己的想法和做法，不一定會獲得別人的認同或是支持。任何人都不能強求別人認同或是支持。

當成員提出建議時，要有主題、要能精簡、要能中肯、要有可行性。自己能做的事，自己就去做；自己做不到的事，不要要求別人去做；自己無法完成的事，不要要求別人去完成。眾人決定的事，那怕自己反對，也要配合遵守。千萬不要認為自己是真理，別人的不同意見都是歪理。

說話容易執行難；怪人容易責己難。當自己要責怪別人或是要求別人時，可要謹言慎行，不要信口開河。自己的一句話或是一段文，都是

智慧與涵養的展現。或許自己不會懂,肯定會有別人懂。社會上有許多有智慧的人,有智慧的人絕對不會孤單。

公共事務的處理方式反映一個社區居民或是國家公民的理性水平。一個紛紛擾擾的社區或是一個動動亂亂的的國家,就反映了大多數的居民或公民是不理性。如果自認自己是理性的人;如果希望自己的社區或國家是理性的,就應該遵守法律的規定;就應該遵從多數決的規則。

03 政治人物

2021/2/23

每一個參與政治活動的人,都有自己的理想;都有自己的做法;都有自己的說詞;都認為自己是正義的代表。

其實,政治人物有三種:第一是有正義格局與超人膽識的政治家;第二是有正義格局,沒有超人膽識的政治人;第三是沒有正義格局,也沒有超人膽識的政客。

正義感是政治人物的靈魂。沒有正義感就不配當政治人物。膽識是政治人物的條件。缺乏膽識就無法成大功立大業。

正義和膽識是檢視政治人物的指標。我們需要的政治人物是名副其實的政治家,不是名不符實的政治人,更不是製造亂源的政客。

目前,活躍在台灣政壇上的政治人物到底有多少人是政治家;多少人是政治人;多少人是政客?我們是否能夠辨識政治人物?我們是否選對政治人物?我們的政治人物是否能為民謀福利?

每一天,我們都會看到許多政治人物的報導。有些是危言聳聽,迷群惑眾;有些是搬弄是非,言不及義;有些是不分對錯,逢事必反;有

些是矯揉造作，忸怩作態；有些是威嚇大眾，擾民誑世；有些是盛氣凌人，耀武揚威；有些是長他人威風，滅自己志氣。

許多政治人物會成群結黨，組成幫派。他們會在社會上興風作浪；在政治上左右選舉；在地方上霸凌弱小；在利益上勾結分贓。有些政治人物還會組織鐵粉，到處搖旗吶喊，擾亂社會秩序。

看著這些政治人物的胡言亂語和胡為亂作，卻只能氣憤在心頭。我們不能禁止他們的言行，只能為文批判，發洩自己的情緒。

其實，世界上的政治人物都是大同小異。真正的政治家並不多見。我們無法對外國的政治人物說三道四，但是，可以對本國的政治人物嚴格檢視。

政治家的好，不只是要為人民多做事；多開路；多建設施、多給福利，還要能伸張正義，捨我其誰的勇氣。做符合正義的事情、給符合正義的福利；不做違反正義的事情，不給違反正義的福利。如果我們希望這個社會能夠繁榮進步，就需要齊心協力，支持有正義和有膽識的政治家，堅決鄙棄追求私利，罔顧公益的政客。

04　政治術語

2022/6/9

先前，馬英九前總統說：台灣是不自由的民主。最近，朱立倫主席說：九二共識是沒有共識的共識。這兩句話掀起了軒然大波，也引發了社會撻伐。大多數的人都是以政治的立場，批判這兩句話。他們說：台灣比中國更自由民主，所以馬總統說錯了。他們說：沒有共識的共識＝沒有笑話的笑話，所以朱主席說錯了。

依我看來，這兩句話並沒有邏輯上的謬誤，只是容易引人政治聯想，而有不良反應。如果我說「白馬非馬」，你一定不認同，因為白馬明明就是馬，怎能說不是馬呢？你一定會對這句話嗤之以鼻，視同笑話一則。但是，在邏輯上這個推論是合理的。

自由是重要的基本人權（其他如生存權、平等權、尊嚴權、隱私權等）。民主是政治體制，也是由公民直接或間接運作的政治型態。自由與民主屬於不同的政治領域，自由不自由與民主不民主並沒有絕對必然的關聯。在自由的社會裡，可以民主，也可以不民主。在民主的國家裡，可以有自由，也可以沒有自由。

所謂「不自由的民主」，就是在一個民主的國家裡沒有自由。同樣的邏輯，所謂「自由的不民主」，就是在一個不民主的國家裡有自由；所謂「不自由的不民主」，就是在一個不民主的國家裡沒有自由。如果說台灣是不自由的民主，新加坡是自由的不民主，那麼，中國就是不自由的不民主。馬總統只說台灣是不自由的民主，雖然不夠周全，但是，並沒有邏輯上的錯誤。

如果馬總統能說，美國是自由的民主；新加坡是自由的不民主；台灣是不自由的民主；中國是不自由的不民主，就更加完整，就更具說服力。馬總統懂得政治理論，也了解自由與民主的意涵，理應把話講清楚說明白才好。

所謂共識，就是兩個人或是三個人以上的群體，經過討論溝通，充分理解之後，所達成的解決方法或方案。這個方法或方案不是最好的，而最適的，也就是大家雖不滿意，但能接受的。大家討論的結果，可以有共識；可以沒有共識；可以沒有共識的共識。

所謂沒有共識的共識，就是雙方在這一次的會談中得到的共識，就是沒有共識，但是，寄望下一次的會談會有共識。九二共識的共識就是沒有共識的共識，既非一個中國的共識，也非各自表述的共識，因為中國不同意各自表述；台灣不贊成一個中國。

朱主席說：九二共識是沒有共識的共識，這是事實，也符合邏輯，沒有錯誤。可是，有許多人還是用這句話調侃他或是批評他。如果朱主席能夠簡單表達，「九二共識沒有共識」，或是「九二沒有共識」，意義就會更加明確，或許就沒有人會反對。

如果對自由、民主、共識等專有名詞的意義與內容，能夠充分理解；如果對邏輯的推理方法有基本的認識，相信就可以正確解讀別人的話語；就可以避免不必要的爭議。說話者要有懂得的意；聽話者要有理解的心。這樣才能取得共識；才能化解衝突。

政治人物喜歡用政治術語（political term）煽動民心，影響民意。有些政治術語是大家都能懂得的；有些政治術語是大家不能理解的。有些政治人物會使用大家不了解的政治術語去鼓動風潮、攻擊政敵，或是逃避批判。但是，不管政治人物的居心何在，或是使用何種政治術語，對於一個有思想和有智慧的人，絕對不會受其蒙騙；絕對不會受其影響。

05　選民素質決定政治品質

2022/9/27

1980 年代末期，台灣由非民主政體轉型至民主政體。在這不到 40 年的民主化過程中，台灣人歷經了多次中央與地方的選舉活動，逐漸學會了民主的運作方式。雖然國際上盛讚台灣的自由民主，但是，平心而論，台灣的選民素質仍然未達成熟的階段，有時候還會出現違反自由民主的現象。政治的品質不僅要有自由民主的政治體制，還需要有理性的高素質選民，才能選出真正優秀的人才，才能為人民謀福利。

這次的九合一選舉已經正式展開，各個政黨都摩拳擦掌在競爭；各個候選人也都卯足全力在衝刺。在兩黨競爭的地方，捉對廝殺，拼死拼活；在三黨鼎立的地方，則各自聯合次要敵人，打擊主要敵人。候選人無

所不用其極的揭發對手的黑幕，並給予致命的打擊。選民則搖旗吶喊，不問真假、是非、善惡，也不問合不合理、利弊得失、可行不可行，而一味的支持自己喜歡的候選人，無情的攻擊自己討厭的候選人。

每逢選舉到來，台灣就陷入歇斯底里的狀態。候選人開始製造新聞；媒體開始抄作；選民開始瘋狂；社會開始對立；台灣開始分成兩個衝突的派系。理性選擇和選賢與能的民主精神被拋諸腦後，蕩然無存。選民只依自己的立場與偏好，支持特定的候選人，反對不支持的候選人。只要是自己支持的候選人，即使再壞再爛，也不在乎，甚至還會為其辯護。對於自己反對的候選人，不管多對多好，就是要攻擊，甚至會用惡意的手段中傷候選人。

台灣的選風為何會如此敗壞？依我看來，至少有七個主要因素。第一是政治思想的尖銳對立；第二是選民不夠理性；第三是選民太過情性；第四是政論名嘴太過偏激；第五是語言暴力的氾濫；第六是外國勢力的干預；第七是泛政治化的選風。這些因素是我自己觀察的結果，不代表真正的事實。讀者可以採信；可以不理，但是，請不要生氣。

台灣社會隱藏著政治思想的對立。主張兩岸一家親，雙方應統一的中國派和主張兩岸不隸屬，雙方應分立的中華民國派，各持各的立場與理由，彼此爭鬥，互不相讓。選民會將候選人定位成一國論者和兩國論者。然後，再決定要支持誰。選戰一開打，選民就會選邊站。一般是將國民黨的候選人當成一國論者；將民進黨的候選人當成兩國論者。如果自己傾向一國論，就會支持國民黨的候選人；如果自己主張兩國論，就會支持民進黨的候選人。選民只考慮候選人是哪一派，不考慮候選人是好或壞。自己支持的候選人，不管說什麼或做什麼都是對；自己反對的候選人，不管說什麼或做什麼都是錯。候選人的對與錯，已經不是選民的考量條件。

台灣的選民不夠理性。民主政治的選舉應該是公共政策的爭辯。選民應該仔細聆聽和冷靜分析候選人的政見，選擇提出有願景和可行性政見的候選人。但是，台灣的選民對候選人的政見並不感興趣，不會理性分析，也不在乎可不可行。譬如說，有人提出要贈送每位上班族一

輛電動摩托車的政見，選民不會考慮財源、排擠效應以及對交通的影響，而信以為真的投他一票。

台灣的選民太過情性，甚至情緒化。台灣是一個情性的社會，凡事都以情感作為為人處世以及社會選擇的依據。有時候，還是會以情傷理，甚至以情傷法。候選人會以同姓、同學、同鄉、同黨、同職業、同宗教等的連帶情感，作為拉攏選民的策略，而選民也大都會買單。此外，選民也會情緒化，激情保護自己支持的候選人；強烈攻擊自己反對的候選人。即便是夫妻或好友，也常因支持不同的對象而失和。

台灣的政論名嘴太過偏激。解嚴之後，言論自由蔚為風潮，各種言論大行其道，而且越走越偏激。電視台依自己的政治立場，開設政論節目，邀請相同立場的名嘴參與討論。名嘴會依自己的政治立場，批判或攻擊相對立場的政治人物，甚至還會在不同的政論節目上，講不同立場的話。選民也只會依自己的政治立場，觀看政論節目，聆聽名嘴的評論，而且愈偏激愈興奮。主持人為了提高收視率，而挖人隱私；名嘴為了提升知名度，而愈說愈辛辣。

台灣的選舉充滿非理性的語言暴力。凡舉諷刺、污辱、誣蔑、歧視、仇恨的語言紛紛出籠，好像語不驚人死不休。有些政治人物為了蹭聲量或博版面，而使用激烈的語言，表達自己的情緒。他們既不尊重對方的感受，也不在乎社會的觀感。他們會以「我就是這種人，你奈我如何」的高傲態度，毫不掩飾地使用語言暴力，中傷別人，傷害社會。

台灣的政壇佈滿外國勢力的影子。外國勢力透過宗教團體、學術機構、工商人士、民間組織、政論名嘴、網路網紅等，進行干擾作戰。國內外的小粉紅則會利用假訊息，或是似是而非的言論，進行認知作戰。每當選舉期間，尤其是大選期間，這些作戰更會如火如荼的展開。外國勢力的目的，是在攪亂台灣的安定與繁榮，可是，卻有許多中間選民會在不知不覺中被蒙蔽，掉進其陷阱，而做出不理性的投票行為。

泛政治化是台灣選舉風氣的另一種特色。一到選舉期間，芝麻小事都可以成為政治議題。譬如說，論文抄襲是學術問題，應由學校出面解決；

認祖歸宗是法律問題，應由法院出面解決；配偶外遇是家庭問題，應由夫妻出面解決。可是，這些問題一遇選舉，就會浮現在政治舞台上，而且大肆渲染和抄作。有時候，還會捏造小道消息或不實謠言，中傷對手，影響選情。

選民的素質決定政治的品質。如果沒有高素質的選民，再良好的民主體制都無法實現民主的真諦。政治人物會利用選民的無知，獲取政治的權力，達成一己或一黨的野心或目的。台灣的教育水準名列前矛；台灣的民主改革行之有年，按理應該有良好的民主素養與民主政治。可是，由上述的分析來看，台灣人的民主素養尚未成熟；台灣的民主政治未臻完美。在民主化的道路上，台灣仍有許多難關需要克服；仍有漫長的路程需要行走。

如果你會熱心關心候選人的政見；如果你能細心思索政見的內涵；如果你能夠拒絕聽信名嘴；如果你能夠判斷是非善惡，你就是一個優質的選民。如果多數的選民都是優質選民，就能夠選出優質的行政長官和民意代表；就能夠實現高品質的民主政治。在中傷別人、譴責社會或打擊政府之前，是否應該捫心自問：自己是否是一個盡責的公民；是否是一個優質的選民？

06 政治使人邪惡

2021/6/9

最近，歐美先進國家爆發了知名科學家掩蓋病毒事實；編造虛假謊言；違反倫理道德的事件。因而引發了社會的譁然與科學界的震驚。

求真是科學的基礎，也是科學家的精神。大家都會依賴科學的原理；大家都會相信科學家的話語。如果科學的原理被質疑；科學家的情操被鄙視，科學的精神將蕩然無存。

某些人或某些國家為了某些政治的目的，常會利用各種利益，誘惑人們背棄道德正義，做出傷害別人和破壞社會的邪惡行為。利益使人出賣自己的良心；政治使人做出邪惡的行為。

如果個人走入政治或是政治介入個人，人心就會改變；行為就會邪惡。每天，我們所看到的和所聽到的邪惡言行，幾乎都是來自政治的影響。

我們的社會正籠罩在政治對立的氣氛下，每一天，每一個人都在不知不覺中，受到政治的影響。人人都在談論政治；都在相互攻擊。人們已經不在乎倫理與理論，也不在意真假與是非，一心就是要擊敗對方。

在這裡，每一句話，每一則文，每一件事都可以成為政治的議題。你可能被認為是統派；你可能被認為是獨派；你可能被認為是中華民國派。每一個人都會被標記一個派系，彼此批判，相互攻擊。

為了達到更有效率的政治企圖，使用的話語愈說愈刻薄；使用的文字愈寫愈辛辣。什麼謀財害命；不得好死；抓來槍斃；進行革命等邪惡的話語和文字層出不窮。

有些知識份子編造虛假資訊；有些知識份子轉傳虛假資訊。他們不是不知道資訊的假；不是不懂得資訊的惡。他們是要發洩政治的情緒；他們是要達成政治的野心。

政治是管理眾人的事。許多政治人物為了取得政治的權力，而無所不用其極。威脅、利誘、陷害、中傷、色計、捏造、網攻等邪惡的手段一一出籠，既不掩飾，也不羞恥。

政治使人邪惡；罔顧道德正義；製造社會對立；挑戰普世價值；破壞國際秩序。如果人人都有思想；人人都能自立，就不需要有政治；就沒有政治的對立；就沒有邪惡的行為。如果世界上沒有政治，每一個人都是人類的一份子，住在不同的地方，相互交流，彼此互助。若能如此，世界將會成為一個樂園；人類將能共享幸福。

07   岳飛與孫中山

2021/10/8

最近，趙少康掀起了岳飛與孫中山的風波，說郭台銘的女兒不知道岳飛；吳淡如的女兒不知道孫中山，因而指責政府在推行「去中國化」。

姑且不論兩位小朋友是否還沒學到，還是有學沒到，在國小和國中的歷史課本上，都有提到岳飛與孫中山的事蹟。媒體人不應該不察明，就信口開河。

如果歷史記載屬實，岳飛的精忠報國與孫中山的推翻清朝同屬愛國情操；同是英雄本色，值得人們的敬仰與學習。政府不僅要在教科書中，教導下一代孩童，也應該在社會教育中，倡導愛國護國的精神。社會菁英更需要以身作則，作全民的表率。

岳飛在國家衰弱與強敵環伺下，勇敢抗敵，保衛家園，所以被尊稱為英雄。孫中山為反抗外族統治而勇敢革命，建立中華民國，所以被尊稱為國父。兩者皆是為國家民族做出重大貢獻的英雄，也是中華民族歷史上的偉人。

岳飛是宋朝的英雄，不是金朝的英雄；國父是中華民國的偉人，不是中華人民共和國的偉人。從宋朝的立場而言，秦檜害死岳飛，是宋朝的奸臣。從中華民國的角度來看，毛澤東推翻中華民國，是中華民國的竊國者。（毛澤東若尊重孫中山，就不會推翻中華民國，建立中華人民共和國）因此，英雄或是偉人都是從單一的觀點去評論，而非普世的價值。

目前，在台灣的政治舞台上，有人認同中華民國；有人認同中華人民共和國。前者是為獨立派或是維持現狀派；後者是為統一派或是中國同路派。獨派認為統派都在破壞台灣現狀；都在促進中國統一。統派

認為獨派都在挑釁中國，都在圖謀獨立。獨派罵統派是出賣台灣的台奸；統派則罵獨派是民族統一的叛徒。

理論上，主張中華民國正統性的人，當然不承認中華人民共和國，甚至視中國為不共戴天的敵人。相反地，認同中華人民共和國為祖國的人，當然不承認中華民國，甚至視台灣為阻擾統一的叛亂團體。如果舉著中華民國國旗，卻主張兩岸統一或是承認中華人民共和國，卻口喊愛中華民國，都是迷惑人心的統戰伎倆。

在兩蔣時代，台灣全民一心，要反攻大陸，消滅共產政權。當時，若是親共或是附共，就會被視為匪諜，而加以治罪。時過境遷，當年帶頭反共的將領，卻變成了親共的叛將；當年嘶聲力竭高喊反共的文人，卻變成了忠心耿耿替中國促統的台奸。這些人今日的我已非昔日的我。昨為中華民國人，今是中華人民共和國的人；昨日反共，今日舐共。

趙少康若是那麼崇拜岳飛，就必須學習他的忠貞愛國和奮力救國的精神。如果趙少康真的尊崇孫中山，就應該為他所創立的中華民國盡忠。過去曾主張或是支持反共，現在就不應該親共或是舐共。如果過去主張中華民國的正統性，現在就不應該幫助中華人民共和國侵犯中華民國。

在一個不講求真實與正義的政治環境下，政治人物和媒體名嘴都以似是而非理論和充滿陰謀的算計，不擇手段地爭權奪利和排除異己。趙少康以岳飛和孫中山作為政治鬥爭的工具，就是最典型例子。整個事件的本質，並非教科書中有沒有岳飛與孫中山，也不是民進黨政府有沒有去中國化，而是趙少康心中那股政治的野心和企圖。這是我們必須重視和釐清的課題。

08　思想自由與言論自由

2022/6/228

自由有兩種；第一是不受外力干預的自由 (freedom)；第二是不受人身限制的自由 (liberty)。前者是思想、信仰、言論、出版、集會等的自由；後者是身體、行動、居住、遷徙等的自由。

自由的人是有精神自由和身體自由的人；半自由的人是有精神自由，沒有身體自由的人；不自由的人是沒有精神自由，也沒有身體自由的人。一般來說，有精神自由，不一定有身體自由，例如，可以自由思索，但是，不能自由行動。

精神的自由是思想的自由，屬於自己；身體的自由是行動的自由，屬於社會。國家可以限制人民身體的自由，無法禁止人民精神的自由。即使在獨裁專制的國家；即便把人民囚禁在監獄裡，也無法約束人民思想的自由。如果無法享有身體的自由，就要發揮精神的自由；如果放棄精神的自由，就是甘做一個奴隸。人可以忍受身體的不自由，不能容忍精神的不自由。

思想的自由是無法被強制的，但是，言論、行動、信仰、集會或身體的自由是容易被控制的。自由主義者所爭取的，是要去除外在行動的限制或控制，不是要去除內在思想的限制或控制。每個人都可以依照自己的意志思索；依照自己的思索，建構自己的思想。沒有任何人能夠強制別人不能思索；不能有自己的思想，也沒有任何國家，能夠強制人民不能思索；不能擁有自己的思想。

人人都有自己的思想；都不能被操控。在獨裁專制的國家，也有自由主義的思想；在自由民主的國家，也有專制主義的思想。當然，在任何國家，也有眾多沒有思想，只會附和別人或社會思想的人。除非把自己的思想訴諸言論、文字或行動，否則，不會有人知道，也沒有人

能約束。因此，思想自由是天賦的權利；思想控制不是一個社會的議題。

言論自由是自由主義者極力爭取的目標，因為世界上仍有許多國家的人民仍然無法享有言論的自由；依然受到嚴格的言論管制。許多人因有對抗國家或社會的言論，而被制裁、被定罪、被囚禁、被殺害。一般人常把言論自由與思想自由聯結，以為沒有言論自由就沒有思想自由。其實，言論自由與思想自由是可以分開處理。有些人有思想的自由，沒有言論的自由；有些人有言論自由，沒有思想的自由。有許多人則沒有思想，卻天天大放厥詞。

在一個自由的社會裡，人人都有自己的言論自由，但是，言論自由必須有憑有據；必須尊重別人的言論自由。尊重別人的言論自由，就必須犧牲自己的言論自由。因此，沒有人有絕對的言論自由。不能藉言論自由，讓自己的言論無限上綱；不能以言論自由，逃避法律與社會的制裁。濫用言論自由，就是對自由的曲解與侵害；就是自由的破壞者。

媒體所揭櫫的言論自由，是求真求是和中立客觀的報導，不是不經求證和不負責任的報導。媒體若以特定的立場、虛假的資訊、偏頗的評論或惡意的攻擊等方式，去誤導民眾，製造對立，擾亂社會，就是言論自由的濫用。媒體是改變社會的重要力量，可以興邦，也可以滅國，不得不慎重。

在我們的社會裡，有些人藉由自由破壞自由；有些人藉由民主破壞民主；有些人藉由人權破壞人權。在每個日子裡，我們看到了多少捏造的新聞和資訊；多少粗暴的言論和行動；多少為反對而反對的爭議；多少不理性的攻擊與傷害；多少賣國求榮的自貶與威脅？這些都在言論自由的保障下，悄悄地進行；默默地吞噬；靜靜地破壞。

言論自由要建立在思想自由的基礎上；思想自由要建立在道德正義的基礎上。如果沒有道德正義的思想，就容易濫用言論的自由；就容易破壞自由的真諦。當我們在談論思想自由與言論自由的時候，必須了

解自由的意義；必須反思自己的思想；必須約束自己的言論。自由不是為所欲為的自由，而是有道德正義的自由。人人都想要自由，但是，不是人人都懂得自由；人人都想要言論自由，但是，不是人人都能正確運用言論自由。請你記住：言論自由是存在自己的思想中，不存在社會的權利中。

09 新聞自由

2021/7/10

新聞自由是建立在基本人權，民主政治與自由市場三個基礎理論上。採訪的自由，報導的自由以及表達的自由是新聞自由的基本權利，也就是與行政，立法，司法並列的第四權或是監督權。

新聞自由，是經過漫長的演進過程，逐漸發展出來的權利體系。新聞媒體和新聞記者都本著道德正義的精神和真實客觀的立場報導新聞。

由於政治力介入媒體以及媒體競爭的激烈，使媒體報導漸失公正；使新聞自由逐漸扭曲。媒體開始分化；媒體記者開始墮落。

現代的媒體已經成為媒體老闆的操縱工具；現代的媒體人已經成為媒體老闆的棋子。不再有公正的媒體；不再有良知的記者。

現代的媒體會欺騙大眾；唬弄大眾，操控大眾，使大眾成為助長其利益對象。如果大眾聽信其報導，就會被誤導，而成為邪惡者的共犯。

在極權統治的社會裡，媒體是用來做為對內從事政策宣導，對外進行政治統戰的工具。在此體制下，媒體記者沒有採訪和報導的自由，也沒有發表自我觀感或想法的自由。

在極權統治的社會裡，一般大眾只能看到一種訊息；聽到一種聲音。人們不能懷疑；不能反對，只能相信；只能順從。若有不同的想法或是意見，警察就會找上門或是被逮捕。

在極權統治的社會裡，國家會利用新聞檢查制度，牽制新聞自由，控制新聞報導。媒體人和社會大眾都要在新聞理念與政治壓力之間掙扎。稍有不慎，就會被威脅，被囚禁或被殺害。

不管是在自由民主的社會或是極權統治的社會，新聞自由正面對政治的嚴重挑戰。媒體已經成為政治鬥爭的戰場；大眾已經成為政治鬥爭下的犧牲品。人們已不再有知的權利；不再能知道事實的真相。

多少人藉新聞自由之名，行操控大眾之實；藉新聞自由之名，行顛覆國家之實。我們已經無法相信媒體的報導；我們已經無法依靠新聞報導，作為判斷是非善惡的標準。我們唯一能做的，就是充實自己的思想，用思想去分析，去判斷，去做選擇。唯有社會大眾都具有思想，新聞自由才能實現；知的權利才能得到保障。

10　遷徙的自由

2021/7/21

遷徙的自由是基本人權，應該受到國家的保障。在國家的領土上，任何人都可以選擇自己喜歡的地方；都可以遷離自己討厭的地方。

當你選擇一個地方居住，不管是好還是壞，都應該努力將它美化，不應該把它醜化。

如果你不喜歡自己的地方，就應該尋找另一個較好的地方。你不應該天天抱怨自己的地方，羨慕別人的地方。

如果有一個更好的地方供你選擇，就是應該搬離現在的地方，遷到較好的地方。你不應該留在自己討厭的地方，罵自己的人們，破壞自己的地方。

有三種人就是喜歡抱怨自己的地方，讚揚別人的地方。第一種是失去權力，而挾怨報復的人；第二種是接受別人的利益，而當別人馬前卒的人；第三種是有把柄握在別人手裡，而受別人操控的人。

如果家裡有一個人，不管大事小事或是好事壞事，都要抱怨和指責；都要罵父母的不是；都要嗆家人的不好，而自己卻什麼事都不做，也不敢離家出走。如果你是這家人或是這家人的父母，你會有什麼感受？你會有什麼對策？

在我們的社會裡，有一些人就是討厭這個地方，而嚮往別的地方。他們每天罵政府，嗆別人，搞破壞，唯恐天下不亂。可是，他們偏偏就是要住在這個地方，而不願移居嚮往的地方。

還有一些人因討厭這個地方，而移居到自己喜歡的地方。可是，他們卻天天隔海罵我們的政府，嗆我們的國人，還要別人趕快對我們動武。

我們的社會是一個自由的地方，人人都有遷徙的自由。如果你真的討厭這個地方，就請你遷出這個地方。如果你要留在這個地方，就請你愛護這個地方。你若勉強留在這個地方，你會天天都氣憤，我們也會天天都痛苦。

每一個人都希望有一個快樂的家庭；每一個人都希望有一個和諧的社會。如果家庭不快樂，就應該搬離這個家庭；如果社會不和諧，就應該遷出這個地方。

11　論文抄襲

2022/8/19

最近，政治人物的論文抄襲事件鬧得滿台風雨。一般人都從政治的立場去評論。有人認為，政治人物需要能力，也需要操守，而論文抄襲是不道德的行為，抄襲者必須退出政壇。有人則認為，政治人物需要能力，不需要學歷，而論文抄襲不涉及道德問題，只要撤銷學位文憑即可，所以不必要退出政壇。

問題是，有些人是用不同的標準，要求不同的對象。對非同志用嚴格的標準；對同志則用寬鬆的標準。這些人把道德邪惡化；把學術政治化。理論上，道德是做為一個公民的基礎，更是學術和政治的基本條件。道德有三個原理，就是真實、負責與尊嚴。換句話說，就是不能虛假或欺騙；不能推卸或逃避責任；不能不自我尊重或不尊重他人。論文抄襲不僅是偷竊和欺騙，也是不負責的行為，更是對他人的不尊重，是不折不扣的不道德。

在學術界，學生撰寫論文，有一定的程序。第一要有研究的動機；第二要有研究的問題；第三要研究的設計；第四要有實證的分析；第五要有研究的發現；第六要有具體的結論與建議。學生只要依照這六個步驟去撰寫論文，就一定會有學術價值。在撰寫過程中，當然會參考和引用他人的文獻、資料或研究發現，但是，必須誠實地註明出處或附加說明。如果不註明出處，而抄襲他人的著作或論文，就是虛假、欺騙和竊盜的行為。

任何人違反這種學術倫理，就是不道德，就不應該被授予學位。試想，如果有學生在畢業考時作弊，還能允許他畢業；授給他畢業證書嗎？這是十分簡單明確的道理，也是學校對學生的基本要求。如果學校一時不察，而讓抄襲的學生畢業，並授予學位，在事後若有發現，就應該即刻召開學倫會，以公開公正的方式審查。一旦作成決議，就必須撤銷學位。

論文抄襲是不道德的偷竊行為。抄襲者應該無地自容，羞愧對社會，不應該為自己辯護，也不能指責別人抹黑，學校應該嚴格審查，不應該寬容對待，也不能刻意放水，學校如果讓政治力介入學術，學術就不再是學術，教授就不再是教授。對於論文抄襲的審查標準，教育部應有一律適用的法律規範，不能任由大學自行訂定，或由少數教授任意決定。

在學術界，常有抄襲論文、代寫論文、放水學生、掛名論文、由學生代筆、使用學生論文以及一個研究計劃多種使用等違反學術倫理的現象。不僅學生如此，教授也一樣。這種人充斥學術界，污染學術界，卻不被揭發，依然我行我素。尤其是想以學歷，墊高自己聲望的政治界和企業界人士以及橫跨學政和學商兩界的教授，更是容易犯下這種錯誤。

論文抄襲一旦被揭發，有人會抱怨喊冤；有人會捍衛清白；有人會笑罵由人；有人會責怪別人；有人會盲目相挺；有人會惡意污衊。不管人們如何反應論文抄襲事件，沒有當事人會自我譴責，表達歉意，也鮮少批評者會仔細對照論文抄襲的內容，明確指出抄襲的程度。社會上對論文抄襲事件的反應，就是支持者肯定無抄襲；反對者堅持有抄襲。即便有抄襲，支持者不認為有道德上的瑕疵，反對對者認為罪不可赦。論文抄襲變成了政治事件，而非學術問題。易言之，就是用政治的觀點和手段，去掩飾論文抄襲的真相與責任。

抄襲別人論文的動機，就是想不勞而獲，不必做研究，就可以寫論文；就可以拿學位。尤其是政治人物和商業人士，由於缺乏充裕的時間做研究，只能撿現成，抄襲別人的論文。當然，抄襲有全抄、大抄和小抄之別。抄襲和引用不同，前者不註明出處；後者則附有註釋。引用別人論文的一句或一段文，並非抄襲，也符合學術的標準。但是，若不註明資料來源，即使抄襲一句或一段文，都不被允許。這是有道德者的良知，也是學術的基本要求。如果說，小抄襲可以被接受，那麼，小竊盜就可以被允許。

至於指導教授是否必須承擔，學生論文抄襲的責任，理論上是應該的，但是，實際上是有困難的。指導教授除非費心搜索和對照，否則，不容易發現抄襲的現象和程度。一般的指導教授和口試委員都只會關注在學生的研究方法和實證分析，不會注意到是否有抄襲的問題。即便發現小部分的抄襲，也都不會太嚴格把關。當然，有極少數的教授明知學生有抄襲，而且是大抄襲，卻故意放水，協助通過審查。若是如此，指導教授就有必要負起指導不周，或是協助造假的責任。

其實，撰寫論文可以很容易，也可以很困難。最簡單的方法就是用別人做過的研究題目，採取不同的研究方法，或是不同的實驗或施測對象進行研究。然後，用自己研究的發現，去印證或推翻別人的研究發現。如果自己要做一個獨創性的研究，就必須長期關注某個研究題目，收集眾多的相關資料，並且要有獨自的研究方法，才能進行研究和撰寫論文。一般的博士論文都要歷經兩三年，甚至更久時間，思考論文的題目，才會進行研究，就是這個道理。

撰寫論文是純學術性的問題，不能有政治性或商業性的考量，更不能被政治或商業的勢力影響或支配。然而，當今的社會，卻在學而優則仕；仕而優則學的封建思想下，許多人都想取得學歷，以利踏進政壇或商場，而退出官場或商場後，就回學校教書。學術、政治和商業已經融成一體；論文撰寫已經被政治和商業污染；論文抄襲已經成為普遍的常態。如果自我約束道德良知不被重視；如果萬般皆下品，唯有讀書高的觀念不被改變；如果學術不能完全獨立；如果大學教授不能以身作則，那麼，論文抄襲的歪風就難以遏止；學術界的純淨將難以維護。

12　為虎作倀

2021/7/15

最近，台積電與鴻海永齡基金會一起為台灣購買了各 500 萬劑的 BNT 疫苗。兩個民間團體與政府共同努力了好一陣子，終於塵埃落定，國人無不歡欣，不無感謝。

然而，郭先生竟然說「北京當局對此次疫苗採購過程，沒有任何指導或干涉」。此話一出，讓人不禁懷疑，其心可疑，其行可議。難道這番波折都是我們政府在阻擋，在造謠，在卡疫苗的進口嗎？

北京政府有沒有阻擋我們購買疫苗，舉世皆知。郭先生更是心知肚明。就是因為如此，美，日和立陶宛等國才贈援我們疫苗。也因為如此，美國和德國政府才介入這筆買賣。

即使北京政府沒有介入或是干涉，這也是國際貿易的正常規則，沒有人會刻意強調。相反地，若一再強調北京政府沒有干涉，更令人有此地無銀三百兩的感覺。

相較之下，台積電的劉先生自始至終沒說過半句的話，照樣把事情做滿做好。沒有人會懷疑他沒有盡力；沒有人會不感謝他的善心善行。

中國用大量的飛彈瞄準我們；天天派飛機侵擾我們，時時對我們進行認知作戰；處處阻撓我們參加國際組織。這些行為還算是我們的好朋友或是好家人嗎？如果不是，甚至是我們的敵人，那麼，我們有什麼理由為敵人說好話；有什麼理由作敵人的幫兇？

在我們的社會裡，有一批人整天與中共唱和，讚美中國，唱衰台灣。他們就是要搞亂台灣，好讓中共有出兵平亂的藉口，或是作為解放軍入侵時的裏應外合。

其實，這些人都深深知共產主義的本質和可怕，也都曾經受過共產主義迫害的人或是其後代。他們之所以會這麼做，是因為報復心和嫉妒心使然。他們受不了失去權力的落魄，更受不了執政黨的得勢。執政黨做得愈好，就愈讓他們忐忑不安，愈想伺機報復。在無法用合法方式取回權力之餘，只能結合中共，藉中共之力，試圖再奪回政權。

有一句「為虎作倀」的成語，形容被老虎吃掉的人，還化成老虎的倀鬼，為老虎所役使。自己被惡人宰控，還引誘別人被惡人宰控；自己受害，也要別人一起受害。

這次購買 BNT 疫苗的事，凸顯了台灣目前的艱難處境以及朝野對立的真正本質。不管是哪一種公共政策；不管政府如何施政，總會有人出來反對和攻擊，並藉機拖垮政府，擾亂社會，然後一起被滅亡；一起被奴役。

13　狐假虎威

2021/7/14

所謂狐假虎威，就是狐狸假藉老虎的威風，嚇跑其他野獸，意思就是假藉別人的威勢恫嚇其他人。

世上有不少狐假虎威的人。他們會躲在別人的背後作威作福；他們會利用別人的力量，霸凌別人；他們會接受別人的利益，出賣自己的靈魂。

我們最常見到的狐假虎威，就是假外國勢力，威脅國人的人。這些小野狼靠著背後的大老虎，挑戰政府，欺壓百姓。別人有錯，就大肆攻擊；自己理虧，就搬出老虎嚇人。

還有一種常見的狐假虎威，就是躲在老闆背後瞞上欺下，坐收漁翁之利的人。他們用盡心思，取得老闆的喜歡與信用，用老闆的令符發號施令，霸凌部屬，獲取自的利益。

此外，有一種最普遍卻不自覺的狐假虎威，就是轉傳別人資訊，卻不負責任的人。他們只管資訊的可利用性，影響性和傷害性，不會求證資訊的真實性，理論的正確性和邏輯的合理性。他們只是要利用別人的資訊，滿足自己的慾望，或是達成自己的野心。

他們還會加油添醋，再加上一句低俗的幹話。他們的傳文會立刻引發同溫層的反應，一傳再傳，一罵再罵，永不厭倦。

他們一旦遭到事實的反駁，理論的批判或是邏輯的推翻，就會躲到別人的背後，推說自己只是轉傳者，不是原作者，所以無法解釋，也不必負責。那個時候，他們會裝成一隻可愛的小狐狸，要你去打那隻可惡的大老虎。

一個有 guts 的人，必須自己製造資訊；自己撰寫文章；自己承擔責任，不應該不求證，不思索就去轉傳別人的資訊或文章，也不應該逃避自己的責任。當你要轉傳一個資訊或是一篇文章之前，請要求真求是，慎思明辨，不要讓自己成為一個狐假虎威的人。

14 驕者必敗

2021/6/11

驕者是自視非凡與高人一等以及貶低和歧視別人的人。

驕者是在無數的成功與勝利中，逐漸奠定了自信。他會肯定自己的思想原理是世界的普世價值；自己的行為模式是人類的行為準則。

驕者會屈服強者；霸凌弱者，也會利用強者獲取利益；腳踩弱者墊高自己。在他的眼中，只有極少數的人是強者，大多數的人都是弱者。

驕者永遠不會承認自己的錯。所有的錯都是別人的錯，都不是自己的錯。如果自己的錯誤明確，無法狡辯，就會說是人之常情的小事，要別人不要大驚小怪。

如果有人膽敢反對或是反制他，就會遭到驕者的邪惡報復。他會用威嚇的語言或是野蠻的行動，反擊反對者或是反制者。

驕者的野心會愈來愈擴大；行為會愈來愈囂張。從控制一個社群到控制一個社會；從控制一個社會到控制一個國家；從統治一個國家到統治全世界；從統治全世界到統治整個宇宙。

在人類的歷史上，從未有人能夠永久統治一個國家，也未曾有人能夠統治全世界。驕者常在追求野心的過程中失敗或是死亡。

驕者無法常勝，最後總會失敗。驕者的戰狼行徑，無度剝奪和得意忘形，常常會引來正義者的聯合對抗與反擊，而導致身敗名裂。

在我們的周圍，總會出現驕傲的人。你可能會遇到一個驕傲的伴侶；一個驕傲的朋友；一個驕傲的主管；一個驕傲的市長；一個驕傲的領導。

當你遇到一個驕傲的人，你是以什麼樣的態度和方式去面對和應對？你是否會站著對抗；跪著屈服；還是躺著裝睡？

請不要以高 IQ 自以為傲；請不要以高學歷自以為傲；請不要以高專業自以為傲；請不要以高權力自以為傲；請不要以高名氣自以為傲。人上有人；天上有天。如果自以為是天下無敵的天霸王，就註定會失敗。驕者必敗不謹是千古名訓，也是活生生的實例。

15 冷漠是不作為的傷害

2021/12/20

這一次的公民投票結束了，只有約 41% 的選民參與投票，其他 59% 的選民都棄權了。這個結果反映選民對公共事務的的冷漠以及對社會參與的消極態度。

所謂冷漠 (infifference)，就是不關心、不參與、不表態、不接受、不愛人、不作為或無情無義。冷漠有對人事物的冷漠；對國家社會的冷漠；對國際社會的冷漠以及對全體人類的冷漠。冷漠雖不違法，卻是不正義，也是無形的傷害。

民主政治的本質，就是公民對公共事務的熱心關懷與積極參與。政府實施公民投票制度的目的，就是要根據大多數公民的意志，制定政策與法制。政府在大多數公民的同意下，所採取的措施，就能夠獲得支持，而能順利推動。如果大多數的公民都不關心，也不參與，民主政治與公民投票就沒有意義。

投票權是公民的基本權利，也是公民應該履行的義務。不管是公投還是選舉，每一個公民都必須參與投票，表達意見，不能冷漠以對，更不能放棄投票。放棄投票不僅是公民權利與義務的不履行，也是對國家社會的傷害。

除了對公共事務的冷漠之外，一般人對私人事務也常有冷漠的現象。例如，家人之間、朋友之間、師生之間、讀者與作者之間、觀眾與表演者之間、社會大眾與社會問題之間等均存在冷漠的現象。一般人都不覺得冷漠有什麼錯，更不認為冷漠會傷害人或社會。其實，冷漠是殘酷的，也會傷人的。

想想，如果你的配偶、子女、兄弟姊妹，情人或友人對你所說的話和所做的事，都不聞不問，你會有什麼感觸？不管你說什麼或是做

什麼，如果別人都對你說：我不想聽；我不想回；我不想理；我不在乎或是隨你便，你是否會覺得委屈？你是否會受到傷害？

想想，如果你的學生對你所教的課程，都不聞不問，你會有什麼感想？不管你多熱心教導，學生就是不聽，不記，不回應，甚至玩手機或是打瞌睡。他們既不交報告或是不參加考試，你不會生氣嗎？你不會受到傷害嗎？

想想，如果你的讀者對你寫的文章，都不聞不問，你會如何反應？不管你的文章寫得多好；不管你寫了多少文章，讀者就是不讀不回，你是否會有挫折感？你是否會受到傷害？同樣的，如果你是一個表演者，在台上奮力演出，而台下的觀眾卻是不看不聽，既無掌聲，也無噓聲，只有沉默的無聲，你是否會心灰意冷？你是否會受到傷害？

想想，社會上每天都有許多的事情與事件；問題與議題，需要大眾的關注與討論。如果大家都不聞不問，這個社會將會成為什麼樣的狀態？如果人人都自掃門前雪，莫管他人瓦上霜；如果人人都只關心自己個人的事，不關心社會國家的事，那麼，這個社會就會成為一個冰冷無情的世界。你對社會的冷漠，難道不會傷害這個社會嗎？你能說你沒有責任嗎？

冷漠是沉默的不作為。有時候，沉默要比不沉默更殘酷；不作為要比作為更傷人。有時候，冷漠會成為邪惡者的幫兇；冷漠會成為殘殺社會的殺手。冷漠常會傷害別人的熱情；醜化世界的美好。人的情感，正義的力量和社會的秩序，常因人們的冷漠而遭受破壞。冷漠的人難道不應該受到自我良心的譴責嗎？難道不應該受到社會輿論的制裁嗎？

如果你會對人冷默，就會對社會冷漠。如果你會對社會冷漠，就會對人冷漠。如果你會對人與社會冷漠，就會對世界與人類冷漠。

如果你是一個徹底冷漠的人，就不會有愛心；就不會有感動；就不會有同理；就不會有連帶。你會傷人傷己；你會成為被孤立的人。

你可以放棄公投；你可以放棄選舉；你可以對人冷漠；你可以對社會冷漠，但是，你要知道，你的冷漠已經傷害了別人與社會。如果你還有良知，就應該懂得反省；就應該懂得虧欠。你不能傷害了別人與社會，還振振有詞地說，你是因為討厭人，才對人冷漠；你是厭煩了政治，才放棄投票。你必須對被你傷害的人或是被你傷害的社會說一聲：對不起。

16　法律與法官

2022/4/13

道德是先驗的個人原理；正義是經驗的社會法則；法律是道德正義的體現。違反道德的正義是非正義；違反道德正義的法律是惡法。

用某一個人或是某一個團體的意識形態或是利害關係制定的社會正義，就是非正義。用非正義制定的國家法律就是惡法。護衛非正義或是濫用惡法就是邪惡。抗拒非正義或是反抗惡法，才是善良。

法律是個人道德與社會正義的標竿；是保護善良，懲罰邪惡的依據。法官是法律的執行者；是道德正義的捍衛者。法官順從惡法，助紂為虐，就是不正義；法官挑戰惡法，護衛善良，才是正義。

法律對正義的法官是一盞明燈；對不正義的法官是一把利刃。正義的法官會用法律保護善良，懲罰邪惡。不正義的法官會用法律袒護邪惡，傷害善良。

法官除了要具備豐富的學養和資深的專業之外，還需要有一顆善良的心，否則，就無法做出公正無私的判決。如果國家的司法是由不道德和不正義的法官所掌控，社會正義就會淪喪；社會秩序就會混亂。

台灣在解嚴之前，有許多不正義的法律與法官；有許多無辜的人遭受到合法但不正義的拘提、審判、判決、入獄和槍決。那個時代的立法者和法官難道不會受到自己良心的譴責嗎？難道不該受到人民的唾棄嗎？

現在，許多不正義的法律陸續被廢除；許多法官的素質也不斷在提升。但是，仍然有不少不正義的法律和法官。有些法官會以自己的偏見或偏好，做不公正的審判。尤其是有關政治性的案件，有些法官會以自己的意識形態與政治立場審判，該判刑的不判；該重判的輕判；不該判刑的判刑；該輕判的重判。

最近，有一些人藉著言論自由，企圖製造社會問題，破壞社會秩序，顛覆國家體制。他們的野心路人皆知；他們的行為法所不容。但是，審判的法官卻以言論自由為理由，判決無罪。這種法官本身就是邪惡的執法者，也是邪惡者的共犯。

目前，法官的培訓、考試和考核都著重在法律條文的解釋與引用，鮮少社會正義的批判與個人道德的修養。因而塑造了道德不佳、正義不彰和審判不公的法官，傷害了國人、社會與國家。

正義的司法是由正義的法律與正義的法官所構成。有正義的法律，沒有正義的法官，就沒有正義的司法。有正義的法官，沒有正義的法律，也難有正義的司法。沒有正義的司法，就會失去人民對社會的期待；就會降低人民對國家的認同；就會造成社會的混亂；就會危及國家的安全。法律與法官息息相關，如果沒有正義的法律和法官，司法就會死亡；人民就不再相信司法。

17　台灣精神的典範與墮落

2019/10/29

三年前，震驚社會的台鐵事故，造成了眾多的傷亡。在亡者的告別式中，卑南國中張加穎老師的父親說：告別式辦得很好，大家都辛苦了。如今，對臺鐵或政府沒有意見，只盼好好送女兒最後一程。張家把 540 萬元的賠償金，全數捐給台東家扶中心。看完這則報導，我老淚縱橫，久久不能自拔。這就是臺灣精神的典範。

同一天，有一則柯市長的新聞，報導他在眷村文化座談會中說：婦聯會和救國團現在做得好好的，以後不會再發生犯法的事。黨產會管它的過去幹什麼？依此道理，過去貪污，現在做得好好的，以後不要再貪污就好了，檢察署起訴他幹什麼？看完此則報導，我十分感傷，久久不能平復。這就是臺灣精神的墮落。

前幾天，在美國加州台人教會發生了駭人聽聞的事件。鄭達志醫師見義勇為和捨已救人的精神，正是台灣精神的典範。他的犧牲阻止了殘暴的殺戮；保護了眾多台灣人的生命。鄭醫師展現了善良英勇的台灣精神，將永遠被台灣人尊敬和記憶。

兇手周文偉在台灣出生，也曾經在台灣工作，是道地的台灣人。可是，他卻仇視台灣，痛恨台灣人，甚至殘殺台灣人。這不僅是台灣精神的墮落，更是台灣精神的極至汙辱。他的邪惡行徑不僅令人切齒痛恨，也讓人永不原諒。

在我們日常的生活中，有許多台灣精神的典範事蹟，也有不少台灣精神的墮落事件。尤其是政治人物的言行，更是善惡參半；正義與不義併行。有些政治人物努力為人民服務；有些政治人物志在擾亂社會。有些人在護衛台灣精神的典範；有些人在加速台灣精神的墮落。

台灣精神有善良的一面，也有邪惡的一面。這兩種精神天天在新聞的版面上、在電視的銀幕上、在手機的頁面上出現。我們每天都在這兩種精神與言行的薰陶下，不知不覺地忘記台灣精神的所在，甚至分不清楚善良與邪惡；正義與不義。

台灣最美的事不是人情，而是善良公義的台灣精神。台灣人不應該以人情為傲，應該以台灣精神自豪。台灣的人情有台灣情；有中國情。前者自認台灣人；後者自認中國人。台灣情和中國情常因意識形態的對立，而互相爭論和衝突。因此，我們應該重視的是台灣精神，而不是台灣人情。

善良正義是台灣精神的典範；邪惡不義是台灣精神的墮落。台灣精神的典範要被讚美；台灣精神的墮落要被唾棄。台灣精神的典範不應該被忽視；台灣精神的墮落不應該被縱容。

18　為今日而活（奧運會的省思）

2021/8/3

2021 東京奧運會開幕式的主題曲「想像」(Imagine) 其意涵如下：

如果人類沒有渴求，沒有貪婪，沒有財富；如果世界沒有國家，沒有宗教，沒有戰爭；如果宇宙沒天堂，沒有地獄，只有天空，人人就可以為今日而活，就可以情同手足，就可以和平過日 (John Lennon & Yoko Ono)。

奧運會的宗旨就是要全人類的頂尖運動員能夠齊聚一堂，砌磋琢磨運動技能，共同挑戰人類的體能極限。同時，藉由運動交流的機會，提升人類的相互理解與感情，促進世界的和諧與和平。

如果沒有人類的貪婪；如果沒有國家的介入；如果沒有民族的意識，奧運會的理想目標就可以實現。每位選手都是地球村成員的一分子，參與公平的競賽。勝者要尊嚴的贏；敗者要服氣的輸。勝者要安慰敗者；敗者要恭賀勝者。彼此激勵；相互祝福。

奧運會有平等的競爭規則；有自由發揮的技能；有公正無私的裁判；有象徵榮譽的獎牌。每位選手都是經過千辛萬苦以及長期努力，才能參加比賽，都會盡其所能，爭取勝利與獎牌。但是，有人勝利，就有人失敗，勝負都必須心悅誠服，勝不驕，敗不餒。

奧運會不僅是選手們展現運動實力的舞台，也是選手們展現國民氣質的伸展台。我們不僅可以看到選手們的運動技能，也可以看到選手們的內在氣質。每位選手都是出類拔萃的人物；都是人們學習的典範。

有些國家把運動政治化；把運動場當作戰場；把奧運會的精神踩在腳下。奧運會儼然成為國家與國家之間的戰爭；選手似乎成為國家刻意培訓的軍人，甚至不惜雇用外籍選手參賽。為了國家，選手必須戰勝，不能戰敗；戰勝有賞，戰敗受罰。

有些國家會利用奧運會推動民族主義，強化國民的民族自尊。奧運會的獎牌不僅是選手個人的榮耀，也是國家民族的榮耀。全民都必須全力為本國選手加油，並鼓勵部分人士，利用網路出征或霸凌戰勝的外國選手，甚至嘲笑或污辱戰敗的本國選手。

一般國家雖然沒有政治力的干預，但是，還是大力支援本國選手，甚至用重金獎勵得牌選手。一般國家的國民也都會將參賽選手視為為國爭光的英雄。全民都會為觀看比賽而瘋狂，甚至心臟病發。一般人都只會關心比賽的勝負與獎牌的多少，不會重視選手的技能與氣質。

很少人會重視主辦單位的精心設計與策劃；很少人會關注主辦國家的人文素養與文化藝術；很少人會探討各國選手的運動精神與國民

氣質；很少人會讚美外國選手的運動技能與賽後風度；很少人會學習外國選手的優點與借鏡。其實，這些有形和無形的存在，才是奧運會的精神所在。

要有良好的體育（教育性的體能活動），才會有傑出的運動（競爭性的體能活動）。政府若能大力充實體育，就能培養出傑出的運動員。政府必須雪中送碳，不要錦上添花。一個運動員若無良好的運動精神，拿到再多的獎牌，都不值得敬佩。

奧運會的精神就是和諧與進步。國家藉由奧運會的參與，而學習與他國和諧相處，增進人與人之間的感情連帶。運動員透過奧運會的比賽，而學習別人的優點，帶動自己運動技能的進步。奧運會不僅是選手展現技能和爭取獎牌的舞台，也是促進人類感情與世界和平的樂園。

如果沒有國家的戰爭式操控；如果沒有運動員渴求獎金的貪婪，人類就可以在一個和平的世界裏為今日而活。在舉國上下和朝野一致歡迎選手們戴譽歸國之時，讓我們再度想想這首東京奧運會主題曲的真諦；讓我們再度思考人類未來發展的願景。選手為今日而活；人類為明日而活。如果宇宙沒有天堂，也沒有地獄，只有天空，那麼，神啊！請祢告訴我，我們的天空在哪裡？

19　運動比賽

2021/7/20

運動比賽是在驗證自己的運動實力，不是在打敗別人。如果一心只想打敗別人，就會把重點放在對方的弱點，而不是自己的優點；就會無所不用其極地打擊對方，而不努力增長自己的實力。

運動比賽是為自己出賽,不是為別人出賽。勝利屬於自己,不屬於別人。別人只是為你加油,不能要分享你的榮耀。你是在光耀自己,不是在光耀別人或家門。

運動比賽是為自己爭光,不是為國家爭光。你的獎牌是你自己的,不是國家的。你不是在為國家做事;你不是要給國家恩惠。國家可以為你榮耀,不必給你報酬或是獎勵。

世人把運動政治化;把運動員當作國家的資產;把運動比賽視為國家的戰爭;把運動比賽的勝利當成國家的榮譽。運動政治化扭曲了運動的本質與運動比賽的精神,也污染了運動員的心和運動比賽的成果。

運動員常有錯誤的觀念,以為自己是在為家人,為別人,甚至為國家在比賽。出國要搭商務艙;吃住要一流飯店。一旦獲得勝利和獎牌,就會盛氣凌人,不可一世。凱旋歸國時,就要受家人和國人的歡呼和讚美,也要領導人的接見與獎賞。

政府花了很多經費與心思培訓運動員,已經給了運動員好處與機會,運動員應該珍惜和感謝才對。運動員在比賽時得勝,應該感謝政府的大力栽培,不應該抱怨政府的獎賞不夠。

如果運動員在比賽中失敗了,也是運動員本身的問題,與比賽對手,家人,別人或是國家無關。家人和國人都應該給失敗的運動員鼓勵,不應該怪罪或是責備他們。

未能得到獎牌是運動員的實力比別人差,不是運動員沒有能力,大可不用垂頭喪氣,也不必妄自菲薄。只要再努力,就有致勝的可能。

在不文明的國家裡,運動是國家的事;運動員是國家的人;運動比賽的成績是國家的業績。在這種社會裡,運動是追求好生活的手段,攸關自己與家人的幸福。因此,人人都拼命要成為出色的運動

員；人人都想要爭取運動的好成績，好為自己和家人爭取福利，也為國家爭取榮譽。

運動是用來促進身體健康的，不是用來比賽的。運動比賽是用來比較運動實力的，不是用來打敗別人的。運動的成績是屬於自己的，不屬於別人的。請以自己的心看待運動；請以運動員的心看待運動員；請以平常的心看待運動成績。

_**20**_　**Chinese Taipei**

2021/8/5

China 是指中國，中華民國 (ROC) 或是中華人民共和國 (PROC)。Chinese 是中國人或是中國的。Taipei 是台灣的一個城市。Chinese Taipei 有兩個意涵：第一是在台北的中國人；第二是中國的台北。前者是指台北的人是中國人；後者是指台北是中國的。兩者都跟中國有關，都屬於中國。

Chinese Taipei 是我們政府與中國政府協商的結果。中方反對 ROC，我方反對 Taiwan , China ，於是妥協成 Chinese Taipei。問題是，如果台北的人是中國人，台北除外的台灣人就不是中國人；如果台北是中國的，台北除外的縣市就不是中國的。若是如此，台北除外的人就可以稱呼自己為台灣人，也可以組成一個台灣隊參加奧運會。

事實上，Chinese Taipei 隊既非中國主張的中國台北隊，也不是我們認為的中華台北隊，而是道道地地的的台灣隊。這個隊伍是由台澎金馬 2,300 萬人口中，精挑細選出來的運動員所組成，代表台灣

參加奧運。這次的東京奧運開幕式，就以台灣稱呼我們，而有些國家也以台灣介紹我們。

中華民國存在世界上已經 100 年。過去中華民國曾經擁有整個中國，還包括外蒙古。現在則只有台澎金馬。自從中華人民共和國取代中華民國成為聯合國的會員國之後，中華民國就不再被國際承認，而成為非國家的政治實體。

目前，我們對國家的認同有三種：第一是認同中華民國；第二是認同中華人民共和國；第三是認同台灣。兩蔣時代，全民皆認同中華民國，無人敢有二心。現在，由於認同台灣的人已經超過認同中華民國的人，所以現在我們是以中華民國台灣，做為自己國家的名稱。

雖然國際上只有少數幾個國家承認中華民國，但是，幾乎所有國家都接受中華民國臺灣的護照，而民間交流也大都以台灣稱呼我們的國家。日本甚至以「日本台灣交流協會」和「台灣日本關係協會」做為雙方往來的窗口。

以美國為首的西方國家雖然不支持台灣成為一個獨立的國家，但是，反對中國以武力犯台，堅持台灣的存在與自主。易言之，美國認為台灣是一個非國家的政治實體。至於這個政治實體要如何命名，則由我們自己決定。

從目前的國際情勢看來，要以台灣之名成立國家似乎不可能，而且還有可能會帶來毀滅性的危機。因此，此時此刻我們的最佳選擇，就是以台灣的名義參與各種國際事務與國際活動。例如，可以用 TOC (Taiwan Olympic Committee) 作為我們參加奧運的實體名稱。

即使國際上不承認我們是一個國家，我們仍有權利決定自己的名稱，而最適合的名稱就是台灣，而不是中華或是台北。我們可以

用台灣作為一個政治實體的名稱，並以這個名稱參與國際組織與國際交流。如果國際上不允許我們以台灣的名義參與，我們除了極力爭取外，也不必以 Chinese Taipei 的名義，委屈求全的參加。

如果我們承認自己是中國人；如果我們承認自己的國家是中華人民共和國，那麼，我們就可以用 Chinese Taipei 作為團隊的名稱。只要全民有共識，用 Taiwan 或 Chinese Taipei ，甚至用 China 都可以。 最重要的是，我們必須正名自己的身份，不要再模稜兩可；不要再自欺欺人。

21 自戀

2021/8/14

自戀 (Narcissism) 是自我陶醉或自我膨脹的性格或行為。自戀不是自信，自尊，或自私，而是自滿，自誇或自大。

自戀者不管別人是否認同，都認為自己最美麗，最有才華，最有成就，最有貢獻。自戀者喜歡被恭維，被讚美，被崇拜；討厭被冷落，被指責，被批判。

自戀者最常展現的態度或行為就是傲慢。他們會抬高自己身價，貶低別人的優點或成就。他們不會理解別人的感受，也不會接受別人的建議。他們認為自己是在支配人，而不是被別人支配。

每一個人都有自戀的傾向，尤其是高知識，高成就或是高名氣的人更具這種傾向。只是有人會隱藏在心中；有人會外顯在行為。自戀者若不揭露，就不會冒犯人或是傷害人。

極端的自戀者會嫉妒別人，否定別人，操控別人，傷害別人。沒有人會喜歡，接近或忍受極端自戀的人，因為與這種人相處，必定會被傷害。

世界上也有一種極端自戀的民族或是國家。他們認為自己是全世界最優秀的民族或是最強盛的國家。他們會歧視其他民族；會霸凌其他國家。他們永遠不會承認自己的錯；永遠不會接受別人的對；永遠不會與其他民族或是國家和諧相處。

自戀的人或是自戀的國家都有一個共同的特徵，就是自欺欺人。他們自認自己最好，其實並非真正的最好；他們自認自己最強，其實並非真正的最強；他們自認自己最有正義，其實並非真正的最有正義。

極端自戀的人或是國家都會呈現極端的反應。他們不是過度傲慢，就是過度自卑。他們一旦被否定，就會玻璃心碎；一旦被擊敗，就會自我摧殘。

對於極端自戀的人或是國家，只有三種對策：第一是冷處理；第二是斷絕往來；第三是給予反擊。一般人會冷處理；有思想的人會斷絕往來；有正義的人則會給予反擊。

世界上有許多極端自戀的人和國家。有許多人都深受極端自戀者的霸凌；有許多國家都深受極端自戀國家的威脅。其實，極端自戀者的內心是脆弱的；極端自戀國家的實力是虛假的。所有被霸凌的人都應該勇敢挑戰極端自戀的人；所有被威脅的國家都應該一起對抗極端自戀的國家。

_22_　共產主義思想的本質

2021/2/24

中國是以共產主義立國；以共產主義治國。要了解中國，就必須了解共產主義思想的本質。

雖然中國在鄧小平改革開放之後，逐漸走向傳統的社會主義，甚至是市場經濟的社會主義，但是，共產主義思想的本質並沒有改變。

共產主義思想已經深植人心，難以改變。近幾十年來，雖然深受歐美自由主義和資本主義的衝擊；雖然有反美是工作，留美是生活的諷刺，共產主義思想仍然盛行在中國的人民和社會之中。

共產主義政治思想的本質是「一黨專政和以黨領政」。黨即國家；黨意即國策；黨的利益就是國家的利益；忠貞愛黨就是熱愛國家。任何違反共產主義思想的著作和言行，都是背叛共產黨和國家的行為，都必須被禁止或被處罰。

共產主義經濟思想的本質是「計劃經濟和企業的社會化」。所有經濟活動都必須遵守國家的規範，接受國家的管控。私人企業必須配合國家政策，並將部分盈餘捐獻國家。當國家需要時，私人企業就必須協助。若有必要，就要國進民退，收歸國有。

共產主義社會思想的本質是「國族主義與社會連帶」。漢滿蒙回藏苗要合併成為一個國族，在統一的社會制度下，使用同樣的文字和語言，採取相同的生活模式。每一個社群都必須在國族主義的原則下，促進社會的連帶。違反國族主義者就是分裂主義者，就必須受到法律的制裁。

共產主義宗教思想的本質是「無神論和宗教政治化」。共產主義不信仰神，也不承認宗教；要否定神的存在，也要消滅宗教的組織。

領導人替代神；政府取代宗教。宗教必須為政治服務，幫助國家達成政治目的。

共產主義國際思想的本質是「世界革命和全球赤化」。共產主義的終極目標是要以革命的方式推翻資本主義，建立共產主義社會。共產主義會用各種手段，進行寧靜的革命，再以暴力的方式奪取政權。共產主義的核心思想就是永不止息的鬥爭。只要世界沒有完全赤化，鬥爭就不會停止。

習近平主席繼承毛澤東的共產主義思想，推動「大中國夢」，就是要帶領中國實現共產主義的偉大理想。只要習主席繼續掌權，中國不會放棄這個目標，也不會停止武力統一與世界革命的鬥爭。

在了解共產主義思想的本質之後，國人和國際都必須嚴肅和慎重思考如何面對和因應，不能輕忽，也不能誤判，否則，世界將面臨戰爭；人類將遭受毀滅。

23　可信，可愛，可敬的國家

2021/6/5

最近，習近平國家主席要求國際傳播幹部，要努力塑造可信，可愛，可敬的中國形象。我深為感動，也深切期盼，中國能早日實現這個理想。

習主席揭櫫的這三個原則，不僅是建設偉大國家的基本信念，也是做為一個良好國民的基本條件。不管是一個國家還是一個人，如果不能被信任；不能被愛戴；不能被尊重，就無法立足於國際或是社會。

要真實誠信才能被信任。要說真實的話；要信守承諾；要履行條約；要遵守法律。如果會說謊話；會編造假訊息；會違反約定；會破壞條約，就無法獲得別人的信任。

要真心待人才能被愛戴。要誠心對人；要親切待人；要和諧相處；要濟弱扶傾；要杖義執言。如果時時處心積慮；刻刻佔人便宜；處處霸凌人；無理不饒人，就無法獲得別人的愛戴。

要有道德正義才能被尊敬。要有真實，負責和尊嚴的道德；要有互助利他的社群正義；要有自由公平的經濟正義；要有人權保障的政治正義；要遵守國際的法律規範。如果會強制人；會壓迫人；會剝削人；會干預市場；會賤踏人權；會破壞國際秩序，就無法獲得別人的尊敬。

可信，可愛，可敬的國家才能成為真正的強國。可信，可愛，可敬的個人才能成為真正的強者。沒有誠信；沒有同理；沒有正義的國家或是個人就無法成為真正的強國或是強者。

要做一個真正的強國或是強者，必須以愛待人；以理服人，不能以恨待人；以力服人。如果只問目的，不擇手段；自以為是，不尊重人；以言語嗆人，以武力屈人，將永遠得不到國際與別人的愛戴與支持。

如果有一個國家，會用強烈的語言霸凌人；會用虛假的訊息擾亂人；會用飛彈對準人；會用軍機侵犯人；會阻止人參與國際組織；會阻撓人購買疫苗，就不是一個可信，可愛，可敬的國家。

我期待中國可以成為一個可信，可愛，可敬的國家。我希望自己可以成為一個可信，可愛，可敬國家的國民。畢竟我們是同祖同宗的同胞，如果中國是一個可信，可愛，可敬的國家，我們有什麼理由反對統一？如果中國是一個不可信，不可愛，不可敬的國家，我們有什麼理由接受統一？

如果中國能夠貫徹習主席的這三點指示，將中國建設成一個可信，可愛，可敬的國家，相信兩岸一家親的理想必能實現；中國必能成為一個真正的強國。

24 無我與躺平

2021/7/3

習近平主席在 6/30 提出「我將無我」，要人民心中無我，只有黨。在早些日子，年輕人則流行「躺平主義」，要崇尚極簡生活。這兩件事有因果關係，因為無我所以極簡；因為極簡所以躺平。

以社會主義的觀點，沒有黨哪有國；沒有國哪有我。黨凌駕國；國超越我。為了黨，也為了國，我必須放棄自己，心中只能有黨與國，不能有我自己。有己就有私心；有私心就會背叛；有背叛，黨國就有危險。

為了呼應習主席的呼籲，年輕人提出了躺平主義的對策，主張不婚不生，不買房不買車，不創業不努力工作，不愛人不助人的極簡生活。他們以降低生活品質的方式，徹底把自己變成無我。

無我是佛語；無我主義是共產主義的信條。在無我主義下，有飯大家吃；無飯大家餓；大家同甘共苦，共造國家的繁榮。習主席要大家努力幹活，提高所得，增加消費，擴大內需，將中國塑造成一個獨立於世界之外的大市場和大國家。

躺平是臣服，是順從，是消極的反抗。在躺平主義下，人人都可做公家事；吃公家飯；住公家房；開公家車。人人都不需要努力工作；都不需要結婚生子；都不需要房子車子；都不需要好的生活。

理論上，躺平主義與無我主義是一致的。人人都能貫徹躺平主義，就可以實現無我主義的理想。但是，黨卻反對這種邏輯，因為害怕人人都躺平的結果，國家的生產力和國民的生活水平就會降低，就無法成為經濟大國；就會影響共產政權的穩定。.

若從自由主義的觀點言之，我才是存在的主體。沒有我哪有國；沒有國哪有黨。我凌駕國；國超越黨。國要為我謀福利；黨要為我爭權利。沒有我，國與黨都沒有意義。人是自己的主人，不是政黨的工具，也不是國家的奴隸。

在自由的社會裡，每一個人都在追求富足的生活與幸福的人生。沒有人願意降低生活品質；沒有人希望極簡生活。人人都要努力工作，快快發財，好好享受。個人財富的增加，才能促進社會的繁榮與國家的發展。

有我才有個人的幸福；才有國家的發展。提倡無我主義，就沒有個人的幸福；就沒有國家的發展。國家要人民無我，卻要人民提高勞動生產力；增加有效需求；促進國家經濟力。這是不可能的緣木求魚。

只要接受就是合理。只要人民接受政黨或是國家的政策就是合理。我們不能用自由主義的觀點，去評論共產主義的缺失。無我主義與躺平主義是否能夠齊頭並進，達成習主席的理想目標，有待歷史給予證明。

25 敵人

2021/6/16

在人的一生中，或許會碰到一個或一些敵人。所謂敵人 (enemy)，就是曾經，正在或是可能會傷害你、出賣你、剝削你或是掠奪你的人。

敵人不必尋找，他會自動找上門來。敵人會跟在你的身邊，伺機對你下手。

敵人會用微笑或是眼淚，吸引你的目光或是博取你的同情。敵人會用利益誘惑你，使你陷入他的圈套。敵人會躲在暗處觀察你；會在明處算計你；會用力量征服你。

敵人會嫉妒你的成功；會竊喜你的失敗。敵人喜歡的人，就是你應該討厭的人；敵人討厭的人，就是你應該喜歡的人。敵人的朋友就是你們的敵人；敵人的敵人就是你們的朋友。

敵人會利用你的朋友去傷害你，也會利用你去傷害朋友，然後，坐收漁翁之利。敵人會利誘或威脅你的朋友，斷絕與你做朋友，讓你孤立無援，任由他擺佈。

你不能逃避敵人；你必須面對敵人。你要學習敵人的長處；你要改變自己的短處。你要用力量，讓敵人知難而退。

擊敗敵人最好的方法，就是讓自己強大；讓自己快樂。敵人會因你的強大而退縮；會因你快樂而痛苦。

敵人除非被打敗，否則，不會痛改前非；不會成為你永遠的好朋友。敵人或許能夠成為你一時的朋友，但是，一有利害關係的衝突，就會變成你的敵人。

敵人不容易被發現。敵人可能是你的朋友或是知友；可能是你的愛人或是枕邊人。敵人不一定存在過去；不一定存在現在；不一定存在未來。你若要沒有敵人，就要堅定自己的信念；增強自己的實力。你必須要讓敵人知道，你不是好惹的人；你要讓敵人不敢成為你的敵人。

你要用知覺去觀察；要用心智去思索。可以從一件事中，看到一個人的真或假；可以從一句話中，懂得一個人的善或惡。敵人存在自己的心坎裏，不存在別人的作為中。

26　關於戰爭

2020/9/4

戰爭 (war) 是國家，城邦或黨派之間公開性，武裝性或長期性的衝突 (a state of open,armed,often prolonged conflict carried on between nations,states,parties)。戰爭可以分為軍事戰和非軍事戰，前者為武裝性衝突；後者為非武裝性衝突，例如，貿易戰，科技戰，資訊戰，思想戰，病毒戰等。主動發動戰爭者是為開戰者；被動抵抗戰爭者謂之防衛者。

正義 (justice) 是順從一般可以接受的是非準則 (the quality of conforming to generally accepted standards of right and wrong)。所謂國際正義 (international justice) 就是國際上一般可以接受的是非準則，例如，民主的政治（人權保障，民主制度，法律治理），自由的經濟（自由市場，公平交易，合理分配）和平等的社會（社會會連帶，社會平等，社會包容）。違反國際正義所發動的戰爭就是不正義的戰爭。抵抗不正義的戰爭就是正義的戰爭。

軍事戰爭會犧牲無數人的生命和財產，是邪惡的殺人行為。凡是有良知，有理性，有道德，有正義的人絕對不會輕啟戰端。在人類歷史上，常有一些獨裁者罔顧良知與正義，以個人利益與政治目的發動戰爭。好戰者會以戰養戰，發動一次又一次的戰爭，將世界捲入戰爭的漩渦。

開戰者是以無數的軍人去作戰；以無數的國民去陪戰。開戰者不會親赴戰場，以自己的生命去作戰。開戰者要消滅無數的敵方軍人；要殘殺無辜的敵方人民，去締造自己的豐功偉業，去擴大自己的統治版圖。統治者發動戰爭，不是為了國家的生存，也不是為了國家的需要，而是為了個人的野心。

開戰者常是知己不知彼，只知自己的強大軍力，不知對方的軍事潛力，也不知戰爭的未來發展。開戰者自以為開戰即終戰；終戰即勝戰。結果是開戰即勝戰；終戰即敗戰。人可以決定開戰的勝負，無法決定終戰的勝敗。用武力屈服人，終會被武力屈服。神是站在正義的這一邊，不會站在邪惡的那一方。

對於侵略戰爭，防衛者可以不戰而降；可以抵抗而敗；可以抗戰而勝。有人主張，對侵略者要卑躬屈膝，以換取和平。有人堅持，要奮戰到底，以獲取勝利。如果甘願淪作奴隸，就要慈悲順從；若要當家作主，就要勇敢抵抗。順從只能當囚人，無法當主人。抵抗則有當主人的可能。面對侵略戰爭，國家只有兩個選擇：棄械投降或是奮力一戰。

侵略者在發動軍事戰之前，都會啟動思想戰，以瓦解敵方的防衛力和戰鬥力。他們會利用文人倡導和平主義和失敗主義的思想，催化順從的美夢與對抗的惡夢。他們會偽造虛假的資訊，攻擊政府和主戰人士。他們會製造黨派的衝突和社會的對立，以引發政治和經濟的不穩。一般民眾若缺乏思考的能力與正義的思想，就無法判斷真

假,是非與善惡,就容易陷入邪惡思想的陷阱,成為邪惡行為的幫兇。如果侵略者能在思想戰獲勝,就可以不費一兵一卒,坐收勝利的結果。

在這個地方,戰爭已經進行了幾十年。我們從出生到現在,每天都身處在戰爭中;每天都生活在戰場上。我們似乎已經麻痺,已經忘記,已經怯戰,已經不戰。我們不再有堅定的正義思想;不再有堅強的國防力量;不再有對抗戰爭的勇氣。現在,思想戰正如火如荼地展開,軍事戰也隨時都會爆發。我們已無路可逃,只能應戰或是投降。我們沒有第三種選擇。

我們無法期待,侵略者不會發動戰爭。我們無法期待,國際上會幫忙助戰。我們只能靠自己的力量,防止戰爭或對抗戰爭。我們不必高估自己的力量,也不必低估自己的力量。我們不要被不正義的思想所左右;我們不要被不正義的武力所懾服。如果你無力參與軍事戰,就要盡力對抗思想戰。我們即使無法打勝軍事戰,也要打贏思想戰。

開戰者或許不在乎,會有多少人會因他而死亡;多少家庭會因他而破碎;多少城市會因他而毀滅;多少文明會因他而倒退。但是,要以人類的死亡和世界的滅亡去換取戰爭的勝利和帝國的夢想,代價實在太大。每一個人都有與生俱來的良知;人人都有追求生存與幸福的權利;世界都有維護國際正義的力量。我依然深信,戰爭不會爆發,和平仍會到來。

27　區隔主義：俄烏戰爭的省思

2022/4/11

所謂區隔 (segmentation)，就是區分、區別、隔離或分開的意思。依我的看來，此次的俄烏戰爭突顯了政治思想與政治體制的區隔。從此以後，世界將區隔成民主與獨裁兩大陣營的對立，不再能溝通協調；不再能達成共識；不再能維護和平。

自古以來，人類社會就充滿了許多隔閡，例如，種族、族群，宗教、性別、職業、階級等。不過，這種區隔大都屬於社會行為的區隔，而非意識形態的區隔。至於國與國之間的區隔，大都是大國與小國；強國與弱國；富國與窮國的區隔。這些區隔都屬於國土、人民、資源、科技、經濟或軍力的差異，而非意識形態的區隔。

過去，人與人之間的衝突，大都是社會階級或社會制度的衝突；國與國之間的衝突，大都是經濟利益或政治利益的衝突。直到第二次世界大戰之後，意識形態的對立以及政治思想的冷戰才逐漸浮現。

人與人之間的意識形態，通常是藉由溝通或法律途徑，達成共識，化解對立。國與國之間的意識形態，則透過文化的交流，增進互信，紓緩衝突。但是，這次的俄烏戰爭，與其說是經濟性或政治性的衝突，毋寧說是意識形態的衝突。俄羅斯動武的目的，就是要毀滅烏克蘭的自由民主思想與體制。

一般學者都相信，經濟水準的提升能夠改變人類的思想，促進文化的整合，有助於世界的和平。因此，先進國家採取了全球化與自由化的貿易政策，幫助落後國家發展經濟，提高國民所得。可是，這幾十年來，世界局勢的變化，卻反其道而行。富裕不僅無法改變人的思想，反而加深了思想的隔閡與對立。

俄羅斯發動俄烏戰爭，掀起了自由民主國家的聯合抵制，同時也引發了專制獨裁國家的共同結合。世界正式分隔成自由民主與專制獨裁的兩大陣營。從此，世界將不再整合，而朝向分隔。意識形態的區隔愈演愈烈，最後，只能用戰爭的方式去解決。勝者掌控世界；敗者失去一切。正不一定勝邪；邪不一定勝正。這個世界可能由自由民主陣營掌控，也可能由專制獨裁掌控。未來的世界充滿不可預測的變數；人類的命運充滿令人憂心的後果。

烏克蘭無緣無故遭受俄羅斯的入侵；烏克蘭人民無緣無故遭受俄羅斯軍人的殘殺。烏克蘭到底做錯了什麼事；烏克蘭人民到底犯了什麼罪？烏克蘭與俄羅斯同種同文，且曾經同屬同一國，竟然為了意識形態與政治體制的差異，而遭受如此慘無人道的破壞與殺害。因此，只要有思想的對立，就有戰爭的可能，即便人在家中坐，強盜也會入門來。

這次的俄烏戰爭帶給世人兩個教訓：第一是邪惡者只會霸凌；只會戰爭，不會同理；不會妥協。第二是只有強化實力才能避免戰爭；只有英勇抵抗才能生存。對邪惡者心存幻想；對邪惡者俯首屈服，只會邁向滅亡或死亡。

這是由整合 (integration) 轉向區隔的時代；這是由民族整合（大熔爐）轉向民族區隔（沙拉盤）的時代；這是由社會整合（政治，經濟，社群和文化整合）轉向社會區隔的時代；這是由思想整合轉向思想區隔的時代；這是由普世價值轉向個別價值的時代；這是由溝通協調轉向實力對決的時代。我們必須用新思維去面對新時代；用新方式去挑戰新時代。

面對區隔主義的新時代，人人都必須擁有自己的思想；人人都必須選邊站。你必須站在正義的一邊；你必須對抗邪惡的一方。如果你依然採取事不關己的態度，或是對邪惡視若無睹，這個世界終會成為邪惡者的天下；人類將會永劫不復。

在區隔主義的新時代，每一個人都必須武裝自己的思想，準備應付相對思想者的挑釁。每一個國家都必須武裝自己的軍力，準備迎戰相對意識形態國家的侵犯。未來的世界是勝者為王，敗者為寇的世界。未來的世代是正邪區隔，正邪對決的世代。

28 凡事靠自己

2020/10/31

現代的國際關係是利益掛帥，不是正義導向，只要有利，就是朋友；只要爭利，就是敵人。不要期待會有永遠的朋友；不要認定會有永遠的敵人。今天的朋友可能是明日的敵人；今日的敵人可能是明日的朋友。今日的親密人可能是明日的陌生人；今日的陌生人可能是明日的親密人。

Trump 會利台，也可能會賣台；Biden 會損台，也可能會助台。無人可以精準預測誰會當選；誰會友台或害台。不管誰當選，美國都是一個樣；世界仍是照運轉。只要能給利，美國就是好友人；只要有傷害，美國就是壞敵人。只要自己有實力，能給利，不爭利，人人都是好朋友。

凡事靠自己，不能全靠別人。自助才能人助；自己有實力，才有好朋友。美國可能會助台；可能不理台。但是，只要台灣撐得住，美國必會援助。

請不要為美國的大選而焦慮；請不要為大選的結果而悲觀；請不要為此感歎；請不要對此絕望。不管誰當選美國總統，都與我們無關。

我們的責任就是堅持自己的立場；守住自己的陣腳；讓自己更強大；讓敵人更害怕。

你要站在真理的高崗上，呼喚社會的正義；你要高舉理想的旗幟，喚醒人類的良知。相信有一天，國際正義會受到尊重；世界和平會真正到來；台灣安全會獲得保障。

29　霸道、霸權與霸凌

2020/12/15

霸道是不道德、不正義和不合法的無理之理。霸權是否以無理之理建立的政治權力。霸凌是以暴力或武力威脅人、傷害人、侵犯人和剝奪人的行為。

俄羅斯在普京的獨裁統治下，塑造成一個霸道的霸權國家。這個國家最近對烏克蘭進發動了一次大規模的霸凌行動；進行了一場殘酷的侵略戰爭。這是二次大戰以來，最嚴重的國家霸凌行為。

除了俄羅斯之外，還有一些國家對自己的人民從事霸道統治，發展軍力塑造霸權，並對別的國家進行霸凌行動。這些國家會對他國進行認知作戰，也會用軍機侵犯他國領空，逼迫他國接受其併吞。

除了霸權國家之外，還有霸道的社會。在這種社會裡，有些人會利用金錢、權力或暴力霸凌其他人。有錢人霸凌貧窮人；有權人霸凌無權人；黑道人物霸凌善良百姓。每天都有成千上萬的人會遭受各式各樣的霸凌。甚至在學校或在職場，都有有形無形的霸凌行為。

在一個獨裁，專制和霸權的國家裡，人民的生命會被踐踏；人民的思想會被控制；人民的財富會被剝奪；人民的自由會被限制；逃離出境者會被綁架或被自殺；和平的人會被好戰的霸凌。

在一個詐騙、暴力和霸道的社會裡，道德正義會被扭曲；邪惡的人會霸凌善良的人；不義的人會擁有政治權力；正義的人會被禁聲；犯罪的人會被保護；社會會充滿霸道與不滿。

霸道者與霸權者只會霸凌善良者與脆弱者，不會霸凌邪惡者與強者。愈善良或是愈脆弱的人或國家，愈會受到霸道者與霸權者霸凌。由於善良者與脆弱者都只會忍氣吞聲，不會堅強反抗，所以更催動邪惡者的霸凌。

真正善良的人懂得霸道與霸權的邪惡，也敢於對抗邪惡的霸凌行為。面對霸道的人或霸權的國家，絕不能委屈求全；不能棄械投降，必須奮力抗拒；必須奮戰到底，否則，就會被侵犯；就會被消滅。

只有邪惡的人才會支持霸道的人；只有邪惡的社會才會支持霸權的國家。霸道的社會是由邪惡的人造成的；霸權的國家是由邪惡的人民造成的。你不能說霸道的人與邪惡的人無關；你不能說，霸權的國家與人民無關。如果邪惡的人佔多數，這個社會就會侵犯善良的人；這個國家就會危害世界。

我們必須支持和參與反霸道、反霸權和反霸凌的正義行動。人類的文明需要有思想和有勇氣的人站出來護衛。所有的知識份子都必須承擔這個重責大任，至少要在自己的日常生活中，仗義執言和見義勇為。如果無視霸道、霸權和霸凌的存在；如果不勇敢對抗霸權和霸凌，就不配稱為知識份子。

30　大野狼與偽君子

2021/6/20

大野狼是有形的；偽君子是無形的。大野狼是可怕的，卻是可防範的；偽君子是可愛的，卻是難防範的。大多數的人都討厭大野狼，而喜歡偽君子。

有種人是大剌剌的大野狼。他們不會掩飾自己邪惡的心靈，更會赤裸裸地展現邪惡的行為。他們的目的就是要別人知道他們的邪惡，害怕他們的暴行，而屈服於他們的威脅。

大野狼只知道自己的利益，不知道別人的利益；只有自己的邏輯，沒有別人的邏輯。他們無法與別人溝通，只懂得用暴力征服人。如果他們說，你的東西就是他的，你的東西就必須是他的，否則，就用武力對付你，掠奪你。

有種人是虛假的偽君子。他們戴著大善人的面具，披著吸引力的外衣，想著邪惡的意圖，做著害人的事情。很多人會受騙和受害，卻很少人會知道和防範。他們會裝著一幅和藹可親的好模樣；說出道德正義的大道理；獲取你的好感與讚美，然後再露出本性侵犯你。

偽君子說愛你，其實是要操控你。他讚美你，其實是要陷害你。他幫助你，其實是要統治你。他說同島一命，其實是要分裂你。他說要為正義而戰，其實是要為掠奪找藉口。他口口聲聲要為大眾謀福利，其實是要把大眾當奴隸。

有種人是大野狼和偽君子的合體人。他們會先使用偽君子的伎倆取信人，再以大野狼的野生侵犯人。合體人的實體是大野狼，表象是偽君子。他們戴著偽君子的面具，做著偽君子的行徑，等著受騙的人入甕來，再大肆掠奪。

合體人最具代表性的例子，就是大黑道利用暴力掌控宗教，成為大神棍，再利用宗教成為政治人物，最後則利用政治成為大富豪。有一天，他的惡行惡狀被揭穿，被社會譴責，於是，他宣示退出政界，但是，不退出宗教，也不禁止子女參政。他自己會繼續掌控宗教；他的子女會繼續掌握政治。結果，一家人還是會繼續掌控宗教和政治；繼續賺取經濟利益。

我們看得到大野狼猙獰的面孔；我們看得到偽君子慈善的行為。但是，我們都看不到合體人的面貌，更看不到他們的邪心。我們只在受到傷害時，才會看清他們的真面目與邪惡的心。

一般人都只重視看得到的東西，忽視看不見的東西；都只重視眼前的小利益，忽視未來的大損失；都只能防範大野狼，不能防範偽君子；都只會譴責大野狼與偽君子，不會制裁大野狼與偽君子的合體人。

我們若有思想，就能分辨大野狼與偽君子；就能看穿大野狼與偽君子的邪惡；就能抗拒大野狼與偽君子的言行；就能避免自己被大野狼與偽君子傷害或吞噬。

31   一個痛苦的家庭不如兩個快樂的家庭

2022/9/8

曾經有一對夫妻，丈夫因與人打輸架，而與妻子離了婚。經過幾十年之後，丈夫找上妻子，要妻子重回他身邊。妻子拒絕他，他便動用武力，每天到前妻家叫囂威脅，讓前妻和家人坐立不安，備受煎熬。

前妻有兩個兒子，大哥主張要獨立自主，維持現狀；小弟則要接納父親，重修舊好。兩個孩子為了這件事，整天吵吵鬧鬧，相互攻擊，誰也不讓誰。前妻每天被兩個孩子搞得心神不寧，不知如何是好。

前夫竭盡所能利誘小兒子，要他在家裡製造事端，破壞家庭，以利復合。小弟希望，有一天能夠敞開家門，迎接父親回來。但是，大哥竭力反對，而且聲勢較大，小弟一直無法取得優勢。於是，小弟常常往父親的家裡跑，向父親訴說他的委屈。父親則給金錢、給資訊和給資源，還在外助攻小兒子。

小弟的理由很簡單，就是要父母親要維持和諧的關係，不要擅動干戈。小弟要母親與父親好好溝通，不要挑釁父親。最重要的是，希望母親與父親復合，承認他們是一家人和一家親。這樣家人就可以重相聚和重相愛。

其實，大兒子也曾經想過，要與父親重修舊好。問題是，父親一方面說，雙方是一家人，另一方面，卻在過去幾十年中，不斷騷擾、不斷威脅、不斷霸凌。再說，父親是一個不真實、不講理、會耍嘴、會欺騙的野蠻人。如果接納父親，不啻引狼入室，還會把自己送入狼口。

前妻曾經試圖與前夫坐下來好好談談。前妻認為，分開那麼久了，若要復合，是不是應該彼此了解、彼此尊重、彼此幫助、彼此認同。等到全家人都能同意，自然水到渠成，就可以快快樂樂的成為一家人。像現在這樣，前夫天天來擾亂；兒子天天爭鬥不休，如何談復合？如何成家人？

可是，前夫卻說：如果你不能重回我身邊，一切都免談。前夫堅持，你的家就是我的家；你的人就是我的人，由不得你有意見。如果你不重回我身邊，我就動用武力解決。前夫也不允許別人介入調解，還說別人無權干涉；否則，也要以武力伺候。

最近，前夫竟然採取武力的封鎖行動，試圖逼迫前妻和家人就範，甚至還炮打鄰居，造成社區不安。前妻求助鄰居，鄰居也見義勇為，聯合起來一起對抗前夫的魯莽行為。但是，前夫還是不停的騷擾；不斷的霸凌。

小弟深知父親的個性與行徑，也深知無法透過理性的對話達成共識，卻基於家族的血緣關係與個人的經濟利益，而罔顧家人的立場與想法，一昧要求家人接受、屈服與順從，還口口聲聲說是為愛家人；是為家人的好。有時候，還會跑去父親那邊，抱怨家人的壞與生活的苦，並接受安慰與教訓。

數十年來，母親含莘茹苦，把孩子拉拔長大，讓他們各有成就。一家人本來可以過著和諧快樂的日子，卻因父親的恐嚇威脅，而得不到安寧。由於父親無法理性溝通，要以對話化解分歧的途徑，已被完全斷絕，所以只能在沒有父親的威脅下，藉由第三者的仲裁，由兄弟兩人溝通解決。如果雙方均堅持己見，互不相讓，就永遠無法解決問題。

世間的是非對錯本無一定的標準。只要雙方同意就是合理。離異夫妻要不要復合，只要雙方承認就是合理。父親能不能回來，只要子女接受就是合理。如果前夫硬要復合前妻；如果父親硬要搶佔子女，就違反了道德倫理，也侵犯了人的基本權利。

我們希望，這位前夫能夠尊重前妻與子女的意願，用溫情的方式和理性的溝通，讓家人心悅誠服地接受，並以快樂的心情，重回父親的懷抱。如果家人希望獨立自主，也希望前夫基於親情，給予協助。血緣是割捨不斷的親情，只要有親情，就能共存共榮。若是製造一個痛苦的家庭，不如分成兩個快樂的家庭。痛苦的家庭會彼此傷害；快樂的家庭能共創美好。

家人一旦決定獨立自主，就必須同心協力，共創美滿的家庭。另一方面，也必須與父親維持良好的關係。如果小弟後悔，而要與父親同住，也可以離開這個家，移居到父親的家。小弟不能待在家裡，整天製造混亂，引發衝突，硬要將家人送給父親。

一個痛苦的家庭不如兩個快樂的家庭；兩個快樂的家庭比一個痛苦的家庭幸福。如果只是為了血緣的關係，或是家人的團圓，硬將兩個快樂的家庭合併成一個痛苦的家庭，那何必呢？又何苦呢？如果只是為了個人的私心，或是面子的問題，而逼使兩個快樂的家庭合併成一個痛苦的家庭，更會讓更多的家人陷入痛苦，也會使自己更加不幸。

人人都想追求一個幸福的家庭和一群快樂的家人，不想製造一個痛苦的家庭和一群爭鬥的家人。有時候，失去才是真正的獲得；獲得反是真正的失去。家人要和樂，萬事才能興；家人不和樂，徒增多餘苦。希望這位前夫，也是子女的父親，能夠體會這個道理，以理服人，以愛待人，尊重前妻的家庭和家人。或許有一天，兩個家庭可以復合，成為相親相愛的一家人。

作者簡介

蔡宏昭

學歷：

國立中正大學社會福利學博士

美國西雅圖大學教育學碩士

日本早稻田大學經濟學碩士

國立政治大學法學學士

主要著作：

《醫療福利政策》，1998 年 7 月，桂冠

《勞工福利政策》，1998 年 10 月，桂冠

《老人福利政策》，1998 年 10 月，桂冠

《社會福利政策》，1998 年 10 月，桂冠

《超越福利國家》（與王順民、郭登聰合著），
　1999 年 9 月，揚智

《生活經濟學》，1991 年 2 月，遠流

《社會福利經濟分析》，2004 年 2 月，揚智

《幸福人生》，2022 年 11 月，商鼎

《愛情・婚姻・家庭》，2022 年 11 月，商鼎

《社會正義與社會評論》，2022 年 11 月，商鼎

《公共福利最適原理》（出版中）

國家圖書館出版品預行編目（CIP）資料

社會正義與社會評論/ 蔡宏昭著. -- 第一版.
-- 新北市：商鼎數位出版有限公司, 2022.11
　面；　公分

ISBN 978-986-144-216-7(平裝)

1.CST：社會正義　2.CST：言論集

　540.21　　　　　　　　　　111017156

社會正義與社會評論

作　　者	蔡宏昭
出版統籌	陳玉玟
發 行 人	王秋鴻
出 版 者	商鼎數位出版有限公司
	地址／235 新北市中和區中山路三段136巷10弄17號
	電話／(02)2228-9070　傳真／(02)2228-9076
	郵撥／第50140536號　商鼎數位出版有限公司
	商鼎數位出版：http://www.scbooks.com.tw
	網路客服信箱：scbkservice@gmail.com
編輯經理	甯開遠
執行編輯	廖信凱
封面設計	商鼎數位出版有限公司
內文編排	商鼎數位出版有限公司
出版日期	2022年11月8日　第一版／第一刷

商鼎官網

商鼎